Informatik 3
Lehrwerk für Gymnasien

erarbeitet von
Peter Hubwieser
Matthias Spohrer
Markus Steinert
Siglinde Voß

Ernst Klett Verlag
Stuttgart · Leipzig

1. Auflage   1   5   4   3   2   1 | 2012   11   10   09   08

Alle Drucke dieser Auflage sind unverändert und können im Unterricht nebeneinander verwendet werden. Die letzten Zahlen bezeichnen jeweils die Auflage und das Jahr des Druckes.

Das Werk und seine Teile sind urheberrechtlich geschützt. Jede Nutzung in anderen als den gesetzlich zugelassenen Fällen bedarf der vorherigen schriftlichen Einwilligung des Verlags. Hinweis zu § 52a UrhG: Weder das Werk noch seine Teile dürfen ohne eine solche Einwilligung eingescannt und in ein Netzwerk eingestellt werden. Dies gilt auch für Intranets von Schulen und sonstigen Bildungseinrichtungen.

Fotomechanische oder andere Wiedergabeverfahren nur mit Genehmigung des Verlags.

© Ernst Klett Verlag GmbH, Stuttgart 2008
Alle Rechte vorbehalten
Internetadresse: www.klett.de

Autoren: Prof. Dr. Peter Hubwieser, Matthias Spohrer, Dr. Markus Steinert, Dr. Siglinde Voß
Redaktion: Stefan Stöckle, Heike Thümmler

Gestaltung: Andrea Eckhardt, Göppingen
Zeichnungen/Illustrationen: Uwe Alfer, Waldbreitbach; Andrea Eckhardt, Göppingen
Bildkonzept Umschlag: Andreas Staiger, Stuttgart
Titelbild: Fotofinder (Jan Braun/VISUM), Berlin

DTP/Satz: Andrea Eckhardt, Göppingen
Reproduktion: Meyle + Müller, Medien-Management, Pforzheim
Druck: Druckhaus Götz GmbH, Ludwigsburg

Printed in Germany
ISBN 978-3-12-731768-8

Zeitgemäßer Informatikunterricht mit „Informatik 3"

Informatikunterricht: Vorbereitung auf die Informationsgesellschaft
Der Informatikunterricht allgemein bildender Schulen soll die Schülerinnen und Schüler in die Lage versetzen, die Informationsgesellschaft aktiv und verantwortungsvoll mitzugestalten. Daher stehen einerseits der Umgang mit Informationen, andererseits die grundlegenden strukturellen Merkmale typischer Softwaresysteme im Mittelpunkt des Unterrichtsgeschehens. Die Schülerinnen und Schüler arbeiten ausgiebig mit modernen Hard- und Softwaresystemen und lernen dabei die grundlegenden Prinzipien der Darstellung, Verarbeitung und Interpretation von Information kennen. Besonderes Gewicht liegt auf Kenntnissen und Fertigkeiten zur informatischen Modellierung, die den Schülerinnen und Schülern die Beschreibung, Durchdringung, Strukturierung und Simulation von komplexen Systemen aus ihrer Erfahrungswelt ermöglichen.

Handlungs- und problemorientierter Unterricht
In diesem Buch beginnt jede Lerneinheit mit einer einführenden Aufgabe, die den Schülerinnen und Schülern einen problemorientierten Einstieg in die jeweilige Thematik erlaubt. So wird ihr Interesse geweckt und eine ausreichende Motivation zur eingehenden Beschäftigung mit der jeweiligen Thematik erzeugt.

Strukturierter Aufbau
Die Lerneinheiten enthalten eine kurze und prägnante Formulierung des jeweiligen Lernstoffes. Begriffe und Zusammenhänge werden schülergerecht hergeleitet, in Merkkästen zusammengefasst, an Beispielen konkretisiert und mit entsprechenden Aufgaben gesichert, geübt und vertieft.

Selbstkontrolle
Am Ende jedes Kapitels werden im „Training" interessante Aufgaben gestellt, welche die Themen des jeweiligen Kapitels integriert und vernetzt behandeln. Diese Aufgaben bieten die Möglichkeit zu selbstkontrolliertem Üben, da die Lösungen am Ende des Buches angegeben sind.

Inhaltsverzeichnis

Lernen mit deinem Informatikbuch

Werkzeugliste

I Objekte und Zustände — 10
  1 Objekte und Klassen — 12
  2 Algorithmen und Methoden — 17
  3 Die Struktur von Algorithmen — 21
  4 Zustände von Objekten — 25
  5 Diagramme und Beziehungen — 29
  Exkursion
    Grammatiken in der Informatik — 33
    Roboter – Segen oder Fluch? — 34
  Rückblick — 36
  Training — 37

II Algorithmen und Programme — 38
  1 Definition von Klassen — 40
  2 Wertzuweisung — 45
  3 Kommunikation mit Methoden — 50
  4 Anlegen und Löschen von Objekten — 55
  5 Implementieren von Algorithmen — 59
  6 Felder — 67
  Exkursion
    Eine kleine Geschichte der Programmiersprachen I — 71
    Kleine Fehler, große Auswirkungen — 74
    The Patriot Missile Failure — 77
  Rückblick — 78
  Training — 79

III Zustandsmodellierung — 80
  1 Endliche Automaten — 82
  2 Mehrfache Fallunterscheidung — 87
  3 Bedingte Übergänge — 90
  4 Zustände von Computerprogrammen — 96
  Exkursion
    Eine kleine Geschichte der Programmiersprachen II — 99
    Dürfen Programme Fehler haben? — 101
    Viren, Würmer und Trojaner — 102
  Rückblick — 104
  Training — 105

IV Interaktion 106
1. Aggregation und Referenzen 108
2. Arbeiten mit Referenzen 111
3. Kommunikation zwischen Objekten 115
4. Sequenzdiagramme 121
Exkursion
   Die drei Amigos und *UML* 126
Rückblick 128
Training 129

V Generalisierung 130
1. Spezialisierung von Klassen 132
2. Generalisierung 136
3. Polymorphismus 138
Exkursion
   Entwurfs- und Architekturmuster 142
   Mehrfachvererbung 145
   Grafische Benutzeroberflächen (GUI) 146
Rückblick 150
Training 151

Projektarbeit: Softwareprojekte 152

***Java*-Überblick** 155

***UML*-Überblick** 168

Grundwissen 170

Lösungen 175
Register 187
Bildquellen 190

Lernen mit deinem Informatikbuch

Liebe Schülerinnen und Schüler,

auf diesen zwei Seiten stellen wir euer neues Informatikbuch vor, das euch im Informatikunterricht begleiten und unterstützen soll.

Wie ihr im Inhaltsverzeichnis sehen könnt, besteht das Buch aus fünf **Kapiteln** und Vorschlägen zu **Softwareprojekten**. In den Kapiteln lernt ihr nacheinander neue Inhalte kennen. Bei den Softwareprojekten, die ihr am Ende des Schuljahres umsetzen könnt, trefft ihr wieder auf die Inhalte aller Kapitel, eingebettet in alltägliche Situationen. Ihr seht also, der Informatik begegnet man nicht nur im Unterricht!

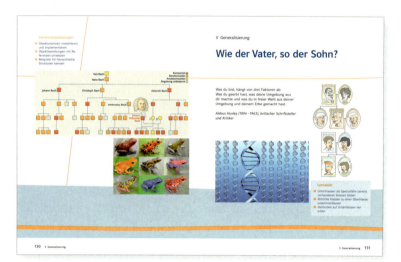

In den Kapiteln geht es darum, neue Inhalte kennenzulernen, zu verstehen, zu üben und zu vertiefen.
Sie beginnen mit einer **Auftaktseite**, auf der ihr entdecken und lesen könnt, was euch in dem Kapitel erwartet.

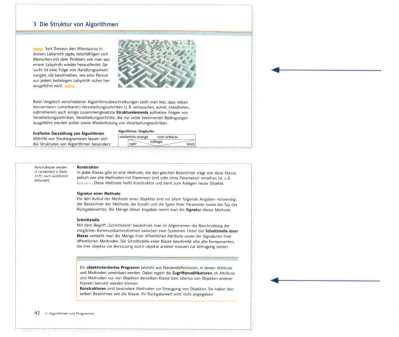

Die Kapitel sind in **Lerneinheiten** unterteilt, die euch immer einen Schritt voranbringen. Zum **Einstieg** findet ihr stets eine Frage oder einen Arbeitsauftrag zu dem Thema der Lerneinheit. Ihr könnt euch dazu alleine Gedanken machen, euch in der Gruppe besprechen oder mit der ganzen Klasse gemeinsam mit eurer Lehrerin oder eurem Lehrer diskutieren.

Im **Merkkasten** findet ihr die wichtigsten Inhalte der Lerneinheit zusammengefasst. Ihr solltet ihn deshalb sehr aufmerksam lesen.

Im Aufgabenblock findet ihr ein umfangreiches und sehr abwechslungsreiches Material. Der Schwierigkeitsgrad reicht von einfachen, grundlegenden Aufgaben zu dem neu gelernten Stoff bis zu aufwendigeren, anspruchsvollen Aufgaben.

Immer wieder gibt es Aufgaben, die mit 👥 oder 👥👥 gekennzeichnet sind. Hier bietet es sich besonders an, mit einem Partner oder einer Gruppe zu arbeiten.
Aufgaben, die mit 📑, 🔍, 🗂 oder 🖉 gekennzeichnet sind, sollen mit dem entsprechenden Werkzeug bearbeitet werden (vgl. hierzu die Seiten 8 und 9).

Rückblick

Training

Am Ende des Kapitels findet ihr jeweils zwei Seiten, die euch helfen, das Gelernte abzusichern. Auf den **Rückblick**seiten sind die wichtigsten Inhalte des Kapitels zusammengefasst. Im **Training** könnt ihr noch einmal üben, was ihr im Kapitel gelernt habt. Das Training eignet sich auch gut als Vorbereitung für Klassenarbeiten. Die Lösungen dazu findet ihr auf den hinteren Seiten des Buches.

Exkursion   Eine kleine Geschichte der Programmiersprachen II

Besonders viel Spaß wünschen wir euch bei den **Exkursionen** am Ende der Kapitel.
Auf diesen Seiten könnt ihr interessante Dinge erfahren, zum Beispiel, wie man sich vor Viren, Würmern und Trojanern schützt oder wie man grafische Benutzeroberflächen programmiert. Vielleicht werdet ihr manchmal staunen, wie alltäglich Informatik sein kann.

Ihr könnt euch also auf euer Informatikbuch verlassen. Es gibt euch viele Hilfestellungen für den Unterricht und die Klassenarbeiten und vor allem möchte es euch zeigen: Informatik ist sinnvoll und kann Freude machen.

Wir wünschen euch viel Erfolg!
Das Autorenteam und der Verlag

Werkzeugliste

Bei der Arbeit mit diesem Band können unterschiedliche Werkzeuge zum Einsatz kommen. Für die Arbeit mit dem Buch werden die folgenden Werkzeuge empfohlen. Aufgaben, in denen die Werkzeuge angewandt werden sollen, sind jeweils mit den entsprechenden Symbolen gekennzeichnet.

Symbol	Beschreibung des Werkzeugs	Empfohlene Verwendung im Schulbuch
	Interaktives objektorientiertes Programmiersystem (IOP) *IOP* ermöglicht die Verwaltung von Klassen und Objekten sowie das interaktive Anlegen von Objekten, ohne dass ein Hauptprogramm (eine Main-Methode) gestartet werden muss. Aktuelle Attributwerte können jederzeit eingesehen und interaktiv geändert werden. Das Programmiersystem stellt ebenfalls eine Bibliothek zur Bearbeitung grafischer Objekte wie Kreise und Rechtecke bereit. Ebenso soll die Einsicht bzw. Programmierung im *Java*-Code möglich sein. Beispiel: *BlueJ* Dieses Programmiersystem wird im Buch als zentrales Werkzeug empfohlen.	Kapitel II bis Kapitel V

Um den Schülerinnen und Schülern einen guten Zugang in die objektorientierte Programmierung zu ermöglichen, werden zur Wiederholung von Grundlagen aus früheren Jahrgangsstufen und als Einstieg in neue Lerninhalte bzw. zur Veranschaulichung wichtiger Lerninhalte folgende weitere Werkzeuge empfohlen:

Symbol	Beschreibung des Werkzeugs	Empfohlene Verwendung im Schulbuch
	Vektorgrafiksystem (VGS) *VGS* erlaubt die Inspektion der momentanen Attributwerte. Beispiele: *ObjectDraw, OpenOfficeDraw* Schülerinnen und Schüler kennen das Werkzeug bereits von der Arbeit in früheren Jahrgangsstufen. Im vorliegenden Band wird es zur Wiederholung wichtiger Grundlagen der objektorientierten Modellierung verwendet.	Kapitel I, Lerneinheit 1
	Programmierbares Grafiksystem (PGS) *PGS* erlaubt den Aufbau und die Animation von Vektorgrafiken durch den Ablauf von abgespeicherten Folgen von Methodenaufrufen. Beispiele: *EOS, JGraphik* Dieses Werkzeug dient als Einstieg in die objektorientierte Programmierung und Wiederholung wichtiger Kontrollstrukturen.	Kapitel I, Lerneinheiten 2 und 4

Symbol	Beschreibung des Werkzeugs	Empfohlene Verwendung im Schulbuch
	Programmierbares Robotersystem (Roboter) Beispiele: *Robot Karol, Java Karol, LEGO Mindstorms* Das Werkzeug ist den Schülerinnen und Schülern bereits aus früheren Jahrgangsstufen bekannt. Es eignet sich vor allem zur Wiederholung der bereits behandelten Kontrollstrukturen.	Kapitel I, Lerneinheiten 2 und 4

Weiterhin wird ein **Codegenerator** empfohlen, der das interaktive Anlegen von Klassen bzw. den interaktiven Aufbau von Struktogrammen ermöglicht und daraus den entsprechenden *Java*-Code generiert.
Beispiel: *SEMI-OOS*
Dieses Werkzeug kann zur Unterstützung für die Erstellung umfangreicher Programme bzw. zur Visualisierung der entsprechenden Algorithmen eingesetzt werden.

Lernvoraussetzungen

- Eigenschaften von Objekten angeben
- Objektdiagramme erstellen
- Klassendiagramme erstellen
- Methoden beschreiben und anwenden
- Punktnotation verwenden

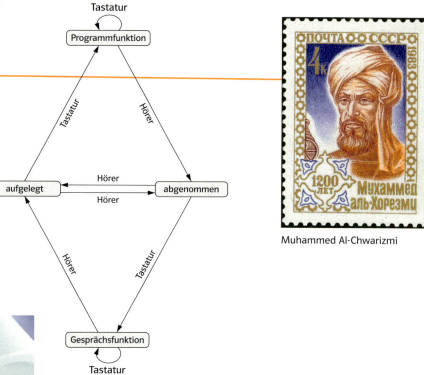

Muhammed Al-Chwarizmi

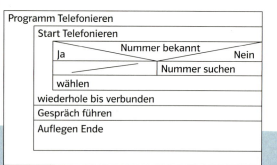

I Objekte und Zustände

Objekte bekommen Zustände

Die Rechenautomaten haben etwas von Zauberern im Märchen. Sie geben einem wohl, was man sich wünscht, doch sagen sie einem nicht, was man sich wünschen soll.

Norbert Wiener (1894–1964), amerikanischer Mathematiker und Begründer der Kybernetik

Lernziele
- Objekte und die zugehörigen Klassen anhand ihrer Attribute und Methoden beschreiben
- Einfache Algorithmen mit Struktogrammen darstellen
- Zustände eines Objektes analysieren

1 Objekte und Klassen

Informationen über die Standardmaße beim Fußballfeld findest du z. B. auf der Internetseite des Deutschen Fußballbundes (DFB).

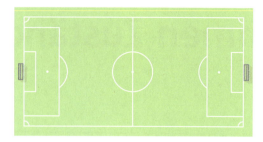

▬ Zeichne mithilfe eines Grafiksystems einen Grundriss für ein Fußballfeld. Besorge dir dazu die offiziellen Vorgaben für die Abmessungen und überlege dir einen geeigneten Maßstab. Verwende Objekte der Klassen KREIS, LINIE und RECHTECK und notiere für alle verwendeten Objekte die Werte ihrer relevanten Attribute. ▬

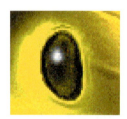

Raster- bzw. Pixelgrafik

Objekte
Viele elektronische Dokumente bestehen aus einzelnen **Objekten** verschiedener Art. In Vektorgrafiken finden sich beispielsweise Linien, Kreise, Rechtecke oder Textblöcke, in (reinen) Rastergrafiken dagegen nur Objekte der Art Bildpunkt. Jedes Objekt benötigt zur eindeutigen Identifizierung einen Bezeichner, der innerhalb des jeweiligen Dokumentes eindeutig sein muss, z. B. *kreis1*, *rechteck3* oder *linie17*.

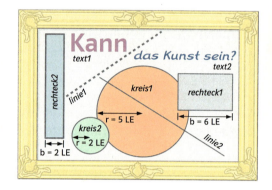

Attribute
Die Eigenschaften der Objekte werden durch die Werte ihrer **Attribute** beschrieben. Das Attribut mit dem Bezeichner *füllfarbe* des Objektes *kreis1* könnte z. B. den Wert *rot* haben. Wir schreiben dafür kurz: *kreis1.füllfarbe = rot*.

Linien haben keine Füllfarbe. Auch wenn sie noch so dick sind, werden sie vollständig in der Linienfarbe eingefärbt.

Klassen
Manche Attribute sind bei einer Art von Objekten vorhanden, bei einer anderen Art nicht. So haben etwa Linien Pfeilenden, Rechtecke und Kreise dagegen nicht. Andererseits gehört zu jedem Rechteck und jedem Kreis beispielsweise ein Attribut *füllfarbe*, was bei einer Linie nicht sinnvoll ist.
Je nach der Menge ihrer Attribute teilt man Objekte in **Klassen** ein: Objekte der gleichen Klassen haben dieselben Attribute (aber nicht notwendigerweise dieselben Attributwerte!).
Beispiele dafür sind die Klasse RECHTECK oder die Klasse KREIS.
Eine Klasse stellt einen **Konstruktionsplan** für bestimmte Objekte dar, der mit all seinen Informationen auch ohne diese Objekte existiert. Eine Klasse ist also keine Menge von Objekten!

Methoden
Objekte können auf Befehl gewisse Operationen (**Methoden**) ausführen, z. B. ein CD-Spieler die Methode *auswerfen (der CD)*.

Der Benutzer beschränkt sich auf den Aufruf der Methode durch „Knopfdruck". Die Details der Ausführung (Dauer, Geschwindigkeit, Vorbedingungen) werden dabei dem Objekt selbst überlassen.

Auch Objekte in Dokumenten können bestimmte Operationen ausführen: Kreise, Rechtecke oder Buchstaben können sich drehen, horizontal oder vertikal spiegeln, verschieben, ausschneiden oder löschen. Diese Operationen werden durch den **Aufruf einer Methode** ausgelöst. Man schreibt dafür z. B. *buchstabe1.horizontalSpiegeln()*.

Parameter
Bei vielen Methoden muss man durch ein oder mehrere Argumente (Parameter) festlegen, mit welchen Eingaben sie ausgeführt werden sollen, z. B. um welche Strecke ein Objekt verschoben werden soll. Die Parameter werden in einer festgelegten Reihenfolge in Klammern notiert, z. B. *buchstabe1.verschieben(2cm, −3cm)*.

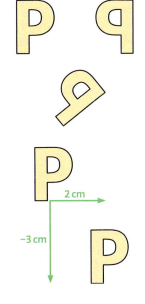

Unterscheide die Methodenaufrufe verschieben(2cm, −3cm) *und* verschieben(−3cm, 2cm)!

Je nach Werkzeug unterscheiden sich Einheiten bzw. Orientierung der Koordinatensysteme voneinander.

Standardmethoden
Jedes Objekt verfügt über bestimmte Methoden, die zu seiner Handhabung notwendig sind. Für jedes Attribut definiert man z. B. eine Methode zum Verändern oder Abfragen seiner Werte, wie *rechteck1.füllfarbeSetzen(rot)* oder *rechteck1.füllfarbeAusgeben()*. Standardmethoden von Objekten verschiedener Klassen dienen hauptsächlich dem Zugriff auf seine Attribute und werden daher oft nicht mehr explizit aufgeführt.

Objektkarten
Objekte setzen sich also aus Attributen und Methoden zusammen, wobei jedes Attribut zu einem bestimmten Zeitpunkt einen bestimmten Wert hat. Das kann man sehr übersichtlich in Objektkarten darstellen (Fig. 1).
Dabei beschränkt man sich oft auf die Attribute, die für die jeweilige Situation relevant sind. *kreis1*: KREIS bedeutet: Das Objekt *kreis1* gehört zur Klasse KREIS.

Klassenkarten
Ähnlich wie Objekte stellt man Klassen oft als Klassenkarten dar (Fig. 2). Sie unterscheiden sich von Objektkarten durch das Fehlen der Attributwerte.

Methoden sind im Konstruktionsplan der Klasse definiert und werden daher in der Klassenkarte aufgelistet, auch wenn sie über die Objekte aufgerufen werden. In den Objektkarten kann man die Methoden auch weglassen.

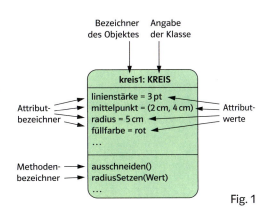

Fig. 1

Fig. 2

Objektkarten werden mit abgerundeten, Klassenkarten mit eckigen Rahmen dargestellt.

Jedes **Objekt** wird durch seine Attribute mit den aktuellen **Attributwerten** beschrieben. Alle Objekte derselben **Klasse** verfügen über dieselben **Attribute** und **Methoden**. Sie unterscheiden sich höchstens durch verschiedene Werte ihrer Attribute. Eine **Klasse** ist ein Konstruktionsplan für Objekte.

Aufgaben

Die olympischen Ringe wurden 1913 vom französischen Pädagogen Pierre de Coubertin (1863–1937) entworfen. Er war maßgeblich an der Wiederbelebung der Olympischen Spiele beteiligt und von 1896 bis 1925 Präsident des IOC.

1 ✎ **Die Klasse KREIS: olympische Ringe**
Das Symbol der olympischen Flagge besteht aus fünf Ringen (Fig. 1).
a) Zeichne die Ringe mit dem Werkzeug *VGS* nach und vergleiche die zugehörigen Objektkarten. In welchen Attributen unterscheiden sich ihre Werte?
Hinweis: Die Ringe müssen nicht ineinander verschlungen sein.
b) Welche Möglichkeiten gibt es, die Ringe ineinander zu verschlingen? Versuche, deine Idee zu realisieren.

Fig. 1

Piet Mondrian (1872–1944)

2 ✎ **Die Klasse RECHTECK: Piet Mondrian**
Ganz ähnliche Bilder wie das in Fig. 2 hat der niederländische Maler Piet Mondrian auch gemalt.
a) Zeichne die abstrakte Malerei mit dem Werkzeug *VGS* nach. Versuche, dabei mit möglichst wenigen Objekten auszukommen.
b) Lässt sich das Bild nur mit Objekten der Klasse RECHTECK gestalten?
c) Welche unterschiedlichen Attributwerte haben das dunkelorange und das blaue Rechteck?

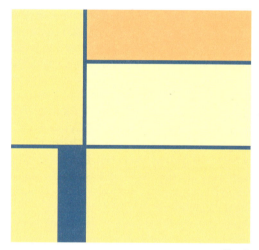
Fig. 2

3 ✎ **Flaggen der Erde I**
Gestalte mit dem Werkzeug *VGS* die Staatsflaggen nachfolgender Länder und gib die zugehörigen Objektkarten mit den wesentlichen Attributen und ihren Werten an.
a) Belgien b) Dänemark c) Bahamas d) Laos

4 ✎ **Methoden**
Ergänze jeweils geeignete Methoden, die das Startbild links (Fig. 3) wie angegeben verändern, bis schließlich nur noch das grüne Dreieck im rechten Bild vorhanden ist.

kreis1.anzeigen()　　kreis1.verschieben(1, 2)
dreieck1.anzeigen()　　…

Fig. 3

5 Flaggen der Erde II

Welche Flaggen werden aus den Objekten in Fig. 2 gebildet? Fig. 1 zeigt die Objektkarte für die Hintergrundflächen aller Teilaufgaben. Zeichne die Fahnen mit dem Werkzeug *VGS* oder ins Heft. Flaggen haben normalerweise verschiedene Seitenverhältnisse, hier wurde jedoch immer das Verhältnis 3:2 verwendet. Der Mittelpunkt jeder Fahne liegt im Ursprung eines kartesischen Koordinatensystems. Sollte das von dir verwendete Werkzeug den Ursprung in eine Ecke setzen, so musst du als Flaggenmittelpunkt beispielsweise (10 cm, 10 cm) wählen und die Lagen der angegebenen Objekte entsprechend anpassen.

rechteck0: RECHTECK
- linienfarbe = schwarz
- linienart = durchgezogen
- linienstärke = 0.1 mm
- füllfarbe = weiß
- länge = 6 cm
- breite = 4 cm
- mittelpunkt = (0 cm, 0 cm)

Fig. 1

a)

kreis1: ELLIPSE
- linienfarbe = unsichtbar
- linienart = durchgezogen
- linienstärke = 0.1 mm
- füllfarbe = rot
- radiusX = 1 cm
- radiusY = 1 cm
- mittelpunkt = (0 cm, 0 cm)

b)

rechteck1: RECHTECK
- linienfarbe = unsichtbar
- linienart = durchgezogen
- linienstärke = 0.1 mm
- füllfarbe = rot
- länge = 6 cm
- breite = 2 cm
- mittelpunkt = (0 cm, −1 cm)

dreieck1: DREIECK
- linienfarbe = unsichtbar
- linienart = durchgezogen
- linienstärke = 0.1 mm
- füllfarbe = blau
- eckeA = (−3 cm, −2 cm)
- eckeB = (−3 cm, 2 cm)
- eckeC = (−0.5 cm, 0 cm)

c)

rechteck2: RECHTECK
- linienfarbe = unsichtbar
- linienart = durchgezogen
- linienstärke = 0.1 mm
- füllfarbe = weiß
- länge = 3 cm
- breite = 1 cm
- mittelpunkt = (0 cm, 0 cm)

rechteck3 hat die gleichen Attributwerte wie *rechteck2*, nur sind die Werte von Länge und Breite vertauscht.

Außerdem gilt: *rechteck0.füllfarbe = rot*.

d)

rechteck4: RECHTECK
- linienfarbe = unsichtbar
- linienart = durchgezogen
- linienstärke = 0.1 mm
- füllfarbe = blau
- länge = 6 cm
- breite = 0.6 cm
- mittelpunkt = (0 cm, −1.3 cm)

dreieck2: DREIECK
- linienfarbe = unsichtbar
- linienart = durchgezogen
- linienstärke = 0.1 mm
- füllfarbe = blau
- eckeA = (−0.7 cm, −0.5 cm)
- eckeB = (0.7 cm, −0.5 cm)
- eckeC = (0 cm, 0.9 cm)

e)

dreieck4: DREIECK
- linienfarbe = unsichtbar
- linienart = durchgezogen
- linienstärke = 0.1 mm
- füllfarbe = schwarz
- eckeA = (−3 cm, −1.7 cm)
- eckeB = (−3 cm, 1.7 cm)
- eckeC = (−0.3 cm, 0 cm)

dreieck5: DREIECK
- linienfarbe = unsichtbar
- linienart = durchgezogen
- linienstärke = 0.1 mm
- füllfarbe = schwarz
- eckeA = (3 cm, −1.7 cm)
- eckeB = (3 cm, 1.7 cm)
- eckeC = (0.3 cm, 0 cm)

dreieck6: DREIECK
- linienfarbe = unsichtbar
- linienart = durchgezogen
- linienstärke = 0.1 mm
- füllfarbe = grün
- eckeA = (−2.7 cm, −2 cm)
- eckeB = (2.7 cm, 2 cm)
- eckeC = (0 cm, 0.3 cm)

rechteck5 hat bis auf *mittelpunkt* = (0 cm, +1.3 cm) die gleichen Attributwerte wie *rechteck4*.

dreieck3 hat die gleichen Attributwerte wie *dreieck2*, ist aber horizontal gespiegelt worden und hat somit folgende Eckpunkte: *eckeA* = (−0.7 cm, 0.5 cm), *eckeB* = (0.7 cm, 0.5 cm), *eckeC* = (0 cm, −0.9 cm).

dreieck7 hat die gleichen Attributwerte wie *dreieck6*, ist aber horizontal gespiegelt worden und hat somit folgende Eckpunkte: *eckeA* = (−2.7 cm, −2 cm), *eckeB* = (2.7 cm, −2 cm), *eckeC* = (0 cm, −0.3 cm).

Außerdem gilt: *rechteck0.füllfarbe = gelb*.

Fig. 2

6 Schüler und Lehrer

Stelle die Klassen SCHÜLER und LEHRER gegenüber. Welche Attribute können sie gemein haben, wo gibt es Unterschiede? Wie würdest du ganz allgemein die Klasse MENSCH beschreiben?

7 Kandinsky

In welche Klassen würdest du die in Wassily Kandinskys nebenstehendem Werk vorkommenden abstrakten Objekte einordnen? Wie sehen die zugehörigen Klassenkarten aus? Zeichne mit dem Werkzeug *VGS* oder ins Heft ein eigenes abstraktes Bild mit wenigstens fünf Objekten, die jeweils einer anderen Klasse angehören sollen und stelle die zugehörigen Objektkarten auf.

Wassily Kandinsky (1866–1944)

Tim Berners-Lee (*1955), der Erfinder des WWW

8 Das CERN, HTML und das WWW

Tim Berners Lee arbeitete 1989 als Physiker am CERN in Genf, dem zu dieser Zeit führenden Kernforschungszentrum. Als internationale Forschungseinrichtung war das CERN auf weltweite Kommunikation angewiesen. Leider wurden damals (wie auch heute) derart unterschiedliche Informationssysteme verwendet, dass eine sinnvolle Kommunikation mitunter unmöglich war. Tim Berners Lee schlug deshalb 1989 vor, Informationen durch sogenannte Hypertextstrukturen zu beschreiben. Daher stammt auch der Name HTML: **H**yper **T**ext **M**arkup **L**anguage. Wesentlich für die schnelle Verbreitung dieser Textbeschreibungssprache war, dass Berners Lee seine Ideen und deren technische Umsetzung nicht patentierte. Im Gegensatz dazu sind kommerzielle Textverarbeitungssysteme patentiert, weshalb die mit derartigen Systemen erstellten Dokumente genau genommen nicht frei zur Verfügung gestellt werden dürfen.

Das erste HTML-Dokument vom 13. November 1990; rechts das Dokument im Browser und links der Quelltext, der mit jedem einfachen Editor geschrieben werden kann

a) Erstelle mit einem einfachen Texteditor eine Datei, die den angegebenen Quelltext enthält; die Datei muss vom Typ „html" oder „htm" sein. Lade anschließend die Datei in einem Browser.

b) Das angegebene Dokument enthält Strukturen, sogenannte Tags: zur Darstellung des Titels <title> … </title>, der Überschrift <h1> … </h1> oder eines Verweises <a …> … </a>. Diese Strukturen lassen sich als Klassen mit bestimmten Attributen interpretieren. Obige Abbildungen zeigen Objekte der entsprechenden Klassen.
Gib für die Überschrift und den Verweis das jeweilige Objektdiagramm an und führe gegebenenfalls geeignete Attribute ein.

c) Im Internet finden sich Dokumente, die alle Tags von HTML detailliert beschreiben.
Suche in einem derartigen Dokument eine Beschreibung der Klasse VERWEIS und gib eine Klassenkarte an, die die wichtigsten Attribute dieser Klasse enthält.

d) In HTML lassen sich auch Tabellen darstellen. Ermittle mithilfe einer Online-Dokumentation von HTML die Attribute dieser Klasse. Eine Klassenkarte kann als einspaltige Tabelle aufgefasst werden, deren erste Zeile den Klassennamen, deren zweite Zeile die Attribute und deren dritte Zeile die Methoden enthält.
Erstelle in HTML eine Klassenkarte der Klasse VERWEIS mit einem einzigen Attribut. Die Zeile für Methoden kann leer bleiben.
Tabellen in HTML können geschachtelt werden. Um mithilfe von Tabellen Klassenkarten mit mehreren Attributen darzustellen, können geschachtelte Tabellen verwendet werden. Erstelle auf diese Art eine Klassenkarte, die die wesentlichen Attribute der Klasse VERWEIS enthält.

e) Die Recherche in der Online-Dokumentation von HTML zeigt, dass HTML eine Vielzahl von Textbeschreibungsstrukturen enthält. In Gruppenarbeit soll eine möglichst umfangreiche Sammlung von Klassenkarten der verschiedenen HTML-Tags auf oben beschriebene Weise erstellt werden. Nach Abschluss der Gruppenarbeit werden die Klassenkarten auf einer gemeinsamen Seite allen Teilnehmern der Gruppenarbeit zugänglich gemacht.

2 Algorithmen und Methoden

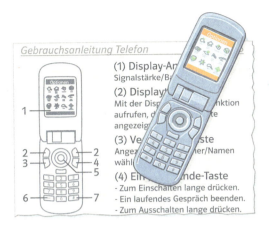

Für die Betriebsanleitung eines Mobiltelefons soll möglichst präzise und eindeutig beschrieben werden, wie man das Gerät einschaltet, die PIN eingibt und damit eine Verbindung zu einem anderen Mobilfunkteilnehmer herstellt. Dabei sind auch Problemfälle wie das Fehlen eines Mobilfunknetzes oder falsche PIN-Eingaben zu berücksichtigen.

Der Begriff „Algorithmus" ist eine Verballhornung des Namens eines berühmten Mathematikers, der am Hof des Kalifen von Bagdad arbeitete: Muhammed Al-Chwarizmi (ca. 780 bis 850). Er führte u.a. die Ziffer 0 in das arabische Zahlensystem ein.

Für viele Zwecke ist es notwendig, bestimmte Handlungsabläufe, Vorgänge oder Verfahren möglichst präzise und damit eindeutig nachvollziehbar zu beschreiben. Ein solches Verfahren heißt **Algorithmus**, wenn es mit einem endlichen Text in einer genau festgelegten Sprache präzise (und damit eindeutig nachvollziehbar) beschrieben werden kann. Außerdem müssen die einzelnen Schritte des Verfahrens tatsächlich ausführbare Operationen sein.

Algorithmen in der Antike
Ein berühmtes Beispiel aus der Antike ist der **euklidische Algorithmus**, mit dem man feststellen kann, ob der größte gemeinsame Teiler zweier Zahlen die Zahl 1 ist. In diesem Fall heißen die beiden Zahlen teilerfremd oder prim.

Eine antike Formulierung lautet:
„Nimmt man beim Vorliegen zweier ungleicher Zahlen abwechselnd immer die kleinere von der größeren weg, so müssen, wenn niemals ein Rest die vorangehende Zahl genau misst, bis die Einheit übrig bleibt, die ursprünglichen Zahlen gegeneinander prim (teilerfremd) sein."

Eine moderne Formulierung lautet:
„Zur Bestimmung des größten gemeinsamen Teilers zweier ganzer Zahlen subtrahiert man die kleinere von der größeren und erhält ein neues Zahlenpaar aus der ursprünglich kleineren Zahl und dem Ergebnis der Subtraktion, mit dem man diesen Vorgang gegebenenfalls so lange wiederholt, bis man als Ergebnis der Subtraktion 0 erhält. Der letzte Subtrahend ist dann der ggT."

Bubblesort:

1. äußere Wiederholung			
Hans	Emma	Yuri	Anna
Emma	Hans	Yuri	Anna
Emma	Hans	Yuri	Anna
Emma	Hans	Anna	Yuri
2. äußere Wiederholung			
Emma	Hans	Anna	Yuri
Emma	Hans	Anna	Yuri
Emma	Anna	Hans	Yuri
Emma	Anna	Hans	Yuri
3. äußere Wiederholung			
Emma	Anna	Hans	Yuri
Anna	Emma	Hans	Yuri
Anna	Emma	Hans	Yuri
Anna	Emma	Hans	Yuri

Ein Sortieralgorithmus
Der Algorithmus *Bubblesort* beschreibt die (nicht besonders schnelle) Sortierung von Elementen einer Liste nach einem bestimmten Kriterium, z.B. einer Liste von Vornamen in alphabetischer Reihenfolge:
(1) Vergleiche den ersten Namen mit dem folgenden.
(2) Falls der erste Name alphabetisch hinter den zweiten gehört, vertausche die beiden Namen.
(3) Wiederhole diesen Vorgang mit allen folgenden Namen bis zum vorletzten Namen.
(4) Wiederhole den gesamten Vorgang ab (1) einmal weniger als die Anzahl der Namen auf der Liste.

I Objekte und Zustände

Das weltweit erste Computerprogramm war vermutlich die Beschreibung eines Verfahrens zur Berechnung von Bernoulli-Zahlen. Es wurde von Ada Lovelace in den Jahren 1842/1843 für die mechanische Analytical engine von Charles Babbage erstellt, konnte jedoch damals nur von Hand ausgeführt werden, weil es noch keine funktionsfähige Maschine gab (vgl. hierzu auch die Exkursion auf Seite 71).

Algorithmen und Programme

Seit der Erfindung geeigneter Maschinen ist man besonders an der Darstellung von Algorithmen durch **Programme** interessiert, die automatisch ausführbar sind. Ein Programm ist eine von vielen möglichen Darstellungen eines bestimmten Algorithmus als Text in einer speziellen Sprache, die vom Rechner automatisch interpretiert und damit abgearbeitet werden kann. Eine solche Sprache heißt **Programmiersprache**.

Das folgende Beispiel zeigt ein Programm, das einen Roboter so steuert, dass er auf einer zusammenhängenden Reihe von Ziegelsteinen läuft, bis er das durch eine Marke bezeichnete Ende dieser Reihe erreicht.

```
wiederhole solange nicht istMarke
   wenn istZiegel dann
      schritt
   sonst
      rechtsDrehen
      wenn nicht istZiegel dann
         linksDrehen
         linksDrehen
      *wenn
   *wenn
*wiederhole
```

Fig. 1 zeigt den Algorithmus innerhalb eines programmierbaren Grafiksystems, z. B. PGS der Werkzeugliste auf den Seiten 8 und 9.

Algorithmen und Objekte

Algorithmen spielen in Bezug auf Objekte eine doppelte Rolle:
Einerseits können die ausführbaren Operationen eines Algorithmus **Aufrufe von Methoden** dieser Objekte sein, andererseits kann der **Ablauf einer Methode** durch einen Algorithmus beschrieben werden.

Beispielsweise erzeugt der in Fig. 1 gezeigte Algorithmus eine Grafik in einem Fenster f, die aus den Objekten r1, r2, r3, k1, k2, k3 besteht und sich anschließend in 100 Schritten um ein kleines Stück nach rechts verschiebt. Seine Operationen sind Aufrufe von Methoden dieser Objekte, z. B. *f.zeichnen* oder *r2.eckenSetzen*.

Andererseits wird die Ausführung der einzelnen Methoden wiederum jeweils durch einen eigenen Algorithmus beschrieben, z. B. *r1.verschieben(a, b)*:
- neue Eckpunkte berechnen:
   zu den alten x-Werten a addieren
   zu den alten y-Werten b addieren
- alte Rechteckform mit Hintergrundfarbe und -muster füllen
- neues Rechteck zeichnen.

```
f: FENSTER
r1,r2,r3: RECHTECK
k1,k2,k3: KREIS

f.zeichnen(r1)
f.zeichnen(r2)
f.zeichnen(r3)
f.zeichnen(k1)
f.zeichnen(k2)
f.zeichnen(k3)

r1.eckenSetzen(-50, 60, 60, 0)
r2.eckenSetzen(65, 30, 120, 0)
r3.eckenSetzen(65, 50, 100, 30)
k1.mittelpunktSetzen(-30, 0)
k2.mittelpunktSetzen(-10, 0)
k3.mittelpunktSetzen(105, 0)

r1.füllfarbeSetzen(rot)
r2.füllfarbeSetzen(rot)
r3.füllfarbeSetzen(blau)
k1.füllfarbeSetzen(schwarz)
k2.füllfarbeSetzen(schwarz)
k3.füllfarbeSetzen(schwarz)

wiederhole 100 mal
    r1.verschieben(1, 0)
    r2.verschieben(1, 0)
    r3.verschieben(1, 0)
    k1.verschieben(1, 0)
    k2.verschieben(1, 0)
    k3.verschieben(1, 0)
*wiederhole
```

Fig. 1

Unter einem **Algorithmus** versteht man eine endlich und eindeutig formulierte Verarbeitungsvorschrift, deren Operationen tatsächlich ausgeführt werden können.
Für die Beschreibung kann eine natürliche oder auch eine künstliche Sprache (Programmiersprache) verwendet werden.
Als Operationen können dabei z. B. Methodenaufrufe dienen. Diese Methoden kann man jeweils wiederum als Beschreibung eines Algorithmus betrachten.

Aufgaben

1 Ausfüllen eines Quadrates mit Ziegeln
Der Roboter steht in einem Quadrat, das von Ziegeln umrandet ist (Fig. 1). Ziel ist es, das Innere des Quadrates mit Ziegeln aufzufüllen. Schreibe eine Anweisung, sodass der Roboter entlang der eingezeichneten, spiralförmigen Linie zum Mittelpunkt des Quadrates läuft und dabei stets einen Ziegel ablegt.
Der Mittelpunkt des Quadrates und damit das Ende des Weges ist durch ein markiertes Feld gekennzeichnet.

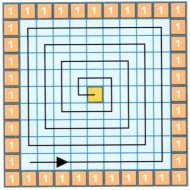

Fig. 1

2 Gruppierungen
Grafische Programmiersysteme (z. B. *PGS*, aber auch einfache grafische Zeichensysteme) ermöglichen es, einzelne Objekte zu einem neuen Objekt zu gruppieren und zu kopieren. Durch geschickte Verwendung von Gruppierungen lässt sich das Erstellen von Grafiken beträchtlich vereinfachen.
Fig. 2 zeigt einen Wald. Formuliere einen Algorithmus, mit dessen Hilfe der gezeigte Wald möglichst geschickt gezeichnet werden kann. Verwende dabei neben den elementaren Anweisungen zum Zeichnen des Baumes nur die Anweisungen zum Gruppieren, Kopieren und Verschieben. Das einmalige Konstruieren des Baums sowie das viermalige Gruppieren genügen.

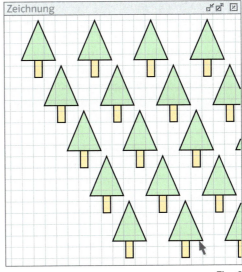

Fig. 2

3 Sortieren von Spielkarten mit *Bubblesort*
Der im Lehrtext beschriebene Algorithmus *Bubblesort* kann auch zum Sortieren von Kartenstapeln eingesetzt werden. Nimm dazu von einem beliebigen Kartenspiel (Bridge, Skat usw.) 10 Karten und mische diese. Lege sie anschließend nebeneinander auf den Tisch, sodass die Karten unsortiert nebeneinanderliegen. Sortiere nun die Karten, indem du den beschriebenen Algorithmus auf die unsortierte Kartenreihe anwendest.

4 Ein Roboter in Ägypten
Der Roboter soll eine Pyramide bauen.
a) Gib eine Anweisung an, mit deren Hilfe auf eine quadratische Ziegelfläche (siehe Aufgabe 1) eine weitere konzentrische Ziegelschicht gelegt wird, deren Seitenlänge zwei Ziegel kürzer ist.
b) Entwickle mithilfe der Anweisung aus Teilaufgabe a) eine Anweisung zum Bau einer Pyramide.

5 Schere, Stein, Papier

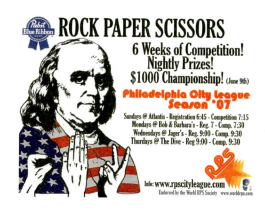

Das berühmte Spiel ist eines der ältesten Spiele. Es gibt Wettkämpfe, ja sogar Weltmeisterschaften. Das Spiel wird ausschließlich mit den Händen gespielt. Handhaltungen symbolisieren die Gegenstände Schere, Stein und Papier. Gelegentlich werden noch der Brunnen oder das Feuer verwendet. Jedoch ist dabei die Wahrscheinlichkeit zu gewinnen für die einzelnen Ereignisse nicht mehr gleich. Das Symbol der Schere ist der gespreizte Zeige- und und Mittelfinger, der Stein wird durch eine Faust symbolisiert und die flache Hand stellt das Papier dar. Die Wertigkeit der Symbole gegeneinander ist wie folgt: Die Schere schneidet das Papier, das Papier wickelt den Stein ein, der Stein stumpft die Schere ab. Bei gleichwertigen Symbolen, dem sogenannten Patt, wird so lange weitergespielt, bis verschiedene Symbole auftreten. Erst dann endet der Durchgang.
a) Gib einen Algorithmus an, der für zwei Spieler den Ablauf eines Durchgangs beschreibt.
b) Das Spiel geht im Allgemeinen über mehrere Durchgänge, wobei der Spieler gewinnt, der erstmals eine vorher vereinbarte Anzahl von Siegen erringt. Erweitere den Algorithmus derart, dass der Spielverlauf über mehrere Durchgänge beschrieben wird.
c) Welche Attribute und Methoden müsste eine Klasse SPIELER aufweisen? Gib die entsprechende Klassenkarte an.

6 Fußballweltmeisterschaft
Bei großen internationalen Fußballmeisterschaften geht es nach Absolvieren der Vorrunde ums Ganze, und in jedem Spiel muss ein Gewinner ermittelt werden. Dabei ist für alle Eventualitäten gesorgt: Steht nach Ende der regulären Spielzeit noch kein Sieger fest, so gibt es Verlängerung. Reicht auch die Verlängerung noch nicht, so findet ein Elfmeterschießen statt.
a) Informiere dich auf geeigneten Webseiten über die derzeitigen Regeln für den Ablauf eines Endrundenspiels bei einer Fußballweltmeisterschaft. Hier sind insbesondere die Regeln für das Elfmeterschießen von Bedeutung.
b) Gib umgangssprachlich einen Algorithmus an, nach dem bei einem derartigen Fußballspiel zwingend ein Gewinner ermittelt wird.

3 Die Struktur von Algorithmen

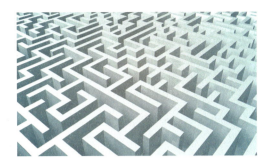

Seit Theseus den Minotaurus in dessen Labyrinth jagte, beschäftigen sich Menschen mit dem Problem, wie man aus einem Labyrinth wieder herausfindet. Gesucht ist eine Folge von Handlungsanweisungen, die beschreiben, wie eine Person aus jedem beliebigen Labyrinth sicher herausgeführt wird.

Beim Vergleich verschiedener Algorithmusbeschreibungen stellt man fest, dass neben elementaren (unteilbaren) Verarbeitungsschritten (z. B. *vertauschen*, *schritt*, *linksDrehen*, *subtrahieren*) auch einige zusammengesetzte **Strukturelemente** auftreten: Folgen von Verarbeitungsschritten, Verarbeitungsschritte, die nur unter bestimmten Bedingungen ausgeführt werden sollen sowie Wiederholung von Verarbeitungsschritten.

Grafische Darstellung von Algorithmen
Mithilfe von Struktogrammen lassen sich die Strukturen von Algorithmen besonders übersichtlich darstellen. Fig. 1 zeigt das Struktogramm zum Roboter-Algorithmus von Seite 18. Es enthält alle drei oben genannten Strukturelemente.

Algorithmus: Steglaufen

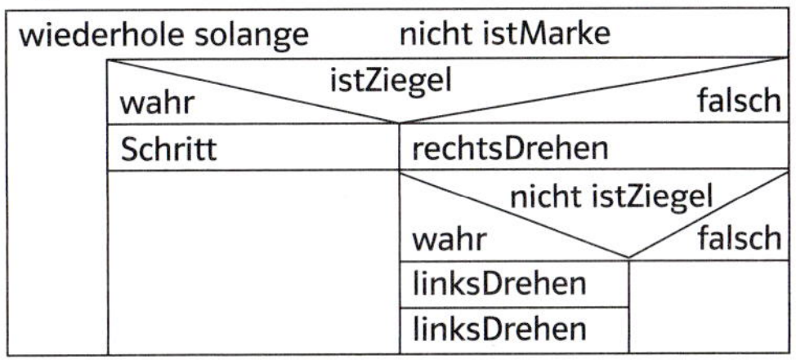

Fig. 1

Sequenz
Eine Folge von Verarbeitungsschritten, die in einer bestimmten Reihenfolge abgearbeitet werden muss, heißt **Sequenz**. Fig. 2 beschreibt die Abfolge beim Eintreten in eine Wohnung.

Schlüssel ins Schloss stecken
Schlüssel bis zum Anschlag gegen den Uhrzeigersinn drehen
Tür öffnen
Schlüssel zur senkrechten Stellung zurückdrehen
Schlüssel abziehen
durch die Tür gehen
Tür schließen

Fig. 2

Bedingte Verarbeitungsschritte
In vielen Fällen sollen Operationen oder auch Sequenzen von Operationen nur unter einer bestimmten **Bedingung** ausgeführt werden (Fig. 3).

Ein Beispiel dafür ist das bedingte Vertauschen zweier benachbarter Wörter im Sortieralgorithmus *Bubblesort* (siehe Seite 17):

Wenn der Name alphabetisch hinter den
folgenden gehört, dann
vertausche die beiden Namen
Ende wenn

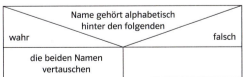

Fig. 3

Wenn das aktuell betrachtete Wort alphabetisch bereits korrekt vor dem nachfolgenden Wort steht, wird der Verarbeitungsschritt *vertauschen* nicht ausgeführt.

Oft wird auch angegeben, was geschehen soll, wenn die Bedingung nicht erfüllt ist. Man spricht dann von einer **Alternative** (Fig. 1).
Beispielsweise muss bei der Division zweier Zahlen eine Division durch die Zahl 0 verhindert und in diesem Fall eine Fehlermeldung ausgegeben werden:

Wenn b ≠ 0, dann
   dividiere a durch b,
sonst
   melde Fehler
Ende wenn

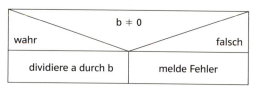

Fig. 1

Wiederholungen
Eine Folge von Verarbeitungsschritten wird wiederholt. Hier gibt es prinzipiell zwei unterschiedliche Formen.

Wiederholungsstruktur mit (von vornherein) fester Anzahl von Wiederholungen
Die Anzahl der Durchläufe steht bereits vor der ersten Abarbeitung fest. Als Beispiel wird die Eingabe einer genau 4-stelligen Geheimzahl betrachtet:

Wiederhole 4-mal
   Ziffer eingeben
Ende wiederhole

Wiederholungsstruktur mit Bedingung
Der Abbruch der Wiederholungen wird durch eine Bedingung gesteuert, sodass sich die Anzahl der Wiederholungen erst während der Abarbeitung der Struktur ergibt.
Beispielsweise soll der Roboter auf einer geraden Reihe von Ziegeln laufen. Die Anzahl der Ziegelsteine ist dabei vorher nicht bekannt:

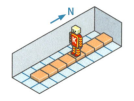

Wiederhole solange ein Ziegelstein davor
   einen Schritt vorwärtsgehen
Ende wiederhole

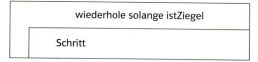

Manche Aufgaben sind nur mit der zweiten Form der Wiederholung lösbar, z. B. wenn eine Anweisung so lange wiederholt werden soll, bis ein Benutzer eine bestimmte Taste drückt.

Verschachteln von Strukturelementen
Strukturelemente können ineinander geschachtelt werden (Fig. 2). So können anstelle einfacher Verarbeitungsschritte immer auch Sequenzen, bedingte Operationen oder Wiederholungen eingesetzt werden.
Ein konkretes Beispiel für eine Verschachtelung ist der Algorithmus *Steglaufen* in Fig. 1 auf Seite 21.

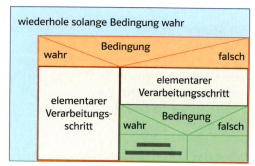

Fig. 2

Ein- und Ausgabe von Algorithmen

Aus funktionaler Sicht kann man einen Algorithmus auch als informationsverarbeitenden Prozess betrachten, der eine Menge von Daten als Eingabe aufnimmt, verarbeitet und eine andere Datenmenge als Ausgabe liefert (Fig. 1).
Beispiele dafür sind

- der euklidische Algorithmus; Eingabe: zwei Zahlen; Ausgabe: Wahrheitswert (Fig. 2)
- der Sortieralgorithmus *Bubblesort*; Eingabe: unsortierte Liste von Namen; Ausgabe: sortierte Liste von Namen (Fig. 3)
- Programme des Werkzeugs *Roboter*: Ein- bzw. Ausgabe sind Zustände der „Miniwelt" des Roboters, nämlich die Zustände dieser Miniwelt vor bzw. nach dem Ablauf des Programms. Die Miniwelt besteht dabei aus dem Roboter selbst und allen Ziegeln und Marken (Fig. 4).
- Grafikalgorithmen: Ein- bzw. Ausgabe sind die Zustände der Zeichenfläche.

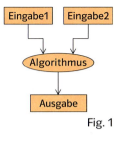

Fig. 1

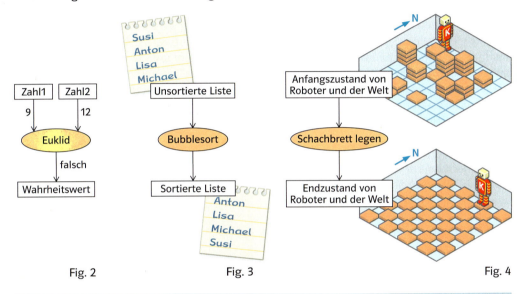

Fig. 2 Fig. 3 Fig. 4

Neben elementaren Verarbeitungsschritten benötigt man für die Beschreibung von Algorithmen die folgenden **zusammengesetzten Strukturelemente**: **Sequenz**, **bedingte Verarbeitung** bzw. **Alternative** sowie **Wiederholung** (mit fester Anzahl der Wiederholungen oder mit einer Bedingung). Diese können beliebig verschachtelt werden. **Struktogramme** stellen die Struktur von Algorithmen grafisch dar.

Aufgaben

1   Die Anmeldung am Schulrechner

Wenn du dich an einem Rechner deiner Schule anmeldest, musst du deine Kennung und das Passwort angeben. Die Eingabe wird erst dann bearbeitet, wenn sowohl eine Kennung als auch ein Passwort eingegeben wurden. Anschließend wird geprüft, ob Kennung und Passwort stimmen. Aus Sicherheitsgründen wird dabei nach dreimaliger Eingabe eines falschen Passworts der Zugang für die jeweilige Kennung gesperrt. Bei korrektem Passwort wird der Benutzer angemeldet.
Beschreibe den Ablauf beim Anmelden am Rechner mithilfe eines Struktogramms.

2 Fahrscheinkontrolle

Die Fahrscheinkontrolleure in den U- und S-Bahnen führen eine Kontrolle auf folgende Weise durch: Solange die U-/S-Bahn fährt, überprüfen sie die Fahrgäste der Reihe nach; hat ein Fahrgast keine gültige Karte bei sich, so werden die Personalien dieses Fahrgasts festgehalten und er wird aufgefordert, beim nächsten Halt auszusteigen.

Beschreibe die Vorgehensweise eines Kontrolleurs mithilfe eines Struktogramms und verwende dabei Sequenzen, Wiederholungen und bedingte Verarbeitungsschritte. Wähle geeignete elementare Verarbeitungsschritte.

Achtung:
Vor der Angabe von vertraulichen Daten auf einer Seite im Internet sollte unbedingt geprüft werden, ob die Seite vertrauenswürdig ist!

3 Einkauf im Internet

Ein Kaufvorgang im Internet wird in zwei Phasen gegliedert: Zunächst werden die Waren ausgewählt und in einem Warenkorb abgelegt. Über eine Verknüpfung zum Warenkorb kann der Inhalt des Warenkorbs betrachtet werden, und es können Waren wieder zurückgelegt werden. Die zweite Phase umfasst den eigentlichen Kaufvorgang, zu dem der Benutzer wiederum durch eine entsprechende Verknüpfung geführt wird. Nun wird er aufgefordert, seine persönlichen Daten sowie seine Bankverbindung bzw. Kreditkartennummer einzugeben. Die Bankverbindung bzw. Kreditkartennummer wird anschließend auf syntaktische Korrektheit überprüft, und der Käufer wird gegebenenfalls aufgefordert, die Daten zu korrigieren. Zum Abschluss muss der Kauf vom Benutzer bestätigt werden.
Gib ein Struktogramm an, das den Kaufvorgang im Internet beschreibt. Verwende dabei geeignete elementare Anweisungen sowie Sequenzen, Wiederholungen und bedingte Verarbeitungsschritte.

4 Mensch ärgere dich nicht

Das Spiel „Mensch ärgere dich nicht" wurde in den Wintermonaten des Jahres 1907/1908 von Johann Friedrich Schmidt entwickelt. Inspirieren ließ er sich dabei von dem indischen Spiel „Pachisi" (Hindi für „fünfundzwanzig"), dessen in Fig. 1 angegebener Spielplan die Ähnlichkeit mit „Mensch ärgere dich nicht" verdeutlicht. Zwar dürften dir die Regeln von „Mensch ärgere dich nicht" im Großen und Ganzen vertraut sein, aber kannst du den Algorithmus des Spiels detailliert angeben?

Fig. 1

a) Suche zunächst im Internet eine Beschreibung der Spielregeln.
b) Gib den Ablauf des Spiels mithilfe eines Struktogramms an. Verwende dabei geeignete elementare Anweisungen, Sequenzen, Wiederholungen und bedingte Verarbeitungsschritte. Beispielsweise könnte man eine Anweisung namens „Nächster Spieler" verwenden, um den jeweils nächsten Spieler auszuwählen oder eine Anweisung namens „Würfle", um den Spieler, der gerade ausgewählt ist, würfeln zu lassen.

5 Bekannte Algorithmen und ihre Struktogramme

In den Aufgaben von Lerneinheit 2 sollten verschiedene Algorithmen erarbeitet werden. Zu folgenden Abläufen ist jeweils das Struktogramm gesucht:
a) Das Spiel „Schere, Stein, Papier"
b) Ablauf eines Endrundenspiels bei einem internationalen Wettbewerb im Fußball

4 Zustände von Objekten

▬▬▬ Ein Simulationsprogramm berechnet die Wettervorhersage für eine Arbeitswoche. Notiere die Veränderung des Wetterzustands, beispielsweise tabellarisch oder mithilfe von mehreren Objektkarten. Findet immer eine Änderung des Wetters statt? ▬▬▬

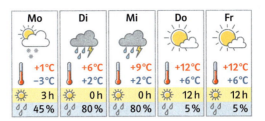

Durch die Veränderung des Wertes eines Attributes wird der **Zustand eines Objektes** verändert. Diese Zustandsänderung kann durch unmittelbare Zuweisung eines neuen Wertes an das Attribut oder durch indirekte Wertzuweisung durch eine andere Methode ausgelöst werden.

Mit der Methode *kreis1.füllfarbeSetzen(grün)* wird durch die damit verbundene unmittelbare Zuweisung des Wertes *grün* an das Attribut *füllfarbe* ein **Zustandsübergang** von *kreis1* ausgelöst. Eine Zustandsänderung kann jedoch auch indirekt durch andere Methoden bewirkt werden. So führt der Aufruf der Methode *kreis1.strecken(2)* zur Verdoppelung des aktuellen Radius.

Der **Zustand** eines Objektes wird durch die Gesamtheit der Werte aller seiner Attribute definiert. Ein Objekt ändert seinen Zustand, wenn sich der Wert mindestens eines seiner Attribute ändert (**Zustandsübergang**). Zwei Objekte der gleichen Klasse sind im gleichen Zustand, wenn sie in den Werten aller ihrer Attribute übereinstimmen.

Anzahl der möglichen Zustände
Der abgebildete Roboter kann durch die Werte der drei Attribute *x-Position*, *y-Position* und *blickrichtung* beschrieben werden. *x-Position* hat hier 3, *y-Position* 6 und *blickrichtung* 4 mögliche Attributwerte. Insgesamt gibt es damit 3 · 6 · 4 = 72 mögliche Zustände.

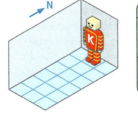

Hinweis:
allgemeines Zählprinzip in der Kombinatorik

Oft werden jedoch nicht alle möglichen Zustände angenommen, wie beispielsweise der Zustand *grün – gelb – rot* bei einer Ampel (Fig. 1).

Zustandsdiagramme
Zur Beschreibung von Zustandsfolgen verwendet man Zustandsdiagramme, wie in Fig. 1 für eine Verkehrsampel mit drei Lichtern gezeigt. „Abgerundete" Rechtecke symbolisieren die Zustände des Objektes, die durch eindeutige Bezeichner unterschieden werden. Pfeile zwischen den Zuständen stellen Übergänge (Transitionen) dar. Sie werden jeweils mit dem Bezeichner einer Aktion versehen, die den Übergang auslöst. Ein Objekt, das durch ein Zustandsdiagramm beschrieben werden kann, heißt **Zustandsautomat**.

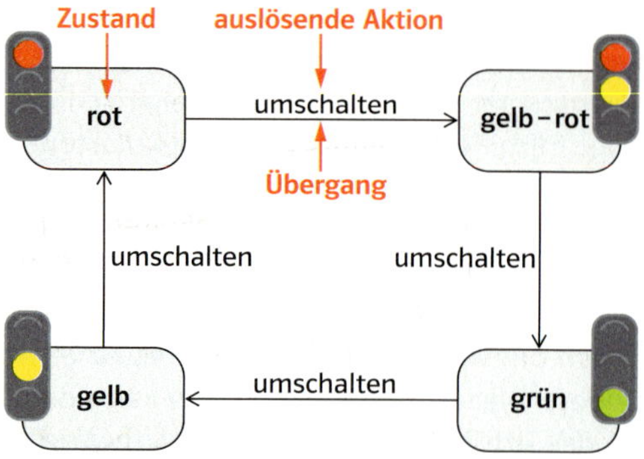

In den meisten Programmiersprachen kann man Kommentare, die nicht abgearbeitet werden sollen, in die Programme einfügen. In Fig. 2 werden diese durch // gekennzeichnet.

Simulation durch Programme
Mithilfe von Computerprogrammen kann man das Verhalten realer Objekte (oder Systeme) bis zu einem gewissen Grad nachbilden (Simulation). Solche Simulationsverfahren werden in der Forschung und in der Industrie sehr häufig genutzt, z. B. zur Nachbildung des Verhaltens von Brücken bei Belastungen, für die Wettervorhersage oder für die Berechnung der Flugbahn von Satelliten.
Fig. 2 zeigt ein Programm zur Simulation der Zustandsfolgen einer Dreifarbenampel. Neben den schon bekannten Zuständen *rot*, *rot – gelb*, *grün* und *gelb* wird für die Nachbildung der notwendigen Zeitdauer innerhalb eines Zustands ein Hilfsobjekt *k4* erzeugt. Das Hilfsobjekt simuliert eine Art Uhr, bei der nach 20 bzw. 100 „Takten" (Durchläufe einer Wiederholung) der nächste Zustandswechsel stattfinden kann.

Fig. 1

```
// Automatischer Ablauf
wiederhole immer
    // Zustand rot
    k1.füllfarbeSetzen(rot)
    k2.füllfarbeSetzen(schwarz)
    // warten
    k4.mittelpunktSetzen(-100, -100)
    wiederhole 100 mal
        k4.verschieben(0, -10)
    *wiederhole
    // Zustand rot-gelb
    k2.füllfarbeSetzen(gelb)
    // warten
    k4.mittelpunktSetzen(-100, -100)
    wiederhole 20 mal
        k4.verschieben(0, -10)
    *wiederhole
    // Zustand grün
    k1.füllfarbeSetzen(schwarz)
    k2.füllfarbeSetzen(schwarz)
    k3.füllfarbeSetzen(grün)
    // warten
    k4.mittelpunktSetzen(-100, -100)
    wiederhole 100 mal
        k4.verschieben(0, -10)
    *wiederhole
    // Zustand gelb
    k2.füllfarbeSetzen(gelb)
    k3.füllfarbeSetzen(schwarz)
    // warten
    k4.mittelpunktSetzen(-100, -100)
    wiederhole 20 mal
        k4.verschieben(0, -10)
    *wiederhole
*wiederhole
```

Fig. 2

Reale Objekte und Programmobjekte
Programmobjekte simulieren reale Objekte. Eine (reale) Fußgängerampel mit zwei Lichtern und den Attributen *farbeOben* (mögliche Werte: *schwarz* und *rot*) und *farbeUnten* (mögliche Werte: *schwarz* und *grün*) hat technisch insgesamt vier mögliche Zustände: *schwarz – schwarz*, *schwarz – grün*, *rot – schwarz*, *rot – grün*.
Tatsächlich genutzt werden im Betrieb davon jedoch nur zwei, nämlich *schwarz – grün* für „Gehen" und *rot-schwarz* für „Stopp".

Zur Simulation dieser Ampel benötigt man zwei **Programmobjekte** mit je einem Attribut: *kreis1.füllfarbe* und *kreis2.füllfarbe*. Je nach Programmiersystem kann das Attribut *füllfarbe* z. B. 16 verschiedene Farbwerte annehmen, sodass es für die Kombination der beiden Füllfarben (und damit für die Anzahl der Zustände der Programmobjekte) $16 \cdot 16 = 256$ Möglichkeiten gibt. Für die Simulation des **realen Objektes** Fußgängerampel werden aber nur zwei davon benötigt: *schwarz – grün* und *rot – schwarz*.

Der **Zustand** eines Objektes lässt sich durch seine aktuellen Attributwerte beschreiben. Ein Objekt kann damit im Laufe der Zeit viele verschiedene Zustände annehmen. Wenn die Attribute $a_1, ..., a_n$ jeweils $k_1, ..., k_n$ Zustände annehmen können, dann existieren für dieses Objekt genau $k_1 \cdot k_2 \cdot ... \cdot k_n$ mögliche Zustände.
Zustandsdiagramme stellen ein Modell für das Verhalten eines Objektes dar. Dabei werden nicht immer alle möglichen Systemzustände berücksichtigt.

Aufgaben

1 Kugelschreiber
Betrachte und erläutere das Zustandsdiagramm eines einfachen Kugelschreibers in Fig. 1. Finde zwei weitere Gegenstände, beispielsweise aus dem Haushalt, die ebenfalls genau zwei Zustände annehmen können, sowie wenigstens einen mit genau drei Zuständen.

Fig. 1

2 Handmixer
Ein Handrührgerät soll über vier Geschwindigkeitsstufen verfügen: *null* (Motor aus, Gerät betriebsbereit), *langsam* (zum Teigkneten), *mittel* (zum Verrühren von Desserts) und *schnell* (zum Sahneschlagen). Dazu kann ein Schieberegler hoch- und heruntergeschaltet werden. Außerdem besitzt der Mixer einen Ein-/Aus-Knopf. Das Gerät soll als Zustandsautomat modelliert werden. Zeichne ein passendes Zustandsdiagramm.

3 Es werde Licht!
Im Folgenden sollen verschiedene Lichtschalter simuliert werden. Zeichne dazu das zugehörige Zustandsdiagramm.
a) Ein einfacher Lichtschalter, der bei jedem Drücken das Licht an- bzw. ausschaltet. Stelle die Situation mit dem Werkzeug *PGS* nach (beispielsweise durch einen Kreis, der hell und dunkel werden kann als Lampe) und programmiere eine Sequenz, die das Lichtsignal „SOS" (kurz – kurz – kurz – lang – lang – lang – kurz – kurz – kurz) morsen lässt.
b) Ein Lichtschalter, der nach jedem Drücken nacheinander verschiedene Neonröhren in einem größeren Raum anschaltet: zuerst alle, dann nur die hintere Reihe, beim nächsten Drücken nur die vordere Reihe, schließlich alles wieder aus.
Stelle auch hier die Situation mit dem Werkzeug *PGS* nach.
c) Ein Lichtschalter, der das Deckenlicht in zwölf Stufen dimmen kann.
Warum lässt sich kein Zustandsdiagramm für einen stufenlosen Dimmer zeichnen?

Das Notsignal SOS („Save our ship", „Save our souls", 3-mal kurz, 3-mal lang, 3-mal kurz, · · · – – – · · ·) wurde auf der Internationalen Funkkonferenz in Berlin am 3. Oktober 1906 als internationales Notrufzeichen festgesetzt und erstmals 1909 von der Slavonia und 1912 von der Titanic verwendet.

4 Roboter I

Ein Roboter hat im Ausgangszustand die Werte *x-Position = 10*, *y-Position = 10* und *blickrichtung = S*. Welche Zustände nimmt er nach den jeweiligen Programmen ein (Fig. 1), wenn er stets von der Ausgangsposition aus startet? Beschreibe die Zustände anhand der aktuellen Belegung der Attribute. Die Welt, in der sich der Roboter bewegt, soll groß genug sein.

a)
```
wiederhole 10 mal
    schritt
*wiederhole

linksDrehen

wiederhole 5 mal
    schritt
*wiederhole
```

b)
```
schritt
linksDrehen
schritt
rechtsDrehen
schritt
schritt
schritt
linksDrehen
linksDrehen
schritt
```

c)
```
linksDrehen

wiederhole 5 mal
    schritt
*wiederhole

wiederhole 7 mal
    linksDrehen
*wiederhole

wiederhole 4 mal
    schritt
*wiederhole
```

d)
```
wiederhole 5 mal
    schritt
    linksDrehen

    wiederhole 2 mal
        schritt
        rechtsDrehen
    *wiederhole
*wiederhole
```

Fig. 1

5 Roboter II

Der Roboter erhält gegenüber Aufgabe 4 ein zusätzliches Attribut *anzahlZiegel*, welches die Anzahl der momentan aufgenommenen Ziegel enthält. Der Roboter soll beliebig viele Steine aufnehmen können und sich wieder in einer ausreichend großen, vollständig mit Ziegeln ausgelegten Welt bewegen. Der Roboter startet im Zustand *0* mit den Attributwerten *x-Position = 10*, *y-Position = 10*, *blickrichtung = S* und *anzahlZiegel = 0*.
In welchem Zustand befindet sich der Roboter jeweils, nachdem er die in Fig. 2 dargestellten Programme ausgeführt hat?

a)
```
wiederhole 10 mal
    schritt
    aufnehmen
*wiederhole

linksDrehen

wiederhole 5 mal
    schritt
    hinlegen
*wiederhole
```

b)
```
aufnehmen
schritt
linksDrehen
schritt
rechtsDrehen
schritt
aufnehmen
schritt
aufnehmen
linksDrehen
linksDrehen
schritt
hinlegen
```

c)
```
linksDrehen

wiederhole 5 mal
    aufnehmen
    schritt
*wiederhole

hinlegen

wiederhole 7 mal
    linksDrehen
*wiederhole

wiederhole 4 mal
    schritt
    hinlegen
*wiederhole
```

d)
```
wiederhole 5 mal
    schritt
    linksDrehen

    wiederhole 2 mal
        schritt
        rechtsDrehen
        aufnehmen
    *wiederhole

    hinlegen
*wiederhole
```

Fig. 2

6 Klingelt's? I

Das Zustandsdiagramm in Fig. 3 simuliert die Telefonvermittlung innerhalb einer Firma oder Behörde, bei der man für ein externes Gespräch die 0 vorwählen muss. Die Eingabe „0" im Diagramm steht also kurz für „Wähle eine 0", entsprechend die Eingabe „0..9".
Gib den Ablauf des Automaten als Folge angenommener Zustände für die Nummer „0 012 3456" an.

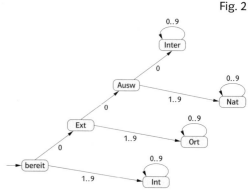

Fig. 3

5 Diagramme und Beziehungen

In einem Museum werden z. B. Gemälde bekannter Maler oder andere Kunstobjekte aufbewahrt und für die Besucher präsentiert. Die Ausstellungsräume des Museums sind meist thematisch gegliedert und zeigen oft nur einen Teil der Exponate. Museen werden durch Wissenschaftler fachlich geleitet und betreut. Neben dem Museumsleiter arbeiten dort unter anderem Gestalter für die Präsentationen, Aufsichten und Kassierer. Schreibe für ein dir bekanntes Museum die wichtigsten Objekte auf. Wie stehen diese zueinander in Beziehung?

Oft sind Objekte durch **Beziehungen** miteinander verbunden. Eine der häufigsten ist die **Aggregation** („Enthält-Beziehung"), die ausdrückt, dass ein Objekt ein anderes enthält. Beispiele dafür sind ein Dach, das Ziegel enthält oder ein Absatz in einem Textdokument, der verschiedene Zeichen enthält. Einen anderen Typ von Beziehungen findet man bei Hypertextdokumenten in Form der „Verweist-auf-Beziehung", die Objekte der Klasse VERWEIS und der Klasse VERWEISZIEL miteinander verbindet.

Objektdiagramme
Die Beziehungsstruktur einer Menge von Objekten kann man sehr übersichtlich durch ein **Objektdiagramm** darstellen. Dabei werden die Objekte in Form von Objektkarten (die oft auch nur den Objektbezeichner enthalten) dargestellt und die Beziehungen als Verbindungslinien dazwischen, die gegebenenfalls genau ein Objekt mit genau einem anderen verbinden.

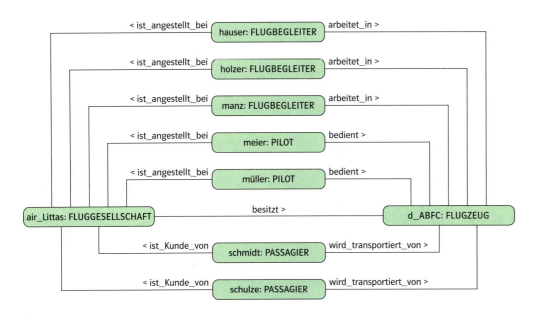

Klassendiagramme

Wenn man von den speziellen Objekten abstrahiert, kann man aus einem Objektdiagramm ein Klassendiagramm erzeugen. Dazu zeichnet man für jede im Objektdiagramm vertretene Klasse eine Klassenkarte und verbindet jeweils zwei Klassenkarten durch eine Linie, falls es zwischen mindestens einem Objekt der einen Klasse und mindestens einem Objekt der anderen Klasse im Objektdiagramm eine Beziehung gibt.

Multiplizität von Beziehungen

Die Verbindungen in Klassendiagrammen stellen einen Beziehungstyp dar, der eventuell viele Beziehungen zwischen einzelnen Objekten repräsentiert. Daher gibt man in Klassendiagrammen bei jedem Beziehungstyp an, wie viele Objekte der einen Seite mit wie vielen Objekten der anderen Seite verbunden werden können. Hier können exakte Werte (z. B. 3 für „genau 3") oder auch Bereiche (z. B. 2..9 für „mindestens 2 und höchstens 9") angegeben werden. Das Symbol * steht für „unbeschränkt viele".

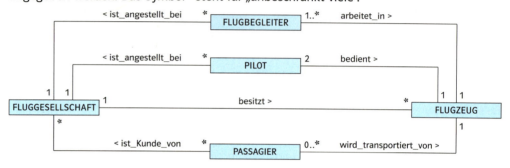

Rekursive Beziehungen

Falls es im Objektdiagramm eine Beziehung zwischen Objekten der gleichen Klasse gibt (z. B. *ordner1* enthält *ordner2*), wird im Klassendiagramm eine Verbindung dieser Klasse mit sich selbst eingezeichnet. Eine solche Beziehung heißt rekursiv.

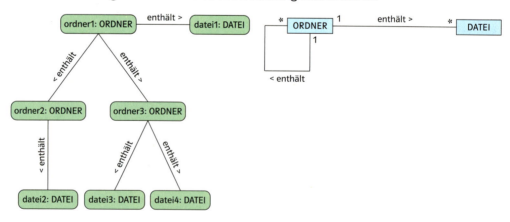

recurrere *(lat.):* zurücklaufen
Hier ist mit rekursiv gemeint, dass Objekte einer Klasse mit Objekten derselben Klasse in Verbindung stehen.

Objekte können in vielfältigen **Beziehungen** zueinander stehen, die man mit **Objektdiagrammen** beschreiben kann.
Beziehungen zwischen Objekten einer Klasse mit Objekten einer anderen Klasse können durch ein **Klassendiagramm** symbolisiert werden.

Aufgaben

1 Ganz Gallien?

Majestix ist der Chef des widerspenstigen gallischen Dorfes, zu dessen Bewohnern unter anderem die Krieger Asterix und Obelix sowie der Druide Miraculix gehören. Eine spezielle Rolle nimmt der Barde Troubadix ein, dessen künstlerisches Talent von seinen Stammesgenossen bekanntlich in keinster Weise gewürdigt wird. Nicht weniger wichtig sind die Frauen des Dorfes, wie beispielsweise Gutemine, die streitbare Gattin des Majestix, oder Gelatine, die mit Orthopädix, dem Wirt des dörflichen Gasthofes „Zur frischen Brise", verehelicht ist.

a) Stelle in einem Objektdiagramm die genannten Persönlichkeiten des gallischen Dorfes und ihre Beziehungen zueinander dar. Es steht dir natürlich frei, weitere Charaktere deiner Wahl hinzuzufügen. Im Internet ist umfangreiches Zusatzmaterial zu finden.
b) Erstelle aus dem Objektdiagramm ein Klassendiagramm, das die Gesellschaftsstruktur des gallischen Dorfes beschreibt.

2 Der Bundestag

Zum Deutschen Bundestag gehören neben den Fraktionen der einzelnen Parteien und den zugehörigen Bundestagsabgeordneten zahlreiche weitere Institutionen: der Bundestagspräsident, der Bundeskanzler, spezielle Ausschüsse und Arbeitsgruppen, um nur einige zu nennen.

Blick in das Plenum des Bundestages

Eine Fraktion ist die parlamentarische Vertretung einer Partei.

a) Informiere dich auf den Internetseiten des Bundestages über die genannten Organe und ergänze diese gegebenenfalls um weitere. Fasse deine Ergebnisse in einer Liste zusammen.
b) Offensichtlich setzt sich der Bundestag aus einer Vielzahl von Institutionen und Organen zusammen. Die Erstellung eines kompletten Klassendiagramms lässt sich am besten in Gruppenarbeit bewältigen. Identifiziert dazu zunächst geeignete Teilbereiche, deren Objekt- und Klassendiagramme separat beschrieben werden können. Jede Gruppe wählt nun einen Teilbereich aus, wobei jeder Teilbereich von mindestens einer Arbeitsgruppe behandelt werden sollte.
c) Nach Abschluss der Gruppenarbeit werden die Klassendiagramme der einzelnen Teilbereiche zu einem Klassendiagramm verknüpft.

3 Stammbaum

Zwischen den Mitgliedern deiner Familie bestehen zahlreiche Beziehungen: du selbst bist das Kind deiner Eltern, deine Eltern wiederum sind Kinder deiner Großeltern usw.
Erstelle ein Objektdiagramm, das die Beziehungen innerhalb deiner Familie beschreibt. Deine Großeltern, Urgroßeltern, Tanten und Onkel sollten ebenfalls berücksichtigt werden.

4 Familienstruktur
In Aufgabe 3 hast du das Objektdiagramm deiner Familie konstruiert. Erstelle mit dessen Hilfe das zugehörige Klassendiagramm.

5 Ein rekursives Gemälde
a) Beschreibe den Aufbau des nebenstehenden „Gemäldes" durch ein baumartiges Objektdiagramm, das in jedem Teilbaum höchstens zwei Unterbäume enthält. Verwende dabei die von Grafiksystemen bekannte Klasse der Gruppierung und beachte, dass Gruppierungen andere Gruppierungen enthalten können. Um die einzelnen Rechtecke eindeutig zu identifizieren, empfiehlt es sich, diese zu nummerieren.
b) Gib das zugehörige Klassendiagramm an.

6 Modellierung von Modellen
Auch bei der Beschreibung der Syntax von Programmiersprachen treten rekursive Beziehungen auf.
a) Aus Lerneinheit 3 ist bekannt, dass Alternativen in den beiden Zweigen Sequenzen oder wiederum Alternativen enthalten können. Beschreibe diese Tatsache durch ein geeignetes Klassendiagramm.
b) Wiederholungen können im „Wiederholungsrumpf" Alternativen und Sequenzen, aber auch Wiederholungen enthalten. Drücke dies durch ein Klassendiagramm aus.

7 Börsenhandel
Der Handel an Börsen erfolgt heutzutage in den meisten Fällen elektronisch. Die einzelnen Kunden können dabei über die Seiten ihrer Bank auf Aktien, Anleihen oder Fonds – das sind geeignete Gruppierungen von Aktien oder Anleihen – an der Börse zugreifen und diese kaufen und verkaufen. Die Aktien und Anleihen werden dabei von dem sogenannten Emittenten, das sind in der Regel große Wirtschaftsunternehmen, ausgegeben und an der Börse zum Verkauf angeboten.

a) Informiere dich im Internet, etwa auf den Seiten geeigneter Banken, detailliert über die oben erwähnten Begriffe wie Fonds, Aktien, Anleihen oder die Funktion des Emittenten. Bei Bedarf kannst du weitere Begriffe hinzufügen.
b) Gib ein Objektdiagramm an, um die Beziehungen beim Handel mit einem bestimmten Wertpapier zu beschreiben. Hierbei sollen auch die Bank, der Kunde, die Börse und der Emittent berücksichtigt werden.
c) Beschreibt die beim Börsenhandel auftretenden Objekte durch geeignete Klassenkarten. (Hier empfiehlt sich wie bei Aufgabe 2 aufgrund der Komplexität der Thematik eine Erarbeitung in Gruppen.)
d) Verknüpft die einzelnen Klassenkarten zu einem Klassendiagramm, das die Beziehungen beim Börsenhandel beschreibt.

Exkursion   Grammatiken in der Informatik

Wie jeder aus dem Fremdsprachenunterricht weiß, ist das Erlernen einer Sprache stets mit intensiven Grammatikeinheiten verbunden. Dasselbe gilt auch für Progammiersprachen. Bei diesen ist die präzise Beachtung der Syntaxregeln vielleicht noch entscheidender als bei natürlichen Sprachen wie Englisch oder Latein, denn ein Programm, das syntaktisch nicht völlig korrekt ist, kann erst gar nicht gestartet werden. Für jede Programmiersprache ist deshalb eine exakte Formulierung der Syntaxregeln erforderlich. Das System dieser Regeln bezeichnet man als Grammatik einer Programmiersprache. Die formale Definition des Begriffs Grammatik geht auf den Linguisten Noam Chomsky zurück.

Noam Chomsky (* 1928) Seine 1959 veröffentlichte Klassifizierung von Grammatiken ist ein zentraler Baustein der Theoretischen Informatik.

Die entscheidenden Strukturen zur Definition einer Grammatik werden im Folgenden anhand des Aufbaus eines deutschen Hauptsatzes erläutert. Eine mögliche Satzstellung in einem derartigen Satz ist durch die Regel festgelegt, wonach das Subjekt vor dem Prädikat steht und anschließend ein Objekt folgen kann. In der Informatik würde man diesen Zusammenhang folgendermaßen darstellen:

`<Hauptsatz> ::= <Subjekt> <Prädikat> [<Objekt>].`

Der Operator `::=` ist dabei, wie das Zeichen := in der Mathematik, das Definitionssymbol. Die Tatsache, dass in einem Hauptsatz ein Objekt nicht unbedingt auftreten muss, wird durch die Klammer `[<...>]` symbolisiert. Beispiel: „Eine Maus isst Käse"; das Objekt „Käse" muss nicht unbedingt auftreten.

Die angegebene Regel definiert zwar, wie ein Hauptsatz aufgebaut sein kann, nicht jedoch, was man unter einem Subjekt, Prädikat oder Objekt zu verstehen hat. Dazu werden weitere Regeln benötigt: Ein Subjekt besteht aus Artikel und Substantiv; für den Artikel wiederum bestehen verschiedene konkrete Wahlmöglichkeiten: „der", „die", „das", „einer" usw.; ebenso für das Substantiv: „Haus", „Maus", „Laus" ... Als Regeln würde man das folgendermaßen formulieren:

```
<Subjekt> ::= <Artikel> <Substantiv>
<Artikel> ::= "der" | "die" | "das" | "einer" | ...
<Substantiv> ::= "Haus" | "Maus" | ...
```

Die senkrechten Striche in den letzten beiden Regeln stehen für „entweder ... oder ... oder". In der zweiten und dritten Regel treten reale Bestandteile eines Satzes wie der Artikel „der" oder das Substantiv „Maus" auf. Solche realen Elemente bezeichnet man als Terminale; sie werden nicht weiter durch Regeln definiert. Die in spitzen Klammern `<...>` angegebenen Ausdrücke wie beispielsweise `<Subjekt>` nennt man Nonterminale. Für ein Nonterminal gibt es immer eine Regel, die dessen Aufbau in Abhängigkeit von Terminal- und Nonterminalsymbolen definiert. Terminalsymbole treten dagegen nur auf der rechten Seite einer Regel auf.

*Die hier erläuterte Vorgehensweise zur Beschreibung von Grammatiken wird zu Ehren von John Backus und Peter Naur als **Backus-Naur-Form (BNF)** bezeichnet. Vergleiche zu John Backus die Exkursion auf Seite 73 und zu Peter Naur die Exkursion auf Seite 99.*

Während für natürliche Sprachen die vollständige Angabe der Grammatikregeln enorme Umfänge annimmt, ergeben sich für Programmiersprachen mit ihrem beschränkten Wortschatz und wenigen Kontrollstrukturen überschaubare Grammatiken. Für den Roboter beispielsweise könnte ein Teil der Grammatik folgendermaßen lauten:

```
<Anweisung> ::= <vordefinierte Anweisung> | <Wiederholung> | ...
<vordefinierte Anweisung> ::= "linksDrehen" | "rechtsDrehen" | ...
<vordefinierte Bedingung> ::= "istZiegel" | "istWand" | ...
<Bedingung> ::= <vordefinierte Bedingung> | <selbstdefinierte Bedingung>
<Wiederholung> ::= "wiederhole solange" <Bedingung> <Sequenz> "*wiederhole"
<Sequenz> ::= <Anweisung>*
```

Hinweis: Der Stern in der letzten Regel drückt aus, dass eine Sequenz aus beliebig vielen Anweisungen bestehen kann.

Exkursion Roboter – Segen oder Fluch?

Schon immer war der Mensch ein Tüftler und Erfinder, der sich das Leben einfacher und bequemer gestalten wollte. War es vor Tausenden von Jahren noch das Rad, welches für große Entlastung sorgte, so sind es heute Roboter und Maschinen, die dem Menschen die unterschiedlichsten Arbeiten abnehmen können. Mittlerweile gibt es Maschinen für eine Vielzahl von Anwendungen: Rasenmäher oder Staubsauger verrichten ihre Arbeit selbstständig, Brotbackautomaten finden in immer mehr Haushalten Einzug und in Paris verkehrt seit 1998 eine führerlose U-Bahn.

Jacques de Vaucanson (1709–1782)

Den Traum vom automatischen Helfer gibt es seit Urzeiten. Schon im Mittelalter versuchte man, Maschinen zu bauen, die Vorgänge automatisieren sollten. Jacques de Vaucanson, ein französicher Ingenieur und Erfinder, baute aus über 400 Einzelteilen eine automatische Ente, die mit den Flügeln schlagen konnte, schnatterte und sogar Wasser trank und Körner pickte, welche durch eine chemische Reaktion verdaut und wieder ausgeschieden wurden. Viele dieser Maschinen, die teilweise mechanische Meisterwerke waren, hatten aber auch praktischen Nutzen.

Josef Čapek (1887–1945), links, und Karel Čapek (1890–1938)

Als Urheber des Begriffs „Roboter" gilt der Tscheche Josef Čapek, der auch die neue Wortschöpfung „Automat" in einem seiner Bücher verwandte. Verbreitet hat sich das Wort „Roboter" über Josefs Bruder Karel. Dieser verwandte das Wort 1920 in seinem Theaterstück „R.U.R." (Rossum's Universal Robots, tschechisch: Rossumovi Univerzální Roboti). Er bezeichnete hiermit künstliche Arbeiter, abgeleitet vom slawischen Wort „robota" (Arbeit, Zwangsarbeit).

Doch nicht nur aus Gründen der Bequemlichkeit werden Maschinen und Roboter vermehrt entworfen. Dies mag im privaten Haushalt noch der vorherrschende Grund sein, in der Industrie spielen vor allem die Themen Zeit, Geld und Sicherheit eine große Rolle. Dort kamen Roboter erstmals in den 60er-Jahren zum Einsatz. Joe Engelberger und George Dovel entwickelten den ersten kommerziell erhältlichen Industrieroboter namens „Unimate", der unter anderem von General Motors für riskante und sich wiederholende Arbeiten am Fließband eingesetzt wurde, wo er zum Beispiel hoch erhitzte Metallteile stapelte.

Ein weiteres Beispiel sind Lackierroboter. Das Krebsrisiko ist bei Malern und Lackierern gegenüber der übrigen Bevölkerung um 20 % erhöht. Studien weisen auch Fruchtbarkeitsschädigungen nach. Lackierer haben demnach ein fünfmal so hohes Risiko, dass ihre Kinder Missbildungen haben oder an Tumoren erkranken. Hier schützen Lackierroboter nachhaltig die Gesundheit der Arbeiter.

Exkursion Roboter – Segen oder Fluch?

Aber nicht nur in der Automobilindustrie sind Roboter nicht mehr wegzudenken. Kanalarbeiten werden mittlerweile überwiegend von Kanalrobotern erledigt, welche reinigen, aber auch Verstopfungen lösen können – eine Arbeit, die sicherlich kein Mensch gerne selbst übernimmt. Und auch den Brennstabwechsel in Kernkraftwerken will sicherlich kein Arbeiter von Hand vornehmen.

Brennstab in einem Kernkraftwerk

Auch beim Militär werden mehr und mehr Roboter eingesetzt, um das Risiko für die Soldaten bei gefährlichen Einsätzen zu reduzieren. Mit ferngelenkten Kleinfahrzeugen fahren beispielsweise die US-Streitkräfte in Krisengebieten wie Afghanistan riskante Straßen ab, um auf diese Weise versteckte Sprengladungen entdecken und unschädlich machen zu können.

Forscher der Fachhochschule Magdeburg-Stendal arbeiten seit einigen Jahren am Lösch-Käfer OLE („Offroad Löscheinheit"), der große Waldregionen mithilfe von Infrarot- und Biosensoren überwacht. Wenn der Käfer einen Brandherd entdeckt, kann er diesen umgehend melden und sofort bekämpfen. Aber auch die Erforschung der Ozeane oder des Weltraums wäre ohne Roboter undenkbar. So erforschte das Roboterfahrzeug Sojourner 1997 den Mars, und der Tauchroboter Tribun der Universität Hannover soll überall dort eingesetzt werden, wo das Risiko für Taucher zu hoch ist, wie etwa bei verseuchtem Wasser.

OLE

Sojourner

Tribun

Roboter werden unser Leben weiterhin sicherer und bequemer machen. Leider fallen dem technischen Fortschritt auch immer Arbeitsplätze zum Opfer. Arbeiteten Mitte des zwanzigsten Jahrhunderts noch Hunderte von Menschen in einer Automobil-Fertigungshalle, so sind es heute weniger als zehn. Andererseits entstehen auch wieder neue Arbeitsplätze, da Fachkräfte zur Bedienung und Wartung der Maschinen benötigt werden.

Dennoch bleiben zwei Hauptkritikpunkte: Zum einen werden immer weniger einfache Arbeitskräfte, dafür immer mehr hoch qualifizierte Ingenieure benötigt. Zum anderen wird im Service-Bereich immer öfter der persönliche Berater durch einen Computer ersetzt. Doch wer will einen Roboter als Gesprächspartner, als Lehrer oder als Freund?

Rückblick

Objekte und Klassen
Nicht nur elektronische Dokumente enthalten eine Vielzahl von Objekten, die ganze Welt ist aus verschiedenen Objekten aufgebaut. Jedes Objekt wird dabei durch seine Eigenschaften (Attribute) mit ihren aktuellen Attributwerten und seinen möglichen Methoden beschrieben. Jedes Objekt gehört zu einer Klasse.

Eine Klasse ist ein Konstruktionsplan für Objekte. Gehören zwei Objekte zu derselben Klasse, so besitzen sie dieselben Attribute und Methoden, können sich jedoch in ihren Attributwerten unterscheiden. Das Objekt ist also konkret, die Klasse abstrakt.

Auf Befehl können Objekte verschiedene Methoden ausführen. Oft müssen dazu ein oder mehrere Parameter mit übergeben werden.

Beziehungen zwischen verschiedenen Objekten lassen sich im Objektdiagramm veranschaulichen. Da dieses bei mehreren beteiligten Objekten schnell unübersichtlich wird, verwendet man oft ein Klassendiagramm, welches die Beziehungen aller Objekte einer Klasse zu allen Objekten anderer Klassen darstellt.

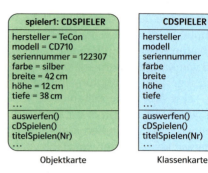

Ein weiterer CD-Spieler des gleichen Modells hat beispielsweise nur eine andere Seriennummer und ansonsten die gleichen Attributwerte wie spieler1.

Der Methodenaufruf spieler1.titelSpielen(4) *veranlasst den CD-Player* spieler1, *das vierte Lied auf der CD abzuspielen.*

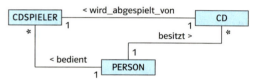

Algorithmus
Eine Verarbeitungsvorschrift, die aus einer endlichen Anzahl von eindeutig formulierten Befehlen besteht, sodass diese tatsächlich ausführbar sind, nennt man Algorithmus. Die einzelnen Operationen können Methodenaufrufe sein, die eventuell wieder selbst als Algorithmus dargestellt werden können.

Algorithmen können in natürlicher Sprache oder auch in einer Programmiersprache abgefasst werden.

Elementare Strukturelemente von Algorithmen sind Sequenzen, bedingte Verarbeitungsschritte (Fallunterscheidungen) und Wiederholungen (durch eine Bedingung gesteuert oder mit vorher festgelegter Anzahl von Durchläufen).

Zustände und Zustandsdiagramme
Während seiner Lebensdauer kann ein Objekt verschiedene Zustände annehmen. Diese werden durch seine aktuellen Attributwerte beschrieben. Aktionen können Übergänge von einem Zustand in einen anderen Zustand auslösen. Mithilfe von Zustandsdiagrammen lässt sich das Verhalten vieler Objekte beschreiben. Solche Objekte nennt man auch Zustandsautomaten.

Methode titelSpielen(nr):
```
Wenn CD eingelegt, dann
   wenn nr existiert auf CD, dann
      wiederhole nr-1 mal
         springe zum nächsten Titel
      Ende wiederhole
      spiele betreffenden Titel
   Ende wenn
sonst
   melde „CD fehlt"
Ende wenn
```

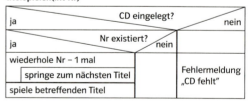

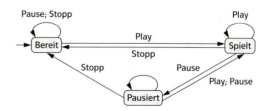

Training

1 Schere, Stein, Papier im Zustandsdiagramm

In Aufgabe 5 auf Seite 20 wurde ein Algorithmus für das Spiel „Schere, Stein, Papier" erarbeitet. Algorithmen lassen sich auch durch Zustandsdiagramme beschreiben. Gib ein Zustandsdiagramm an, das die möglichen Abläufe dieses Spiels beschreibt, wenn der Sieger zwei gewonnene Durchgänge vorweisen muss.

2 Stanzmaschine

Eine Firma, die Karosserieteile herstellt, verwendet für das Formen der einzelnen Teile eine Stanzmaschine. Der Stanzvorgang wird dabei in folgende Schritte zerlegt:
– Der Rohling wird eingelegt.
– Die Maschine stanzt, wenn beide Schalter gleichzeitig gedrückt werden. (Zur Bedienung sind zwei weit voneinander entfernte Schalter angebracht, damit sichergestellt ist, dass sich keine Hand im Gefahrenbereich befinden kann.)
– Das Werkstück wird entnommen und der Prozess kann von vorne beginnen.
Gib ein Zustandsdiagramm an, das diesen Ablauf beschreibt.

3 Syntaxprüfung

Auch das Überprüfen der Syntax eines Programms kann als Zustandsdiagramm dargestellt werden.
a) In der Exkursion auf Seite 33 wurden die Regeln für die syntaktische Korrektheit ganzer Zahlen angegeben. Gib mithilfe dieser Regeln ein Zustandsdiagramm an, das ganze Zahlen akzeptiert.
b) Das automatische Überprüfen korrekter Formate, etwa bei der Eingabe eines Datums, ist bei vielen Systemen, z. B. Tabellenkalkulationssystemen, Standard. Gib ein Zustandsdiagramm an, das nur korrekte Datumsformate akzeptiert. Dabei kannst du aus den infrage kommenden Formaten ein beliebiges auswählen.

4  Beziehungen in HTML-Dateien

Aus Aufgabe 8 auf Seite 16 ist bekannt, dass HTML-Dokumente durch Hypertextstrukturen gegliedert sind. Diese geben an, über welchen Bereich sich beispielsweise eine Überschrift (<h1> … </h1>), der eigentliche Inhalt des Dokumentes (<body> … </body>) oder ein Verweis (<a … > … </a>) erstreckt. Derartige Strukturen können als Klassen interpretiert werden. In der erwähnten Aufgabe wurden die zugehörigen Klassenkarten erarbeitet.
a) Wähle eine Seite der Webseiten deiner Schule aus und drucke den Quelltext dieser Seite aus. Der Quelltext kann entweder über einen Menüpunkt des Browsers betrachtet und ausgedruckt werden, oder man speichert die Seite als separates HTML-Dokument ab und lädt dieses anschließend in einen einfachen Editor.
b) Erstelle ein Objektdiagramm der von dir ausgewählten Seite unter Verwendung der in Aufgabe 8 auf Seite 16 erarbeiteten Klassen.
c) Analysiert gemeinsam die in Teilaufgabe b) erarbeiteten Objektdiagramme und entwickelt ein Klassendiagramm, das die möglichen Beziehungen zwischen den Klassen eines HTML-Dokumentes wiedergibt.
d) Aus welchen Klassen lassen sich in HTML-Dokumenten rekursive Strukturen erzeugen?

5 Einwählen beim Handy

Beim Einschalten eines Handys muss im Allgemeinen eine mehrstellige PIN angegeben werden. Nach dreimaliger falscher Eingabe ist das Handy gesperrt und kann nur durch die Eingabe einer „Super-PIN" freigeschaltet werden. Beschreibe diesen Vorgang durch einen Algorithmus. Verwende dabei Sequenz, Alternative und Wiederholung.

Lösungen auf den Seiten 175–176

Lernvoraussetzungen

- Objekt- und Klassenstrukturen beschreiben
- Einfache Algorithmen formulieren
- Kontrollstrukturen (Sequenz, Auswahl und Bedingung) anwenden

R2-D2 und C-3PO aus „Star Wars"

„I, Robot"

II Algorithmen und Programme

Künstliche Sprache vs. natürliche Intelligenz?

Dass die Menschheit in diesem höchst instabilen und gefährlichen Zustand lebt und abhängig ist von einer Technik, die sie kaum noch durchschaut, ist keine zwangsläufige Folge der technischen und wissenschaftlichen Entwicklung – es ist eine Folge des moralischen und politischen Entwicklungsstandes der Gesellschaft.

Joseph Weizenbaum (1923–2008), deutsch-amerikanischer Mathematiker und Informatiker

RoboCup

HAL 9000 aus „2001: Odyssee im Weltraum"

Lernziele

- Neue Klassen in der objektorientierten Programmiersprache *Java* definieren
- Kontrollstrukturen in *Java* anwenden
- Einfache Algorithmen implementieren

1 Definition von Klassen

▬ Welche Attribute und Methoden haben die Objekte einer Klasse SPARKONTO? Zeichne eine Objektkarte mit sinnvollen Werten für die Attribute. Beschreibe möglichst genau, wie die angegebenen Methoden funktionieren. Behandle dabei auch mögliche Problemfälle wie einen zu geringen Kontostand beim Abheben. ▬

Programme sollen von Maschinen automatisch ausgeführt werden. Dazu müssen sie in einer Sprache verfasst werden, die von der jeweiligen Maschine gelesen (und verstanden) werden kann. Man spricht von einer **Programmiersprache**.

Vergleiche hierzu auch die Exkursionen auf den Seiten 71 ff. und 99 f.

Es gibt sehr viele Programmiersprachen (z. B. *C, C++, Pascal, BASIC, Java*), die unterschiedlichen Zwecken dienen und daher auch verschiedenartig konzipiert sind. Allen gemeinsam ist jedoch, dass sie nach äußerst strengen Regeln aufgebaut sind und jedes ihrer Sprachelemente eine genau definierte Bedeutung haben muss. In diesem Buch wird insbesondere die Programmiersprache *Java* genauer betrachtet.

Objektorientierte Programme
Java gehört, wie *C++* oder *Smalltalk*, zu den **objektorientierten Programmiersprachen**. Ein Programm in einer solchen Sprache besteht hauptsächlich aus Definitionen von Klassen (Fig. 1), nach deren Vorgaben dann zur Laufzeit des Programms Objekte angelegt werden.

Java

```java
public class Kreis {
    private int radius;
    private int xPosition;
    private int yPosition;
    private String farbe;
    private boolean istSichtbar;

    public Kreis() {
        radius = 15;
        xPosition = 20;
        yPosition = 60;
        farbe = "blau";
        istSichtbar = false;
    }

    public void sichtbarMachen() {
        istSichtbar = true;
        zeichnen();
    }

    public void unsichtbarMachen() {
        loeschen();
        istSichtbar = false;
    }

    public void nachRechtsBewegen() {
        horizontalBewegen(20);
    }

    public void nachLinksBewegen() {
        horizontalBewegen(-20);
    }
    ...
}
```

Fig. 1

Struktur von Klassendefinitionen
Vergleicht man Klassendefinitionen mit Klassenkarten (Fig. 1 und Fig. 2 der nächsten Seite), so stellt man fest, dass sie den gleichen Aufbau haben. Eine Klassendefinition beginnt im Wesentlichen mit der Angabe des Klassenbezeichners (hier `Kreis`), gefolgt von der Deklaration der Attribute. Danach kommen die Definitionen der Methoden für die Objekte dieser Klasse, in denen festgelegt wird, was bei der Ausführung dieser Methoden passieren soll. Ein Programm wird durch den **Aufruf einer Methode** gestartet, die eventuell wiederum andere Methoden aufruft.

Definition oder Deklaration?

Unter einer **Definition** versteht man die Festlegung einer neuartigen Struktur, z. B. einer neuen Klasse oder Methode. Eine **Deklaration** ist dagegen eine Vereinbarung auf der Basis bereits definierter Strukturen. So werden zum Beispiel einem Attribut in seiner Deklaration lediglich ein Bezeichner und ein bereits vorher definierter Datentyp zugeteilt.

Fig. 1 zeigt die Klassenstruktur von KREIS, Fig. 2 die entsprechende Klassendefinition im *Java*-Programm.

KREIS
radius
xPosition
yPosition
farbe
istSichtbar
...
KREIS()
zeichnen()
größeSetzen(neuerRadius)
xPositionSetzen(xNeu)
yPositionSetzen(yNeu)
farbeSetzen(neueFarbe)
sichtbarMachen()
unsichtbarMachen()
löschen()
...

Fig. 1

Java
```
// Klassenbezeichner
public class Kreis {
  // Attribute
  private int radius;
  private int xPosition;
  private int yPosition;
  private String farbe;
  private boolean istSichtbar;
  // Methoden
  public Kreis() {...}
  public void zeichnen() {...}
  public void groesseSetzen(int
                  neuerRadius) {...}
  public void xPositionSetzen(int
                  xNeu) {...}
  public void yPositionSetzen(int
                  yNeu) {...}
  public void farbeSetzen(String
                  neueFarbe) {...}
  public void sichtbarMachen() {...}
  public void unsichtbarMachen() {...}
  public void loeschen() {...}
} // Ende Kreis
```

Fig. 2

Hinweis:
In Java-Programmen können Kommentare hinter zwei Schrägstrichen // notiert werden.

Aus Gründen der Übersichtlichkeit und Vergleichbarkeit mit der Klassenkarte sind die Methodendefinitionen innerhalb der geschweiften Klammern in Fig. 2 durch „..." ersetzt.

Zugriffsmodifikatoren für Attribute und Methoden

Wird ein **Attribut** als **privat** (in *Java* `private`) markiert, so können nur Objekte der gleichen Klasse seinen Wert direkt lesen oder verändern. Eine **private Methode** kann nur von Objekten der gleichen Klasse aufgerufen werden. Dahinter steht der Wunsch nach **Kapselung** der Objekte, mit der man die inneren Strukturen von Objekten nach außen hin so weit wie möglich abschotten will: Möglichst nur die für die Entwicklung der jeweiligen Klasse zuständigen Programmierer sollen das Innenleben im Detail kennen bzw. ändern dürfen. Dies unterstützt einerseits die arbeitsteilige Entwicklung und dient andererseits der Steigerung der Sicherheit der Programme.

Auf **öffentliche Attribute bzw. Methoden** (in *Java* `public`) können dagegen auch alle anderen Objekte zugreifen, d. h. Attributwerte lesen und schreiben bzw. Methoden aufrufen. In der Regel definiert man Attribute als privat und Methoden als öffentlich.

Zugriffsmodifikatoren können auch für Klassen festgelegt werden. Meist verwendet man hier `public`*.*

Attributdeklarationen

Die Klassendefinition beginnt mit der Festlegung der Attribute, die folgende Angaben enthalten (Fig. 3):

(1) Zugriffsrechte auf die Attribute, z. B. `private` oder `public`
(2) Datentyp des Attributes, z. B. `int` für eine ganze Zahl oder `boolean` für einen Wahrheitswert. Als Typ können auch Klassen verwendet werden, z. B. `String` oder `Kreis`.
(3) Bezeichner des Attributes, z. B. `xPosition`, `farbe`, `istSichtbar`

Java
```
// Attribute
private int radius;
private int xPosition;
private int xPosition;
private String farbe;
private boolean istSichtbar;
```

Fig. 3

Im Gegensatz zu vielen herkömmlichen Sprachen werden Zeichenketten in Java als Klasse beschrieben.

II Algorithmen und Programme

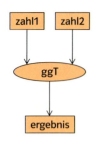

Rückgabewerte
Später werden noch ausführlich die Mechanismen behandelt, mit deren Hilfe man die Ergebnisse von Methoden ausgeben kann (vgl. Seite 51).

Methodendefinitionen
Die Methoden bestehen selbst wieder aus einer Folge von Rechenoperationen oder Aufrufen anderer Methoden (Fig. 1). Zusätzlich muss angegeben werden:
(1) Zugriffsmodifikator (`private` oder `public`)
(2) Von welchem Typ ist der Rückgabewert der Methode? Dabei legt `void` fest, dass die Methode keinen Rückgabewert hat, andernfalls wird der Typ des Rückgabewertes angegeben, z.B. bei einer Methode *ggT*, welche den größten gemeinsamen Teiler zweier Zahlen zurückgibt:
`public int ggT(int zahl1, int zahl2).`
(3) Bezeichner der Methode, z.B. `groesseSetzen`
(4) Gegebenenfalls eine Liste der Parameter, die von der Methode übernommen werden. Dabei muss für jeden Parameter sein Typ angegeben werden, z.B. `int neuerRadius`.
(5) Schließlich folgt zwischen geschweiften Klammern die Beschreibung des Algorithmus, der beim Aufruf der Methode ausgeführt werden soll (Fig. 1).

Java
```
public void groesseSetzen
            (int neuerRadius) {
    loeschen();
    radius = neuerRadius;
    zeichnen();
}
```
Fig. 1

Java
```
// Methoden
public void zeichnen() {...}
public void groesseSetzen
            (int neuerRadius) {...}
public void farbeSetzen
            (String neueFarbe) {...}
public void sichtbarMachen() {...}
public void unsichtbarMachen()
            {...}
public void loeschen() {...}
```
Fig. 2

Konstruktoren werden in Lerneinheit 4 (Seite 55 ff.) noch ausführlich behandelt.

Konstruktor
In jeder Klasse gibt es eine Methode, die den gleichen Bezeichner trägt wie diese Klasse, jedoch wie alle Methoden mit Klammern (mit oder ohne Parameter) versehen ist, z.B. `Kreis()`. Diese Methode heißt Konstruktor und dient zum Anlegen neuer Objekte.

Signatur einer Methode
Für den Aufruf der Methode eines Objektes sind vor allem folgende Angaben notwendig: der Bezeichner der Methode, die Anzahl und die Typen ihrer Parameter sowie der Typ des Rückgabewertes. Die Menge dieser Angaben nennt man die **Signatur** dieser Methode.

Schnittstelle
Mit dem Begriff „Schnittstelle" bezeichnet man im Allgemeinen die Beschreibung der möglichen Kommunikationsformen zwischen zwei Systemen. Unter der **Schnittstelle einer Klasse** versteht man die Menge ihrer öffentlichen Attribute sowie der Signaturen ihrer öffentlichen Methoden. Die Schnittstelle einer Klasse beschreibt also alle Komponenten, die ihre Objekte zur Benutzung durch Objekte anderer Klassen zur Verfügung stellen.

Ein **objektorientiertes Programm** besteht aus Klassendefinitionen, in denen Attribute und Methoden vereinbart werden. Dabei regeln die **Zugriffsmodifikatoren**, ob Attribute und Methoden nur von Objekten derselben Klasse bzw. ebenso von Objekten anderer Klassen benutzt werden können.
Konstruktoren sind besondere Methoden zur Erzeugung von Objekten. Sie haben denselben Bezeichner wie die Klasse. Ihr Rückgabewert wird nicht angegeben.

Aufgaben

In den folgenden Aufgaben werden Klassen definiert, die in den Aufgaben späterer Lerneinheiten zum Teil aufgegriffen und erweitert werden.

1 Geometrisches I
Definiere für folgende geometrische Figuren und Körper jeweils eine Klasse. Überlege dir insbesondere, welche Attribute für eine sinnvolle Definition notwendig sind und welche Methoden nützlich sein könnten.
a) Dreieck b) Zylinder c) Prisma d) Kegel

2 Quadratische Funktionen I
Definiere eine Klasse QUADRATFUNKTION der quadratischen Funktionen $f(x) = ax^2 + bx + c$. Welche drei Attribute bestimmen ein Objekt der Klasse eindeutig? Welche Attribute würdest du außerdem noch aufnehmen? Welche Anforderungen müssen die Attribute bei der Erzeugung eines neuen Objektes erfüllen? Welche Methoden wären sinnvoll?

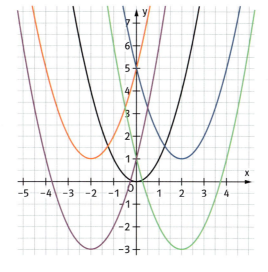

3 Universum
Definiere eine Klasse PLANET für alle Planeten unseres Sonnensystems. Überlege dir insbesondere, welche Attribute dabei von Interesse sein könnten.

4 Chemische Elemente
Die aus dem Chemieunterricht bekannten und im Periodensystem angeordneten chemischen Elemente sollen als Objekte der Klasse ELEMENT erzeugt werden können. Erstelle dazu eine geeignete Klassenkarte und definiere die Klasse entsprechend.

5 Luftige Daten
Die Daten von Flugpassagieren, die in die USA einreisen, werden akribisch gespeichert. In einem Abkommen (2004) vereinbarten die EU und die USA, bis zu 34 Einzelangaben über alle Flugpassagiere mit Ziel USA bis zu 3,5 Jahre zu speichern, u.a. Buchungsdaten, Zahlungsdaten wie z.B.

die Kreditkartennummer, Angaben zum Gepäck, zur Flugroute, Begleitpersonen, E-Mail, Adresse und Telefon. Mittlerweile (Stand Juni 2007) wurde die Anzahl der Daten auf 20 verringert, jedoch müssen die Daten erst nach 15 Jahren gelöscht werden.
a) Recherchiere im Internet, welche Daten momentan bei der Einreise in die USA wie lange aufgenommen werden.
b) Gib die Klasse zur Speicherung der Daten in Textform ohne Methoden an.

6 Was steckt dahinter?

a) Betrachte und erläutere die Klassen BZ und BR in Fig. 1.
Was realisieren diese?
Wofür stehen jeweils ihre Attribute?
Was passiert beim Aufruf der Methoden? Erläutere hierzu insbesondere deren Ein- und Ausgabeparameter.

Zum Datentyp `double`*: vgl. auch Seite 155*

b) Erkläre, warum Objekte der Klasse BR nicht ohne die Klasse BZ existieren können, d.h. warum die Klasse BR von der Klasse BZ abhängig ist. Warum wäre es in diesem Zusammenhang fatal, würde der Konstruktor `BZ()` mit dem Zugriffsmodifikator `private` versehen werden?

Java

```java
public class BZ {

    // Attribute
    private int zaehler;
    private int nenner;

    // Methoden
    public BZ() {...}
    public double umwandeln() {...}
    public void kuerzen() {...}
    public void erweitern(int a) {...}
}

public class BR {

    // Attribute
    private BZ b1;
    private BZ b2;
    private BZ ergebnis;

    // Methoden
    public BR() {...}
    public void b1Setzen(int z, int n)
            {...}
    public void b2Setzen(int z, int n)
            {...}
    public void summe() {...}
    public void differenz() {...}
    public void produkt() {...}
    public void quotient() {...}
}
```

Fig. 1

Info

Interaktive objektorientierte Programmiersysteme (*IOP*) stellen häufig Klassen für grafische Objekte wie Kreise, Rechtecke oder Dreiecke zur Verfügung. Im Weiteren werden diese Klassen zur Lösung benötigt. Entsprechende Aufgaben sind mit dem auf Seite 8 angegebenen Symbol *IOP* gekennzeichnet.

7 Struktur grafischer Klassen

a) Öffne im Werkzeug *IOP* den Quellcode einer vorgegebenen Grafikklasse, z.B. den Quellcode des Kreises. Erstelle daraus die Klassenkarte.
b) Erzeuge interaktiv ein Objekt der Klasse KREIS und zeige die aktuellen Werte seiner Attribute an.
c) Ändere Werte von Attributen deiner Wahl durch Methodenaufrufe, z.B. den Radius, die Farbe oder den Mittelpunkt, und überprüfe jeweils die Wirkung deiner Aktionen.
d) Erzeuge weitere grafische Objekte und verfahre wie in den vorhergehenden Aufgabenteilen.

2 Wertzuweisung

▬▬▬ Das bekannte Spiel Tic-Tac-Toe besteht aus einer zunächst leeren 3 × 3-Matrix aus neun Feldern. Im Verlauf des Spiels werden die Felder von zwei Spielern abwechselnd mit zwei verschiedenen Werten belegt, z. B. mit x bzw. 0 oder rot bzw. blau. Gewonnen hat derjenige, der zum ersten Mal eine Dreierreihe bilden kann. Notiere die relevanten Zustände und Zustandsübergänge, die möglicherweise zu dem rechts abgebildeten Spielstand geführt haben könnten. ▬▬▬

Die **Wertzuweisung** (kurz Zuweisung) dient zur direkten Änderung des Wertes eines Attributes. Leider wird sie in vielen Programmiersprachen durch das Operatorsymbol „=" dargestellt, das u. a. in der Mathematik zur Darstellung der Gleichheitsaussage verwendet wird. Zum Beispiel weist *kreis1.farbe = rot* dem Attribut *farbe* des Objektes *kreis1* den Wert *rot* zu.

Wertzuweisungen werden in verschiedenen Programmiersprachen unterschiedlich dargestellt, z. B.
Pascal: `x := 13`,
BASIC: `LET x = 13`,
Java, C++: `x = 13`

Struktur und Wirkung

Auf der linken Seite einer Zuweisung steht immer ein Attributbezeichner, auf der rechten Seite ein Term, dessen Wert berechnet und dem Attribut auf der linken Seite als Wert zugewiesen wird, z. B. *linie1.länge = 3 + 5 · 7*.

Eine Zuweisung ändert immer dann den Zustand eines Attributes, wenn sie diesem einen anderen Wert zuweist, als das Attribut vorher hatte. Besonders klar wird diese Zustandsänderung, wenn der vorherige Wert des betroffenen Attributes im Term auf der rechten Seite der Zuweisung verwendet wird, z. B.
kreis1.radius = kreis1.radius + 1.
Hier wird der alte Wert des Attributes *radius* von *kreis1* um 1 erhöht und dann diesem Attribut wieder zugewiesen (Fig. 1).

Bei einer Zuweisung geht der vorherige Wert des jeweiligen Attributes verloren. Möchte man z. B. ein Rechteck durch Vertauschen von *xPosition* und *yPosition* spiegeln, so kommt man durch die einfache gegenseitige Zuweisung nicht zum gewünschten Ziel (Fig. 2). Der Wert des Attributes *xPosition* wird beim ersten Zustandsübergang mit 5 überschrieben. Der ursprüngliche Wert 3 ist verloren.

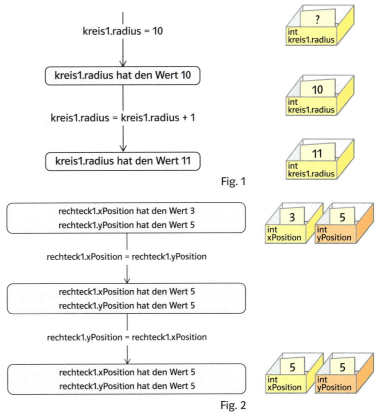

Fig. 1

Fig. 2

Ringtausch

Will man die Werte zweier Attribute austauschen, so benötigt man ein drittes Attribut zum Zwischenspeichern desjenigen Wertes, der ansonsten überschrieben werden würde. Im Beispiel (Fig. 1 und Fig. 2) wird dafür *rechteck1.temp* verwendet.

Die einzelnen Schritte der Zuweisung von *xPosition* und *yPosition* und die anschließende Vertauschung der beiden Attributwerte zeigt die zeitliche Abfolge in Fig. 2.

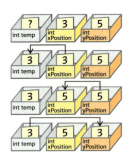

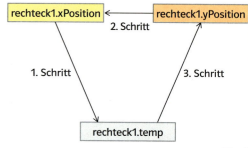

Fig. 1

Bei Anweisungen, die den Zugriff auf Attribute und Methoden in derselben Klassendefinition festlegen, wird in der Regel kein Objektbezeichner verwendet!

Anweisung	Wert von `rechteck1.temp`	Wert von `rechteck1.xPosition`	Wert von `rechteck1.yPosition`
`xPosition = 3`			
	unbekannt	3	unbekannt
`yPosition = 5`			
	unbekannt	3	5
`temp = xPosition`			
	3	3	5
`xPosition = yPosition`			
	3	5	5
`yPosition = temp`			
	3	5	3

Fig. 2

Zuweisung in Konstruktoren

Durch geeignete Zuweisungen in der Definition des Konstruktors kann man bereits bei der Erzeugung eines Objektes seine Attribute mit gewünschten Anfangswerten belegen.

```java
public Rechteck() {
    laenge = 40;
    breite = 20;
    farbe = "blau";
}
// Ende Konstruktor Rechteck
```

Kapselung

Um das Prinzip der Kapselung (vgl. Seite 41) nicht zu verletzen, sollen Attribute nicht von außen, d.h. von Objekten anderer Klassen über direkte Wertzuweisungen verändert werden können. Daher werden sie meist als privat gekennzeichnet.

Die eigentliche Wertzuweisung wird stattdessen in spezielle Setzen-Methoden eingebaut (z.B. *breiteSetzen*), die zudem oft auch diverse Sicherheitsmaßnahmen enthalten, wie z.B. Passwortabfragen, Typüberprüfungen, Abfangen problematischer Werte wie 0 bei Divisionen oder Anweisungen zum Neuaufbau einer grafischen Darstellung.

```java
public class Rechteck {
    private int breite;
    ...
    public void breiteSetzen
              (int neueBreite) {
        loeschen();
        breite = neueBreite;
        zeichnen();
    }
    ...
}
// Ende Rechteck
```

Gleichheitssymbol

Die Verwendung des mathematischen Gleichheitssymbols „=" für die Zuweisung ist sicher eine der unglücklichsten Entscheidungen in der Geschichte der Programmiersprachen. Eine der negativen Konsequenzen ist, dass man für die Gleichheitsaussage ein anderes Symbol verwenden muss.
In *Java* verwendet man dafür das doppelte Gleichheitszeichen. `rechteck1.breite == 5` steht für die Aussage „Das Attribut *breite* des Objektes *rechteck1* hat den Wert *5*." Zu einem bestimmten Zeitpunkt ist diese Aussage entweder wahr oder falsch.

Für „ungleich" werden in Java die Symbolkombinationen „ != " oder „ <> " verwendet.

Mit einer **Wertzuweisung** wird ein Attribut eines Objektes mit einem Wert belegt. Der alte Attributwert wird dabei überschrieben. Mit der Änderung eines Attributwertes ist immer auch eine Zustandsänderung des Objektes verbunden.

Aufgaben

1 Chaotische Attribute

Willi Hacker ist ein „begnadeter" Programmierer. Neulich hat er wieder eines seiner „Wunderwerke" abgeliefert: eine Klasse, in der die Attribute grafischer Objekte, wie beispielsweise Rechtecke, festgelegt werden sollen. Bei den einzelnen Zuweisungen machte er es jedoch etwas kompliziert. Der folgende Programmausschnitt zeigt seine Zuweisungen:

```
obenLinksX = 3;
obenLinksY = obenLinksX;
untenRechtsX = obenLinksX + obenLinksY;
untenRechtsY = untenRechtsX * untenRechtsX - obenLinksY;
```

Ermittle mithilfe eines Zustandsdiagramms die Koordinaten der Eckpunkte nach Ablauf obiger Zeilen. Halte dabei in den einzelnen Zuständen die Belegung der Attribute fest.

2 Erste Schritte in der Grafikprogrammierung

Im Werkzeug *IOP* werden Klassen zur Erzeugung grafischer Objekte (beispielsweise Kreis bzw. Ellipse, Quadrat bzw. Rechteck oder Dreieck) zur Verfügung gestellt.
a) Für die kommenden Aufgaben ist es wichtig, die Methoden der genannten grafischen Objekte genau zu kennen. Erstelle deshalb mithilfe des Programmcodes die Klassenkarten der vorhandenen Klassen.
b) Mache dich mit den Methoden der genannten Klassen vertraut, indem du entsprechende Objekte erzeugst und die vordefinierten Methoden anwendest. Zeichne auf diesem Weg ein einfaches Auto, welches aus Kreisen, Rechtecken und Dreiecken besteht.
c) Ändere in den Klassen die vom Werkzeug gemachten Konstruktorvorgaben bezüglich Farbe, Position, Größe usw.
Die nachfolgenden Teilaufgaben d) bis g) beziehen sich alle auf die Klasse RECHTECK.
d) Definiere eine Methode *zurücksetzen*, welche sämtliche Attributwerte auf die bei der Erzeugung festgelegten Standardwerte setzt. Lässt sich der Konstruktor so vereinfachen?
e) Definiere eine Methode *quadratHerstellen*, welche die Breite des Rechtecks seiner Länge anpasst.
f) Definiere eine Methode *verschieben(xRichtung, yRichtung)*.
g) Definiere in der Klasse RECHTECK eine Methode *strecken(faktor)*, die das Rechteck (d.h. dessen Länge und Breite) um den übergebenen ganzzahligen Faktor vergrößert.
h) Definiere eine Methode *kippen*, die das Rechteck um 90° dreht.

Hinweis:
Um die originalen Dateien nicht zu überschreiben, ist es sinnvoll, entweder zuerst das vorgegebene Projekt unter einem eigenen Namen zu speichern oder aber die vorhandenen Klassen zu kopieren und so neue Klassen NEUER_KREIS, NEUES_RECHTECK und NEUES_DREIECK zu definieren.

> **Info**
>
> In *Java* stehen umfangreiche Klassenbibliotheken zur Verfügung. Im Internet sind diese unter dem Stichwort *Java-API* (**A**pplication **P**rogramming **I**nterface) zu finden. Für mathematische Probleme ist vor allem die Klasse `Math` von Interesse. So wird beispielsweise der Sinus eines Winkels α mit dem Funktionsaufruf `Math.sin(alpha)` berechnet, die Zahl π mit `Math.PI`.

Vergleiche hierzu auch Seite 167.

3 Gradmaß und Bogenmaß
Die geläufigste Winkeleinheit ist die Einheit Grad. Daneben findet vor allem für trigonometrische Berechnungen das Bogenmaß Verwendung. Beispielsweise benötigen die in *Java* vordefinierten trigonometrischen Funktionen einen Winkel im Bogenmaß; für die Anschauung ist dagegen das Gradmaß geeigneter. Zwischen einem Winkel α im Gradmaß und einem Winkel φ im Bogenmaß besteht folgender Zusammenhang: $\varphi = \frac{2\pi\alpha}{360°}$.
a) Definiere eine Klasse WINKELEINHEITEN, die jeweils ein Attribut für einen Winkel im Grad- bzw. Bogenmaß enthält.
b) Erweitere die Klasse um die Methoden *gradInBogenmaß* bzw. *bogenmaßInGrad*, um die Einheiten ineinander umzurechnen.

4 Ein nächster Schritt in der Grafikprogrammierung

Typumwandlung in Java: Der Term `7.0/4.0` wird durch `(int) 7.0/4.0` in eine ganze Zahl umgewandelt, so dass sich 1 ergibt (vgl. auch Seite 158).

a) In Aufgabe 2 wurden die Methoden zur Verschiebung grafischer Objekte verwendet. Erweitere die dort eingeführten Klassen jeweils um eine Methode, die das grafische Objekt um einen bestimmten Winkel α und eine Strecke r verschiebt. Gehe dabei folgendermaßen vor:
– Deklariere den Winkel α und die Strecke r als weitere Attribute der Klasse und setze deren Werte im Konstruktor.
– Die Verschiebung um die Strecke r in Richtung α erfolgt durch Kombination einer Verschiebung in x- und y-Richtung (Δx und Δy). Verwende trigonometrische Funktionen und beachte, dass die Winkel in der Regel im Bogenmaß angegeben werden.
– Nach Berechnung von Δx und Δy müssen diese Werte in ganze Zahlen umgewandelt werden.
b) Ändere die Methode *strecken* von Aufgabe 2f) so, dass auch reelle Werte (z.B. 0,5 zum Verkleinern auf halbe Länge) eingegeben werden können.

5 Winkel in der Antike
Die Babylonier rechneten nachweislich bereits 1750 v. Chr. mit Winkeln. Sie verwendeten allerdings das sogenannte Sexagesimalsystem: Ein Winkel wird dabei durch drei ganzzahlige Maßzahlen in der Form Grad, Bogenminuten und Bogensekunden angegeben. Ein Grad entspricht dabei 60 Bogenminuten und eine Bogenminute 60 Bogensekunden.

Das Foto zeigt eine babylonischen Tontafel aus der Yale Babylon Collection.

a) Modelliere eine Klasse, die einen Winkel im sexagesimalen und dezimalen System enthält. Im Konstruktor soll der dezimale Wert gesetzt werden.

Hinweis:
In Aufgabe 5b) sind Operationen zur Berechnung des Restes bei Division zweier Zahlen sowie zur ganzzahligen Division erforderlich.

b) Gib eine Methode an, die die einzelnen Teile des sexagesimalen Formats berechnet. (Beachte den Hinweis auf dem Rand.)

48 II Algorithmen und Programme

6 Datensicherheit und Quersumme I

Um zu überprüfen, ob Daten korrekt übertragen werden, verwendet man häufig die Quersumme. Der Einfachheit halber werden in dieser Aufgabe nur vierstellige Zahlen betrachtet. Gib für eine derartige vierstellige Zahl eine Klasse und eine geeignete Methode an, die die Quersumme dieser Zahl berechnet. Verwende bei der Lösung nur Wertzuweisungen.

Beispiel zur Quersumme: Die Quersumme von 2675 ergibt 20.

Hinweis zu Aufgabe 6:
Verwende zur Lösung die ganzzahlige Division und die Berechnung des Restes bei Division ganzer Zahlen.

7 Wie lange dauert das denn noch?

Ganz schön ärgerlich, wenn man einen dringenden Termin hat, am Bahnhof auf den Zug wartet und dann kommt die freundliche Durchsage: „Wegen Gleisbauarbeiten hat der gemäß Fahrplan um 13.53 Uhr ankommende Zug 35 Minuten Verspätung." Wann kommt der Zug dann an?
Einfaches Addieren genügt hier nicht, denn bei 60 Minuten fängt die nächste Stunde an!
a) Gib das Klassendiagramm einer Klasse ZEITARITHMETIK an. Die Klasse soll über Attribute verfügen, um die Daten zweier Zeitangaben in der Form „Stunde, Minute und Sekunde" zu speichern.
b) Im Konstruktor sollen die Zeiten gesetzt werden. Gib die Klassendefinition (ohne Methoden) und einen geeigneten Konstruktor an.
c) Implementiere eine Methode zum Addieren der Zeitwerte. Speichere das Ergebnis in weiteren Attributen ab. Wie schon in Aufgabe 4 empfiehlt sich die Verwendung der Operationen zur Berechnung des Restes bei Division zweier Zahlen sowie der ganzzahligen Division.

Die Implementierung ist die Umsetzung von festgelegten Strukturen und Abläufen, im Falle der Imformatik also die Umsetzung von Modellen.

8 Heron bekommt Zustände

Beim Heron-Verfahren wird durch die wiederholte Zuweisung `x = 0.5*(x+a/x)` die Wurzel der Zahl a berechnet. Das Verfahren startet mit der Belegung `x = a`.
a) Gib ein Zustandsdiagramm an, das eine Näherung von $\sqrt{2}$ durch fünfmalige Anwendung der angegebenen Formel berechnet. Dabei genügt ein einziges Attribut.
b) Führe eine Klasse ein, die Attribute für die Größen x und a sowie eine Methode *heron* zur Umsetzung der angegebenen Zuweisung enthält. Die Zahl a sowie der Startwert für x sollen im Konstruktor festgelegt werden.
c) Rufe die Methode *heron* so lange auf, bis die Wurzel der Zahl a mit hinreichender Genauigkeit berechnet wurde.

Heron von Alexandria auf einem Kupferstich von 1688

9 One of the hundred greatest theorems?

a) Definiere eine Klasse DREIECK mit drei Attributen für die Seitenlängen. Im Konstruktor der Klasse sollen die Seitenlängen gesetzt werden.
b) Führe ein weiteres Attribut *istDreieck* ein, das darüber informiert, ob für die drei Seitenlängen alle Dreiecksungleichungen erfüllt sind.
c) Definiere eine Methode, die das Attribut *istDreieck* korrekt belegt. Hierfür werden logische Verknüpfungen benötigt. Informiere dich darüber, wie diese Operationen bei dem von dir verwendeten Programmiersystem verwendet werden.
d) Wenn die Summe zweier Seitenlängen gleich einer dritten ist, liegen alle Eckpunkte des Dreiecks auf einer Geraden. Führe ein Attribut *istGerade* ein, das darüber informieren soll, ob es sich um eine Gerade handelt. Definiere eine Methode, die dieses Attribut korrekt belegt.

Seit 1999 gibt es von amerikanischen Mathematikern eine Liste der hundert bedeutendsten Sätze der Mathematik. Darunter findet sich auch die Dreiecksungleichung, die besagt, dass bei einem Dreieck die Summe zweier Seitenlängen stets größer sein muss als die dritte Seitenlänge.

3 Kommunikation mit Methoden

Für eine Bestellung von Pizzas beim Pizzalieferservice müssen detaillierte Angaben über Anzahl, Größe, Zutaten der Pizza usw. gemacht werden. Daraus wird der Preis ermittelt und dem Kunden mitgeteilt. Die benötigte Lieferzeit ergibt sich unter anderem aus dem Zustellort.
Versuche entsprechende Methoden für den notwendigen Informationsaustausch zu finden und formuliere diese in natürlicher Sprache.

Für viele Algorithmen ist die Eingabe von Werten notwendig. Andererseits liefern viele Algorithmen auch Werte zurück, z. B. Rechenergebnisse. Programmiersprachen müssen daher **Mechanismen zur Ein- und Ausgabe** von Werten anbieten, über die der Benutzer mit einem laufenden Programm bzw. den Methoden der Objekte dieses Programms kommunizieren kann. Der Benutzer soll damit einem Programm bei dessen Start oder eventuell auch noch während seines Ablaufs Eingabewerte übergeben können. Auch das Programm soll die Möglichkeit haben, nach Abschluss der Berechnungen Ergebniswerte auszugeben.

Beim Aufruf der Methode muss im Gegensatz zur Methodendefinition der Typ des Eingabeparameters nicht mehr angegeben werden.

Eingabe von Werten

Methoden können **Parameter** anbieten (siehe auch Seite 13), mit denen man ihnen Werte übergeben kann. Manche Programmiersysteme (wie z. B. *IOP*) bieten die Möglichkeit, **Methoden direkt interaktiv aufzurufen** und ihnen dabei auch Parameterwerte zu übergeben. Hat man einen Algorithmus innerhalb einer solchen Methode mit Parametern implementiert, kann man also beim Aufruf der Methode während der Laufzeit direkt Eingabewerte zur Verfügung stellen. Diese Möglichkeit der Eingabe soll zunächst im Vordergrund stehen.

Die Methode *breiteSetzen* eines Rechtecks beispielsweise erwartet einen Wert für den Parameter *neueBreite*. Diesen Wert gibt der Benutzer während der Laufzeit des Programms ein.

Java
```
public void breiteSetzen(
         int neueBreite) {
  loeschen();
  breite = neueBreite;
  zeichnen();
}
```

RECHTECK
xPosition
yPosition
länge
breite
farbe
winkel
löschen()
zeichnen()
sichtbarMachen()
unsichtbarMachen()
breiteSetzen()
verschiebenNach()
flächeAusgeben()
umfang()
...

Im Beispiel erhält das Attribut *breite* diesen Wert per Zuweisung. Der Methodenaufruf *breiteSetzen(5)* führt z. B. zu einer Änderung des Attributwertes von *breite* auf *5*.

Die Methode *verschiebenNach* benötigt mehr als einen Parameter. Beim Aufruf ist die Reihenfolge der durch den Benutzer eingegebenen Werte zu beachten. Der Aufruf *verschiebenNach(2, 3)* setzt z. B. die Position des Rechtecks auf den Punkt (2, 3).

Java
```
public void verschiebenNach(
         int xPos, int yPos) {
  loeschen();
  xPosition = xPos;
  yPosition = yPos;
  zeichnen();
}
```

Ausgabe von Werten

Methoden verarbeiten während ihres Ablaufs Informationen. Wie können die Ergebnisse dieser Verarbeitung nach dem Ablauf der Methode dem Benutzer oder anderen Methoden zur Verfügung gestellt werden? Hier gibt es in der Regel drei Möglichkeiten:

(1) Der Ausgabewert kann in einem Attribut des Objektes gespeichert werden, zu dem die Methode gehört (**globales** Attribut; Fig. 1). Dieser veränderte Wert des globalen Attributes kann dann von anderen Methoden weiterverwendet werden.

Diese Möglichkeit nutzen die bereits bekannten Grafikprogramme, um z. B. ein Rechteck sichtbar bzw. unsichtbar zu machen. Hier wird der Wert des (globalen) Attributes `istSichtbar` des Rechtecks entweder `true` oder `false` gesetzt.

(2) Direkte Ausgabe von Werten am Bildschirm mithilfe spezieller Ausgabemethoden des Systems (Fig. 2)

(3) Die eleganteste Art der Ausgabe ist die Definition des Ergebnisses als Rückgabewert der Methode. Die Methode kann dann als Funktion betrachtet werden, deren Wert das auszugebende Ergebnis der Berechnung ist. In *Java* wird dies durch zwei Maßnahmen bei der Definition der Methode implementiert (Fig. 3):

```java
public void sichtbarMachen() {
    istSichtbar = true;
    zeichnen();
}
public void unsichtbarMachen() {
    loeschen();
    istSichtbar = false;
}
```
Fig. 1

Globale Attribute werden auf Seite 52 erläutert.

```java
public void flaecheAusgeben() {
    System.out.print("Flaeche = ");
    System.out.println(laenge*breite);
}
```
Fig. 2

```java
public double Celsius_in_Fahrenheit
        (double t) {
    return t*1.8+32;
}
```
Fig. 3

Methoden mit Rückgabewerten kann man mit den Funktionen in Rechenblättern vergleichen. Der Rechenterm hinter dem Wort `return` entspricht dem Funktionsterm in den Rechenblättern.

- Der Typ (z. B. `int`, `double`, `String`) des Rückgabewertes der Funktion muss angegeben werden (jetzt darf hier nicht `void` stehen).
- Hinter dem Schlüsselwort `return` wird ein Term angegeben, dessen Wert berechnet und als Ergebnis zurückgegeben wird.

Der Aufruf der Methode kann so auch innerhalb eines Terms erfolgen. Bei dessen Auswertung wird dann anstelle des Bezeichners der Methode ihr Rückgabewert eingesetzt, z. B.: neueTemperatur = Celsius_in_Fahrenheit(37) + Celsius_in_Fahrenheit(4) wird ausgewertet zu 98,6 + 39,2 = 137,8.

Seiteneffekte

Die ersten beiden Arten der Ausgabe bezeichnet man auch als Seiteneffekte einer Methode, weil diese (im Sinne einer Funktion) keinen explizit in ihrer Definition angegebenen Rückgabewert hat. Im Kopf (d. h. der ersten Zeile) der Methodendefinition ist nicht erkennbar, welche Attributwerte die Methode verändert. Dies macht ein Programm unübersichtlich und fehleranfällig. Daher versucht man, Seiteneffekte möglichst zu vermeiden.

Info

In vielen Programmiersprachen muss auf Groß- und Kleinschreibung geachtet werden, so auch in *Java*. In welchen Fällen Groß- bzw. Kleinschreibung erforderlich ist, scheint zunächst willkürlich. In unserem Fall muss die Methode `System.out.println` mit einem Großbuchstaben beginnen, genauso wie der Typ `String` mit einem Großbuchstaben beginnt.

Lokale Variablen

In objektorientierten Programmen benötigt man neben den Attributen der Objekte oft noch weitere Datenspeicher für Zwischenergebnisse, die nach dem Abschluss der Berechnung nicht mehr benötigt werden. Man verwendet dafür spezielle Variablen innerhalb von Methoden. Diese Variablen sind nur während des Ablaufs dieser Methode, d. h. nur lokal innerhalb der Methode definiert und heißen deshalb **lokale Variablen**. Sie haben einen eindeutigen Bezeichner und Typ und enthalten zu jedem Zeitpunkt einen bestimmten Wert. Nach dem Ende der Ausführung der Methode wird der dafür reservierte Speicherplatz wieder freigegeben.

Globale Variablen bzw. Attribute

Speicherstrukturen wie Attribute oder Variablen bezeichnet man als global bezüglich einer Methode, wenn sie vor dem Aufruf dieser Methode schon definiert sind und auch nach dem Ablauf der Methode noch definiert bleiben. Im Programmtext werden solche **globalen Variablen** außerhalb der Methode in übergeordneten Strukturen deklariert, z. B. in der Klasse, in der die Methode definiert wird.

Im folgenden Beispiel sind die Attribute *aktuelleStunde* und *aktuelleMinute* innerhalb der ganzen Klasse gültig. Sie sind daher auch bezüglich der Methode *uhr_verstellen* global. Die lokalen Variablen *diffStunden*, *diffMinuten*, *uebertragStunden*, *uebertragMinuten* sind dagegen nur innerhalb dieser Methode gültig.

Im nebenstehenden Programmbeispiel steht der Operator „/" für die ganzzahlige Division, z. B.:
55/60 = 0; 105/60 = 1; 311/60 = 5; 50/24 = 2. Dies ermöglicht hier die Berechnung der Überträge von Minuten auf Stunden bzw. von Stunden auf Tage.

Ein Zahlenbeispiel:
Anfangswerte:
aktuelleStunde = 22;
aktuelleMinute = 49;
Methodenaufruf:
uhr_verstellen(203);
diffStunden = 203/60
= 3;
diffMinuten =
*203 - 60*3 = 23;*
aktuelleMinute =
49 + 23 = 72;
uebertragStunden =
72/60 = 1;
aktuelleMinute =
*72 - 1*60 = 12;*
aktuelleStunde =
22 + 3 + 1 = 26;
uebertragStunden =
26/24 = 1;
aktuelleStunde =
*26 - 1*24 =2;*
Ergebnis:
aktuelleStunde = 2;
aktuelleMinute = 12;

Java

```java
public class Uhr {
    int aktuelleStunde, aktuelleMinute;

    public void uhr_verstellen(int minuten) {
        int diffStunden, diffMinuten, uebertragStunden, uebertragMinuten;

        // Verstellung umrechnen in Stunden und Minuten
        diffStunden = minuten/60;
        diffMinuten = minuten-60*diffStunden;

        // Neue Minuten- bzw. Stundenwerte mit Übertrag und Korrekturen
        aktuelleMinute = aktuelleMinute+diffMinuten;
        uebertragStunden = aktuelleMinute/60;
        aktuelleMinute = aktuelleMinute-uebertragStunden*60;

        aktuelleStunde = aktuelleStunde+diffStunden+uebertragStunden;
        uebertragStunden = aktuelleStunde/24;
        aktuelleStunde = aktuelleStunde-uebertragStunden*24;
    }
}
```

Wenn man zur Laufzeit eines Programms Werte an eine Methode übergeben will, benutzt man dazu deren (Eingabe-)**Parameter**. Die Ergebnisse von Berechnungen gibt man am besten über die **Rückgabewerte** von Methoden aus.
Variablen sind Datenspeicher in einem Programm, die ebenso wie Attribute verschiedene Werte eines bestimmten Datentyps annehmen können.
Lokale Variablen werden innerhalb einer Methode definiert und sind nur dort gültig.
Variablen bzw. **Attribute** heißen **global** bezüglich einer Methode, wenn sie außerhalb dieser deklariert und damit sowohl dort als auch innerhalb dieser Methode gültig sind.

Aufgaben

1 Grafische Objekte
In Aufgabe 4 auf Seite 48 wurde eine Methode entworfen, die grafische Objekte um eine Strecke r in eine Richtung α verschiebt. Dabei mussten r und α bereits bei der Instanziierung des Objektes festgelegt werden.
a) Verändere die Attributstruktur und die Signatur der erwähnten Methode so, dass r und α erst beim Aufruf der Funktion angegeben werden müssen. Teste die Implementierung.
b) Erweitere die bereits modifizierte Klasse eines Kreises um eine Methode, bei deren Aufruf sich der Mittelpunkt des Kreises entlang des Randes eines gleichseitigen Dreiecks bewegt. Die Seitenlänge des Dreiecks soll dabei als Methodenparameter übergeben werden.

Wird ein neues Objekt (eine neue Instanz) erzeugt, so spricht man auch von Instanziierung.

2 Um 22.30 Uhr bist du zu Hause!
Solche Angaben dürften dir vertraut sein. Es ist dabei manchmal gar nicht so einfach, bei einer solchen Vorgabe auszurechnen, wie lange man dann wegbleiben darf. Das hängt natürlich vom Zeitpunkt des Weggehens ab. Ist man etwa um 19.15 Uhr weggegangen, so muss man die Differenz der beiden Zeitangaben berechnen.
a) Definiere eine Klasse, die einen Zeitpunkt in der Form Stunde:Minute:Sekunde enthält. Im Konstruktor soll die Zeit durch Verwendung von Parametern gesetzt werden.
b) Gib eine Methode *subtrahieren* an, die die Differenz zwischen der in den Attributen gespeicherten Zeitangabe und einer weiteren Zeitangabe, die über die Methodenparameter übergeben wird, berechnet. Das Ergebnis soll in geeigneten Attributen gespeichert werden.
c) Vielleicht hast du auch schon einmal die Anweisung „In dreieinhalb Stunden bist du zurück!" zu hören bekommen. Die Zeitangabe erfolgt hier also als Bruchzahl. Erweitere die Klasse um eine Methode, die derartige dezimale Zeitangaben als Parameter akzeptiert, und diese Zeitangabe zu der in den Attributen gespeicherten Zeitangabe addiert.

3 Entfernungsbestimmungen auf dem Äquator
In Südamerika liegen die Städte Quito (Westküste) und Macapa (Ostküste) auf dem Äquator. Macapa liegt bei 51° 3′ 29″ und Quito 79° 31′ 0″ westlicher Länge. Die Entfernung der beiden Städte ergibt sich, indem man die Differenz der beiden Winkelangaben durch 360° dividiert und das Ergebnis mit dem Erdumfang multipliziert.
a) Gib eine Klasse an, die wie im obigen Beispiel die Längengrade zweier Orte enthält. Im Konstruktor sollen die Attributwerte gesetzt werden.
b) Bei der Berechnung der Entfernung ist es am sinnvollsten, die sexagesimalen Winkelangaben zunächst in dezimale Angaben umzurechnen. Gib eine Funktion an, die zu einer sexagesimalen Winkelangabe die entsprechende dezimale Darstellung ermittelt und zurückgibt.

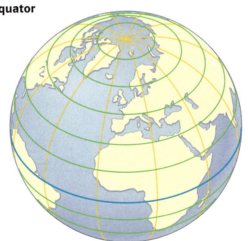

Der Äquator (blau) teilt die Kugel in zwei Hälften und kreuzt die Längenkreise (gelb) unter einem Winkel von 90°. Die grünen Linien sind die Breitenkreise.

c) Ermittle in einer weiteren Funktion die Entfernung zwischen den beiden Orten. Der Äquatorradius beträgt 6378,137 km. Das Ergebnis der Berechnung soll in einer separaten Methode unter Verwendung von Kommentaren am Bildschirm ausgegeben werden.

4 Bestimmung des Längengrades auf hoher See

Heutzutage lässt sich die Position eines Schiffes, insbesondere der Längengrad, mithilfe von Satelliten einfach bestimmen. Noch bis weit ins 19. Jahrhundert musste der Längengrad auf hoher See jedoch aus der Differenz von lokaler Zeit auf dem Schiff und der Zeit am Abfahrtshafen bestimmt werden. Beispielsweise ergibt sich bei einer Zeitdifferenz von zwölf Stunden ein um 180° größerer Längengrad als der Längengrad im Abfahrtshafen.

a) Gib eine Funktion an, mit deren Hilfe der Längengrad im Sexagesimalsystem berechnet werden kann. Welche Parameter sind für die Berechnung erforderlich? (Verwende zur Lösung die Funktionen aus Aufgabe 2.)

b) Die Uhr geht pro Tag um eine bestimmte Zeit Δt nach. Gib eine Funktion an, die aus Δt den Fehler bei der Berechnung des Längengrades ermittelt.

Die Strecke, die man mit einer Pedalumdrehung zurücklegt, wird auch als Entfaltung bezeichnet.

5 Wie weit kommt man mit einer Pedalumdrehung?

Die Kette eines Fahrrads läuft über das Kettenblatt mit den Pedalen (in der Regel drei Zahnkränze) und einer Kassette mit bis zu zehn Kränzen am Hinterrad.

a) Gib eine Funktion an, die berechnet, wie weit man mit einer Pedalumdrehung kommt.

b) In einer speziellen Methode sollen das Ergebnis der Funktion und die Funktionsparameter mit geeigneten Kommentaren am Bildschirm ausgegeben werden. Wähle als konkrete Eingaben die Verhältnisse bei deinem Fahrrad.

Entfaltung für ein Rad mit 686 mm Durchmesser								
hinten vorne	11	12	14	16	18	21	24	28
22	4,31	3,95	3,38	2,96	2,63	2,26	1,97	1,69
32	6,27	5,74	4,92	4,31	3,83	3,28	2,87	2,46
42	8,22	7,54	6,46	5,65	5,03	4,31	3,77	3,23

Der Tabellenkopf gibt die Anzahl der Zähne der Kettenblätter (vorne) bzw. der Zahnkränze (hinten) an.

6 Recht eckig

Die Klasse RECHTECK besitzt die Attribute *länge* und *breite*. Implementiere die Methode.

a) `double flaecheBerechnen();`   b) `boolean istQuadrat()`
c) `void groesseSetzen(int neul, int neub)` d) `double diagonaleBerechnen()`

Info

Die *Java-API* stellt in der Klasse `Math` eine Funktion zur Verfügung, die zufällige Dezimalzahlen zwischen 0 und 1 zurückgibt. Informiere dich auf den entsprechenden Internetseiten über diese Funktion.

Die hier eingeführte Klasse MATHEMATIK wird in den folgenden Aufgaben um weitere wichtige Funktionen ergänzt.

7 Alles Zufall

Zufallszahlen sind aus Computerspielen nicht wegzudenken. Ihre Erzeugung ist jedoch nicht so einfach! Definiere eine Klasse MATHEMATIK, die eine Funktion zur Verfügung stellt, die eine ganzzahlige Zufallszahl im Intervall zwischen a und b zurückgibt. Die Randwerte a und b sollen hierbei als Parameter übergeben werden.
Idee: Multipliziere mit (b − a) und schneide den Dezimalanteil ab.

4 Anlegen und Löschen von Objekten

▬▬ Objekte werden zur Laufzeit eines Programms (d.h. nach dessen Start) gemäß den Vorgaben der jeweiligen Klassendefinition angelegt, benutzt und am Ende auch wieder gelöscht. Beschreibe drei ähnliche Vorgänge aus deiner Umgebung, in denen reale Objekte nach gewissen Vorgaben bzw. Konstruktionsplänen angelegt, genutzt und später auch wieder vernichtet bzw. entsorgt werden. Gib für diese Objekte jeweils einige Attribute und Methoden an. Stelle fest, wie sich diese Objekte von Programmobjekten unterscheiden. ▬▬

Programmobjekte können erst zur Laufzeit eines objektorientierten Programms angelegt werden. Dazu stellen die meisten objektorientierten Sprachen spezielle **Konstruktormethoden** zur Verfügung. Nach der Erzeugung müssen die Attribute der Objekte mit Werten belegt werden. Wenn ein Objekt nicht mehr benötigt wird, muss es wieder gelöscht werden, um den belegten Speicherplatz anderweitig nutzen zu können.

Anlegen von Objekten

Beim Anlegen eines Objektes (zur Laufzeit eines Programms) wird im Arbeitsspeicher des Rechners ein bestimmter Bereich für dieses Objekt reserviert. In diesem Bereich müssen dann alle Informationen über dieses Objekt gespeichert werden, wie der Bezeichner und die Klasse des Objektes sowie die aktuellen Werte seiner Attribute.

kreis1: KREIS
durchmesser = 20
xPosition = 2
yPosition = 5
füllfarbe = rot
...
ausschneiden()
...

Nr. der Speicherzelle	Inhalt	Bedeutung
1010	k	Bezeichner des Objektes
1011	r	
1012	e	
1013	i	
1014	s	
1015	1	
...	...	
1210	K	Bezeichner der Klasse
1211	R	
1212	E	
1213	I	
1214	S	
...	...	Attributwert von
1310	20	durchmesser
1311	2	x-Position
1312	5	y-Position
1313	130	füllfarbe (Zahlenwert für rot)

Fig. 1

Konstruktormethoden

Für die Erzeugung von Objekten verwendet man in vielen Programmiersprachen eine spezielle Methode: die **Konstruktor(methode)** (vgl. Seite 42). Da das anzulegende Objekt zum Zeitpunkt des Aufrufs dieser Methode noch nicht existiert, muss eine Konstruktormethode der jeweiligen Klasse anstatt einem Objekt zugeordnet werden (Klassenmethode). Daher wird sie oft mit dem gleichen Bezeichner wie die Klasse versehen. In *Java* wird der Konstruktor für die Klasse KREIS beispielsweise wie folgt notiert: `public Kreis() {...}`.

In Java werden Klassenbezeichner normalerweise großgeschrieben. Daher müssen die entsprechenden Konstruktormethoden ebenso mit einem Großbuchstaben beginnen.

Referenzen werden oft anstelle der Realobjekte verwendet. So werden beispielsweise im Kraftfahrtbundesamt in Flensburg nicht alle deutschen Kraftfahrzeuge selbst gestapelt, sondern nur Verweise darauf in Form der Kennzeichen gespeichert.

Konstruktormethoden liefern Objekte der jeweiligen Klasse zurück (genauer Referenzen auf diese Objekte, siehe unten). Daher muss für ihren Rückgabewert kein Typ angegeben werden. Beim Werkzeug *IOP* wird beim interaktiven Anlegen eines Objektes genau diese Konstruktormethode der jeweiligen Klasse aufgerufen: `new Kreis()`.

Referenzen

Nach ihrer Erzeugung werden Objekte grundsätzlich über Referenzen angesprochen. Eine Referenz ist nichts anderes als die Angabe der **ersten Speicherzelle** des Arbeitsspeicherbereiches, in dem das Objekt angelegt wurde (in Fig. 1 von Seite 55 also der Wert 1010). In allen Fällen, in denen Attributwerte Objekte sind (z. B. alle Werte vom Typ `String`, eigentlich der Klasse `String`), wird eine Referenz auf dieses Objekt gespeichert, wie z. B. in der Ampel (Fig. 1).

Ein Objekt, das als Attributwert eines anderen dienen soll, muss erst erzeugt werden. Vergleiche hierzu auch Seite 108.

Diese Attributwerte sind ausnahmslos Objekte. Dies erkennt man daran, dass als Typ eine Klasse angegeben wird, z. B. `Kreis`. Diese wird, im Gegensatz zu atomaren Typen wie z. B. `int`, großgeschrieben (Fig. 1).

Java
```
public class Ampel {
    private Rechteck gehaeuse;
    private Kreis lichtOben;
    private Kreis lichtUnten;
    private String zustand;
    ...
}
```
Fig. 1

Initialisierung

Nach der Erzeugung eines Objektes sollten die Werte seiner Attribute möglichst bald mit **Anfangswerten** belegt werden. Dies kann mithilfe eines Konstruktors auf dreierlei Arten geschehen:

Wird innerhalb einer Klasse kein Konstruktor definiert, so generiert Java automatisch einen Konstruktor, den Standardkonstruktor (Fall (1)).

(1) Die Klasse legt selbst Standardwerte für Texte (z. B. die leere Zeichenkette) und Zahlen (z. B. den Wert 0) fest (vgl. Seite 45 ff.).
(2) Im Programm werden Anfangswerte vorgegeben, indem man die entsprechenden Zuweisungen in die Konstruktormethode einbaut (Fig. 2).
(3) Wesentlich flexibler ist die Programmierung einer Konstruktormethode, die passende Anfangswerte als Parameter aufnehmen kann (Fig. 3).
Beim interaktiven Aufruf dieser Methode (mit dem Werkzeug *IOP*) werden die aktuellen Werte dieser Parameter abgefragt und den Attributen des Kreises zugewiesen.

Java
```
public Kreis() {
    radius = 30;
    xPosition = 20;
    yPosition = 60;
    farbe = "blau";
    ...
}
```
Fig. 2

Java
```
public Kreis(int radius0, int xPos0,
        int yPos0, String farbe0) {
    radius = radius0;
    xPosition = xPos0;
    yPosition = yPos0;
    farbe = farbe0;
    ...
}
```
Fig. 3

Löschen von Objekten

In manchen objektorientierten Sprachen muss sich der Programmierer selbst darum kümmern, dass nicht mehr benötigte Objekte wieder gelöscht werden. Dazu wird dann mit jeder Klassendefinition eine Destruktormethode, z. B. *löschen()*, zur Verfügung gestellt. In *Java* wird das in gewissen Zeitabständen durch ein intelligentes, automatisches System zur Speicherplatzfreigabe erledigt (*Garbage Collection*).

Jede Klasse besitzt einen **Konstruktor** für die Erzeugung von Objekten. Konstruktoren haben denselben Bezeichner wie die jeweilige Klasse. Sie dienen der Initialisierung des Objektes einschließlich der Zuweisung der Attribute mit gültigen Startwerten.

Aufgaben

1 Erweiterung der Grafikbibliothek
Das Werkzeug *IOP* stellt nur wenige Klassen zur Verfügung.
a) Entwickle aus den vorgegebenen Klassen eine Klasse RECHTECK und eine Klasse LINIE, also ein Rechteck der Breite eines Pixels.
b) Definiere eine Klasse RAHMEN, um ein unausgefülltes Rechteck mit schwarzem Rahmen zu erzeugen. Verwende beim Konstruktor geeignete Parameter.

2 Eine einfache Ampel
a) Gib mithilfe des Werkzeugs *IOP* eine Klasse an, die unter Verwendung der Klassen KREIS und RAHMEN eine einfache Fußgängerampel mit zwei Signalen zeichnet. Die Ampel soll dabei in einem sinnvollen Anfangszustand gestartet werden.
b) Gib eine Methode *umschalten* an, die die Fußgängerampel jeweils in einen sinnvollen Folgezustand versetzt.

3 Es bewegt sich!
a) Gib eine Klasse an, die nebenstehendes Fahrzeug (oder ein ähnliches Objekt) zeichnet. Parametrisiere dabei die einzelnen Elemente derart, dass diese stets relativ zu einem festen Punkt im Koordinatensystem, z. B. der linken unteren Ecke des linken gelben Rechtecks, gezeichnet werden.
b) Gib eine Methode an, um das Fahrzeug in vertikaler bzw. horizontaler Richtung zu verschieben.
c) Gib eine Methode an, um das Fahrzeug um eine Strecke r unter dem Winkel α zu verschieben.

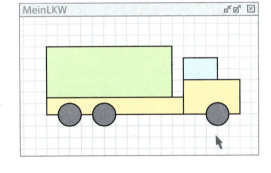

4 Rechnen mit Zeitangaben
In Aufgaben auf den Seiten 49 und 53 wurde erläutert, wie problematisch das Rechnen mit Zeitangaben sein kann, und es wurden entsprechende Methoden erarbeitet. In dieser Aufgabe soll diese Implementierung verbessert werden.
a) Definiere eine Klasse ZEITPUNKT, um eine Zeitangabe, die durch Stunde, Minute und Sekunde charakterisiert ist, zu beschreiben. Im Konstruktor soll der Zeitpunkt gesetzt werden. Durch geeignete Methoden soll es auch nachträglich möglich sein, die Werte der Attribute zu verändern.
b) Gib eine Klasse ZEITARITHMETIK an, die das Rechnen mit Zeitangaben erlaubt. Diese Klasse enthält die zu verarbeitenden Zeitangaben sowie ein weiteres Attribut für das Resultat der Berechnung.
c) Verwende die in Aufgabe 7 auf Seite 49 entwickelten Algorithmen, um Zeitangaben zu addieren bzw. voneinander zu subtrahieren.

5 Von Stiften und Schildkröten I

Als Turtlegrafik (engl. turtle: Schildkröte) bezeichnet man häufig grafische Programmierwerkzeuge, die die Eigenschaften von Stiften simulieren. Die bisher verwendeten Klassen des *IOP* stellen derartige Hilfsmittel noch nicht zur Verfügung. Im Weiteren sollen diese schrittweise aufgebaut werden.

a) Entwickle aus der in Aufgabe 1 erarbeiteten Klasse RECHTECK eine Klasse STIFT. Der Stift hat die Methoden *vertikalGehen* bzw. *horizontalGehen*, um diesen eine bestimmte Strecke nach oben/unten bzw. links/rechts zu verschieben und dabei eine Linie zu zeichnen.

b) Erweitere die Klasse STIFT um eine Methode, um die Farbe des Stiftes bzw. die Stiftdicke zu setzen.

6 Wie lange noch?

Es geht auf die Sommerferien zu. Viele Schüler zählen dann die Tage bis zum ersehnten Ferienbeginn. Wie aber lässt sich die Anzahl der Tage bis zu diesem Termin berechnen, wenn etwa die Sommerferien am 25.7. beginnen und das aktuelle Datum der 23.3. ist?

a) Modelliere eine Klasse DATUM zur Repräsentation des Datums. Das Datum soll dabei durch die Angabe des Tages, Monats und Jahres charakterisiert sein. Gib zunächst die Klassenkarte und die Standardmethoden zum Setzen und Auslesen der Attributwerte an.

b) Unter der vereinfachenden Annahme, dass jeder Monat 30 Tage hat, soll eine Klasse DATUMSARITHMETIK definiert werden, um Datumswerte zu addieren und voneinander zu subtrahieren.

7 Rechnen mit Brüchen

a) Ein Bruch besteht aus einem Zähler und einem Nenner. Er kann erweitert werden und als Dezimalzahl ausgegeben werden. Gib eine Klassenkarte an, die diese Eigenschaften von Bruchzahlen wiedergibt.

b) Definiere mithilfe der Klassenkarte aus Teilaufgabe a) die Klasse BRUCH. Im Konstruktor sollen dabei Zähler und Nenner gesetzt werden.

c) Die Klasse BRUCHRECHNEN enthält zwei Brüche sowie das Resultat einer möglichen Operation zweier Brüche. Mögliche Operationen sind Multiplikation und Division. Gib die Klassenkarte an und verknüpfe sie mit der Klassenkarte aus Teilaufgabe a) zu einem Klassendiagramm. (Die Methoden zur Addition und Subtraktion werden später eingebaut.)

d) Definiere die Klasse BRUCHRECHNEN mit allen Methoden. Im Konstruktor sollten die zu verarbeitenden Brüche gesetzt werden. Teste das Programm an einfachen Beispielen.

e) Gib Methoden an, die es erlauben, die zu verarbeitenden Brüche nach Erzeugung der Klasse BRUCHRECHNEN neu zu belegen. Dabei sollte das Resultat in den undefinierten Zustand zurückversetzt werden.

8 Ehepaare

Ein Ehepaar besteht aus zwei Personen. Jede Person zeichnet sich durch bestimmte Merkmale aus, im einfachsten Fall durch Name, Vorname, Geschlecht und Geburtsdatum. Das Geburtsdatum wiederum ist durch Tag, Monat und Jahr gekennzeichnet. Auch das Ehepaar hat bestimmende Merkmale, wie beispielsweise den Hochzeitstag.

a) Gib ein Klassendiagramm an, das alle Klassen enthält, die zur Modellierung der Klasse EHEPAAR erforderlich sind. Berücksichtige auch die Beziehungen zwischen diesen Klassen.

b) Implementiere die in Teilaufgabe a) entwickelten Klassen. Methoden zum Setzen oder Auslesen der Attributwerte sollen dabei nur definiert werden, wenn dies sinnvoll ist.

5 Implementieren von Algorithmen

Ein automatischer Staubsauger soll selbstständig den Fußboden von Räumen beliebiger Form vollständig abfahren. Dazu muss er die Sprache der Anweisung verstehen. Die natürliche Sprache versteht er nur, wenn eine geeignete Spracherkennung die Befehle interpretieren und in maschinenlesbare Form übersetzen kann. Implementiere eine Anweisung *bodenAbfahren* mit verschiedenen bisher bekannten Programmierwerkzeugen.

Die Umsetzung eines Algorithmus in eine Programmiersprache, die von einer Maschine gelesen und interpretiert werden kann, bezeichnet man als **Implementierung**. Zur Implementierung der algorithmischen **Strukturelemente** (Sequenz, bedingte Anweisung, Wiederholung, siehe Seite 21 ff.) stellt jede Programmiersprache spezielle Sprachelemente zur Verfügung, die man als **Kontrollstrukturen** bezeichnet.

Sequenz
Die einzelnen Anweisungen einer Sequenz werden meist durch Strichpunkte getrennt:
lichtOben.farbeSetzen(rot);
lichtUnten.farbeSetzen(schwarz);
lichtOben.farbeSetzen(schwarz);
lichtUnten.farbeSetzen(grün);

Im Zustandsmodell kann man feststellen, dass jede Anweisung einer Sequenz einen Übergang zu einem neuen Zustand auslöst, falls sie den Wert mindestens eines Attributes ändert. Dieser Übergang geht von demjenigen Zustand aus, der durch die vorausgehende Anweisung hergestellt wurde. Die Ausführung einer Sequenz von Anweisungen entspricht also einer Folge von Zuständen im Zustandsdiagramm.

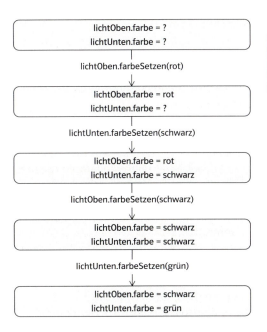

An vielen Stellen können Sequenzen anstatt einzelner Anweisungen verwendet werden, z. B. in Methodendefinitionen:
Die drei Zuweisungen in der Methode *umschaltenRot* werden der Reihe nach abgearbeitet.
Zuerst wird die Farbe von *lichtOben* auf *rot* gesetzt, dann die von *lichtUnten* auf *schwarz*, zuletzt erhält das Attribut *zustand* den Wert *"STOPP"*.

```java
public void umschaltenRot() {
   lichtOben.farbeSetzen("rot");
   lichtUnten.farbeSetzen("schwarz");
   zustand = "STOPP";
}
```

Beispiel einer Sequenz beim Werkzeug Roboter:
`schritt`
`linksDrehen`
`hinlegen`
`schritt`

Beispiel für eine Alternative beim Werkzeug **Roboter:**
```
wenn istZiegel dann
    aufheben
    schritt
sonst
    schritt
*wenn
```

Alternative
Die Alternative ermöglicht die Ausführung von zwei unterschiedlichen Anweisungen je nach Ausgangszustand.

Java
```
if (b != 0) {
    System.out.println(a/b);
}
else {
    System.out.println("Fehler!");
}
```

Bedingte Anweisung
Die bedingte Anweisung verzichtet (gegenüber der Alternative) auf die Angabe der Anweisung, die auszuführen ist, wenn die Bedingung nicht erfüllt ist.

Java
```
if (b != 0) {
    System.out.println(a/b);
}
```

Hinweis:
Statt `i = i + 1` schreibt man oft kurz `i++`, statt `i = i - 1` kurz `i--`.

Wiederholung mit fester Anzahl von Durchläufen
In vielen Fällen steht bereits vor dem Durchlauf einer Wiederholung fest, wie oft diese ausgeführt werden soll (vgl. auch Seite 22). Dafür gibt es fast in jeder Programmiersprache eine spezielle Kontrollstruktur, so auch in *Java*.

Beim Werkzeug **Roboter** *lautet eine entsprechende Kontrollstruktur:*
```
wiederhole 3 mal
    rechtsDrehen
*wiederhole
```

- Die **Zählvariable** *i* kontrolliert die Anzahl der Durchläufe. Sie wird als lokale Variable innerhalb der Anweisung selbst definiert und mit einem Anfangswert belegt: `int i = 0`.
- Dann folgt die Angabe der Anzahl der Wiederholungen in Form einer Bedingung:
  `i < 3` bedeutet hier „wiederhole dreimal für die Werte `i = 0`, `i = 1`, `i = 2`".
- Schließlich wird angegeben, wie die Zählvariable *i* bei jedem Durchlauf zu verändern ist:
  `i = i + 1` bedeutet „erhöhe *i* bei jedem Durchlauf um den Wert 1".

Java
```
public int hoch_drei(int a) {
    int potenzwert = 1;
    for (int i = 0; i < 3; i = i + 1) {
        potenzwert = potenzwert * a;
    }
    return potenzwert;
}
```

vor der Wiederholung

nach dem ersten Durchlauf (i = 0)

nach dem zweiten Durchlauf (i = 1)

nach dem dritten Durchlauf (i = 2)

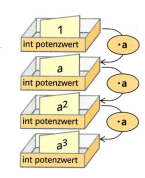

Wiederholung mit Bedingung beim Werkzeug **Roboter:**
```
wiederhole solange
    nicht istWand
    schritt
*wiederhole
```

Wiederholung mit Bedingung
Diese Kontrollstruktur wird immer dann eingesetzt, wenn eine oder mehrere Anweisungen wiederholt werden sollen, ohne dass vor Beginn der ersten Wiederholung klar ist, wie oft die Wiederholung stattfinden soll. Als Beispiel betrachtet man die Berechnung der Potenz a^b unter Benutzung der lokalen Variablen *potenzwert* und *i*.

Java
```
public int potenz(int a, int b) {
    int i = 0;
    int potenzwert = 1;
    while (i < b) {
        potenzwert = potenzwert * a;
        i = i + 1;
    }
    return potenzwert;
}
```

Objektorientierte Implementierung von Algorithmen

Die objektorientierte Implementierung eines Algorithmus besteht (mindestens) aus der Definition einer Methode, durch deren Aufruf der Algorithmus gestartet wird (Startmethode). Die Parameter dieser Methode nehmen die Eingabedaten des Algorithmus auf. Seine Ausgabedaten werden als Werte dieser Methode oder über Seiteneffekte (z.B. direkte Ausgabe am Bildschirm) abgeliefert. Allerdings wird diese Methode in vielen Fällen weitere Methoden aufrufen (siehe auch Seite 18), die somit weitere Teile dieses Algorithmus implementieren. In den meisten *Java*-Umgebungen wird die Startmethode eines Programms mit `main` bezeichnet.

Vergleiche zu `main` *auch Seite 158.*

> Ein Programm implementiert einen Algorithmus. Es besteht aus Befehlen in einer bestimmten Programmiersprache. Jede Programmiersprache stellt zur Implementierung von Algorithmen spezielle Sprachkonstrukte für Kontrollstrukturen (Sequenz, Alternative, bedingte Anweisung, Wiederholung) zur Verfügung.

Aufgaben

1 Pseudocode

Übersetze den nachfolgenden umgangssprachlich formulierten Algorithmus in einen korrekten *Java*-Code und erläutere seinen Zweck.

a) Eingabe der ganzen Zahlen a und b
   Anzahl ist ebenfalls eine ganze Zahl
   setze Anzahl gleich null
   wiederhole solange a kleiner b
     b = b − a
     Anzahl = Anzahl + 1
   Ende wiederhole
   Ausgabe Anzahl
   Ausgabe „Rest: "+b

b) Eingabe der ganzen Zahl n
   Text ist ein Text
   falls n = 1 setze Text zu „sehr gut"
       n = 2 setze Text zu „gut"
       n = 3 setze Text zu „befriedigend"
       n = 4 setze Text zu „ausreichend"
       n = 5 setze Text zu „mangelhaft"
       n = 6 setze Text zu „ungenügend"
   Ausgabe Text

c) Eingabe des Alters in Jahren
   wenn Alter größer oder gleich 18,
   dann setze das Attribut volljährig auf
     WAHR
   ansonsten auf FALSCH
   Ende wenn

d) Eingabe der reellen Zahl x
   y ist ebenfalls eine reelle Zahl
   wenn x größer oder gleich null,
   dann ist y gleich der Wurzel von
     x und gib y aus
   Ende wenn

2 Von Stiften und Schildkröten II

In Aufgabe 5 auf Seite 58 wurde die Klasse STIFT entwickelt. Diese soll nun erweitert werden.

a) Durch die Methode *absetzen* soll der Stift auf die Zeichenfläche gesetzt und durch die Methode *anheben* angehoben werden. Führe gegebenenfalls weitere Attribute ein.

b) Erweitere die Methoden *vertikalGehen* bzw. *horizontalGehen* der Klasse STIFT so, dass nur bei abgesenktem Stift eine Linie gezeichnet wird.

c) Füge einen Methode *radiermodusSetzen* hinzu, sodass beim Aufruf der Methode *vertikalGehen* bzw. *horizontalGehen* die berührten Bereiche gelöscht werden, falls der Stift gesenkt ist. Der Schreibmodus soll durch eine Methode *schreibmodusSetzen* gestartet werden.

3 Schräge Linien

In Aufgabe 2 konnte der Stift nur vertikal oder horizontal bewegt werden. Nun soll eine Methode implementiert werden, um eine Linie zu einem beliebigen Punkt des Koordinatensystems zu ziehen. Die Linie wird dabei durch einen treppenförmigen Verlauf angenähert. Wie können aus dem aktuellen Punkt des Stiftes und dem „Zielpunkt" die Länge und die Höhe der Treppenstufen berechnet werden? Implementiere die Methode *geheZu*, die als Parameter den Zielpunkt der schrägen Linie enthält und die Linie zeichnet.

4 Was passiert?

Lies und interpretiere die *Java*-Methode. Zeichne auch das zugehörige Struktogramm.

Java

```java
a) public double quadrat(double a) {
      return a*a;
   }
b) public int summebis(int n) {
      int summe = 0;
      for (int i = 0; i < n + 1; i = i + 1) {
         summe = summe + i;
      }
      return summe;
   }
c) public void aufheben() {
      if (anzahlZiegel > 10) {
         System.out.println("Maximale Traglast erreicht");
      }
      else {
         anzahlZiegel = anzahlZiegel + 1; entferne(xPosition, yPosition);
      }
   }
```

5 Heron-Verfahren zur Wurzelberechnung

In Aufgabe 8 auf Seite 48 wurde das Heron-Verfahren zur Berechnung von Quadratwurzeln vorgestellt. Durch wiederholte Anwendung der Zuweisung $x = \frac{1}{2} \cdot (x + \frac{a}{x})$ lässt sich die Wurzel einer Zahl a mit beliebiger Genauigkeit e berechnen.

a) Definiere eine Klasse MATHEMATIK, die eine Funktion enthält, um die Wurzel der Zahl a zu berechnen. Neben der Zahl sollte die Funktion einen Parameter enthalten, der angibt, wie oft die oben genannte Zuweisung ausgeführt werden soll. (Die hier eingeführte Klasse MATHEMATIK wird in den folgenden Aufgaben um weitere Funktionen erweitert.)

b) Formuliere eine Bedingung, um die Wurzel von a mit einer bestimmten Genauigkeit e, beispielsweise auf vier Dezimalen genau, zu berechnen. Beachte dabei, dass für die Wurzel einer Zahl a die Identität $x^2 = a$ gelten muss.

c) Modifiziere die in Teilaufgabe a) entwickelte Funktion, sodass die Wurzel von a mit einer bestimmten Genauigkeit e berechnet wird.

6 Springende Bälle

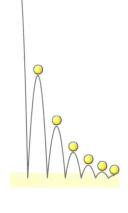

Das Werkzeug *IOP* stellt Methoden zur Verfügung, um die grafischen Objekte langsam in vertikaler/horizontaler Richtung über den Bildschirm zu bewegen.

a) Definiere eine Klasse BALL mit einer Methode, die die Bahnkurve eines vollkommen elastischen Balles, der auf den Boden fällt, simuliert.

b) Die maximale Steighöhe eines realen Balles nimmt nach jedem Aufprall am Boden ab. Berücksichtige dies in der Methode aus Teilaufgabe a) unter der Annahme, dass die maximale Steighöhe mit jedem Aufprall um die Hälfte abnimmt.

7 Telefontarife

Beim Mobilnetzbetreiber Mobilophon sind die Telefontarife in zweifacher Weise gestaffelt. Zum einen gibt es einen Nah- und einen Fernbereich mit unterschiedlichen Tarifen. Zum anderen gelten für Privatkunden andere Preise als für Firmenkunden. Tab. 1 gibt die Details wieder.

	Privatkunde	Firmenkunde
Nahbereich	1,3 ct/min	2,1 ct/min
Fernbereich	3,1 ct/min	3,7 ct/min

Tab. 1

Telefone hatten früher keine Wählscheibe, sondern einen Kurbelinduktor, um sich beim „Fräulein vom Amt" bemerkbar zu machen.

Die Kosten für ein Telefongespräch ohne Mehrwertsteuer ergeben sich dann aus der Gesprächszeit, wobei jeweils auf die nächste volle Minute aufgerundet wird, und der Information, ob es sich um einen Privatkunden handelt oder nicht bzw. ob es sich um ein Gespräch in den Nahbereich handelt oder nicht. Nach Addition der Mehrwertsteuer (19 %; Stand: November 2007) ergeben sich schließlich die Gesamtkosten des Gesprächs.

a) Definiere eine Klasse TELEFONRECHNUNG, um die Berechnung der Telefonkosten durchzuführen. Diese Klasse soll ein Attribut enthalten, in dem alle bisher angefallenen Kosten enthalten sind. In der Methode *neueKosten* sollen jeweils die bei einem neuen Telefongespräch anfallenden Kosten berechnet und zu den bisherigen Kosten addiert werden. Gib die entsprechende Klassenkarte an und übertrage diese in ein Programm. Die Methode *neueKosten* soll zunächst nicht implementiert werden.

b) Wie lässt sich die Tatsache, ob es sich um ein Gespräch im Nah- oder Fernbereich bzw. um einen Privat- oder Firmenkunden handelt, am einfachsten beschreiben? Welche Argumente benötigt somit die Methode *neueKosten*?

c) Implementiere die Methode *neueKosten* zunächst unter der vereinfachenden Annahme, dass zwischen Nah- und Fernbereich nicht unterschieden wird. Es genügt hier somit eine einzige Alternative.

d) Modifiziere die Methode *neueKosten* so, dass auch zwischen Nah- und Fernbereich unterschieden wird. Jeder Zweig der Alternative aus Teilaufgabe c) enthält nun eine weitere Alternative.

8 Datensicherheit und Quersumme II

Die Quersumme einer Zahl ist für die Sicherheit der Datenübertragung von entscheidender Bedeutung: Um zu gewährleisten, dass beim Transfer von Daten keine Fehler auftreten, wird nicht nur der Datenwert selbst übertragen, sondern auch die Quersumme des Datenwertes. Dadurch lässt sich überprüfen, ob die Datenübertragung korrekt ablief.

Auch die allseits bekannten Barcodes enthalten Prüfziffern. Deren Berechnung baut auf dem Prinzip der Quersumme auf.

a) Berechne die Quersumme der Zahl 2367.
b) Formuliere in natürlicher Sprache einen Algorithmus zur Berechnung der Quersumme.
c) Implementiere den Algorithmus in einer Klasse mit einer Methode, die zu einer gegebenen Zahl die Quersumme berechnet.
Hinweis: Für die Lösung dieser Aufgabe ist die Funktion zur Berechnung des Restes bei ganzzahliger Division hilfreich.
d) Die iterierte Quersumme erhält man, wenn man vom Resultat der Quersummenberechnung jeweils so lange wiederum die Quersumme berechnet, bis sich eine einstellige Zahl ergibt. Gib unter Verwendung der Lösung von Teilaufgabe c) eine Methode zur Berechnung der iterierten Quersumme an.

9 Ist der größte gemeinsame Teiler wirklich so wichtig?

Der ggT ist eine Operation, die in der Informatik von grundlegender Bedeutung ist. Als Beispiele seien die Implementierung der Bruchzahlarithmetik und die heutzutage unbedingt notwendige Verschlüsselung von Daten genannt. Die erste schriftliche Formulierung eines Algorithmus zur Berechnung des ggT findet sich in den Elementen von Euklid und kann in natürlicher Sprache folgendermaßen formuliert werden:

Um den ggT zweier Zahlen a und b zu berechnen, geht man folgendermaßen vor:
 wiederhole das Folgende so lange, bis die lokale Variable b mit 0 belegt ist
  wenn a > b,
   dann belege die lokale Variable a mit a − b,
   sonst belege die lokale Variable b mit b − a
  Ende wenn
 Ende wiederhole
 Als Ergebnis wird der Wert der Variablen a zurückgegeben.

a) Überprüfe den Algorithmus mit Papier und Bleistift für ggT(23; 16) sowie ggT(15; 18).
b) Implementiere den ggT als Funktion in der in Aufgabe 5 eingeführten Klasse MATHEMATIK.
c) In Aufgabe 7 auf Seite 58 wurde die Klasse BRUCHRECHNEN eingeführt. Definiere mithilfe des ggT Methoden zum Addieren und Subtrahieren von Brüchen.

10 Fondssparpläne

Banken bieten ihren Kunden häufig Fondssparpläne an. Ein Fonds ist eine Sammlung von Aktien oder Anleihen mit dem Ziel, deren starke Schwankungen durch geschickte Auswahl auszugleichen. Im Idealfall nimmt der Wert eines Fondsanteils im Laufe der Zeit zu (vgl. Fig. 1 zum DAX®). Daraus resultiert für den Kunden der Gewinn.

a) Der Kunde zahlt bei Eröffnung seines Fondsdepots 10 000 € ein, der Fonds wächst durchschnittlich jedes Jahr um 6 %. Beschreibe in einem Zustandsdiagramm das durchschnittliche Wachstum während der ersten vier Jahre.

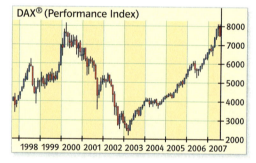

Entwicklung des deutschen Aktienindex DAX® in den letzten 10 Jahren
An der Zusammensetzung des DAX® orientieren sich viele deutsche Standardfonds.

Fig. 1

b) Definiere eine Methode, die das Kapital in Abhängigkeit von Anfangskapital, Laufzeit und durchschnittlichem Wachstum berechnet.
c) Neben einmaligen Einzahlungen sollen auch monatliche Einzahlungen ermöglicht werden. Gib für die Verhältnisse aus Teilaufgabe a) und einer monatlichen Einzahlung von 200 € das Zustandsdiagramm für die ersten sechs Monate an (monatliche Zinsberechnung).
d) Entwickle mithilfe des Zustandsdiagramms aus Teilaufgabe c) eine Methode, die das Kapital in Abhängigkeit von Anfangskapital, Laufzeit, durchschnittlichem Wachstum und monatlicher Einzahlung berechnet.
e) Auch die Bank will verdienen. Deshalb werden von allen Einzahlungen sofort 5 % Ausgabeaufschlag abgezogen. Darüber hinaus verlangt die Bank noch eine jährliche Verwaltungsgebühr von 1,5 %. Erweitere die Methode aus Teilaufgabe d) so, dass diese Kosten berücksichtigt werden. Was zahlt der Kunde letztendlich an die Bank?
f) Der Kunde hat den Fondssparplan für seine Altersvorsorge eingerichtet. Nach 25 Jahren entnimmt er dem Fonds monatlich 1500 €. Wann ist der Fonds bei weiterhin angenommenem Wachstum von 6 % aufgebraucht?

11 Häuslebauer

Eine klassische Finanzierungsmöglichkeit für Immobilien ist der Bausparvertrag. Ziel ist es, einen Kredit zu einem festen Zins zu erhalten. Bei herkömmlichen Krediten ist der Zins im Allgemeinen an konjunkturelle Entwicklungen gebunden und daher variabel. Der Vertrag wird auf eine bestimmte Gesamtsumme abgeschlossen. Bevor der Kredit ausgezahlt wird, muss der Kunde einen bestimmten Anteil eingezahlt haben. Sobald dieser Anteil erreicht ist, kann der Kredit ausgegeben werden. Dabei wird die Kreditsumme mit dem bisher eingezahlten Betrag verrechnet.

a) Herr Häfele schließt bei der Baufix-Bank einen Bausparvertrag über 100 000 € ab. Sobald sein Guthaben 50 % dieser Summe beträgt, wird der Kredit mit einem Zinssatz von 4,2 % ausgezahlt. In der Ansparphase erhält Herr Häfele 1,5 % Zinsen. Bei Abschluss des Vertrages ist eine sofortige Verwaltungsgebühr von 2 % der Gesamtsumme fällig.
Gib eine Methode an, die ermittelt, zu welchem Zeitpunkt Herr Häfele mit dem Kredit rechnen kann, wenn er monatlich 500 € einzahlt. Berücksichtige auch die Verzinsung und die Verwaltungsgebühr.
b) Herr Häfele erhält seinen Kredit zu dem in Teilaufgabe a) ermittelten Zeitpunkt. Nun muss er den Kredit mit einer bestimmten monatlichen Rückzahlrate (Beispiel: 800 €) zurückzahlen. Gib eine Methode an, die aus der Gesamtsumme, den Ansparzinsen, der Einzahlrate, den Schuldzinsen, der Verwaltungsgebühr und der Rückzahlrate den Zeitpunkt berechnet, zu dem der gesamte Kredit zurückgezahlt ist.

12 Kann man Zufallszahlen berechnen?

Aus logischer Sicht ist das Berechnen von Zufallszahlen ein Widerspruch, denn der Rechner sollte ja gerade keine zufälligen Resultate produzieren. Andererseits sind Funktionen für Zufallszahlen für Spiele oder für das Testen von Software von großer Bedeutung.
Ein einfacher Algorithmus zur Berechnung von ganzzahligen, positiven Zufallszahlen in einem Intervall zwischen 0 und m verwendet die Zuweisung x_n = Rest$((a \cdot x_{n-1} + c), m)$ zur Berechnung der n-ten Zufallszahl.
a) Berechne für m = 16, a = 5, c = 1 und den Anfangswert x_0 = 1 mit Papier und Bleistift durch wiederholtes Ausführen der genannten Zuweisung die ersten fünf Zufallszahlen. Dokumentiere die Berechnung in einem Zustandsdiagramm.
b) Gib eine Methode an, die n Zufallszahlen berechnet und am Bildschirm ausgibt. Verwende a = 65 539, m = 2^{32} und c = 2^{30}; wähle den Startwert x_0 = 1. Zur Berechnung der Potenzen kann die erforderliche Funktion entweder selbst programmiert oder aus einer Programmbibliothek entnommen werden.
c) Programmierumgebungen stellen im Allgemeinen Zufallsfunktionen zur Verfügung, die eine rationale Zahl zwischen 0 und 1 liefern. Erweitere die in Teilaufgabe b) entwickelte Methode so, dass eine Zufallszahl zwischen 0 und 1 ausgegeben wird.
Hinweis: Für diese Funktion ist es unter Umständen notwendig, den Datentyp einer lokalen Variablen zu ändern. Man spricht von einer Typumwandlung oder einem Cast. In *Java* erfolgt eine Typumwandlung dadurch, dass man vor der entsprechenden Variablen den Datentyp, in den die Variable umgewandelt werden soll, in Klammern angibt (vgl. Seite 158).

Beispiel für eine Typumwandlung:
Wenn x und m ganzzahlige Größen sind, so wird durch `((double) x / (double) m)` *der Quotient als Fließkommazahl berechnet.*

13 Alpenländische Leidenschaften

Bei der Jahresfeier der Miesbacher Fingerhakler gestaltet sich die Berechnung des Eintrittspreises etwas kompliziert. Es wird unterschieden zwischen Vereinsmitgliedern und Nichtvereinsmitgliedern sowie jeweils nochmals zwischen Schülern und Nichtschülern.

Vereinsmitglied	nicht Schüler	3,50 €
	Schüler	2,50 €
kein Mitglied	nicht Schüler	5,10 €
	Schüler	4,10 €
Förderverein		3,00 €
Zuschlag an der Abendkasse		20 %

Tab. 1

Die Mitglieder des Fördervereins bezahlen nur 3 €, und an der Abendkasse muss ein Zuschlag von 20 % gezahlt werden (Tab. 1).

a) Definiere eine Klasse JAHRESFEIER, die ein Attribut für die Gesamtkosten enthält. Im Konstruktor ist dieses Attribut geeignet zu setzen.

b) Das angegebene Berechnungsschema soll schrittweise in eine Methode umgesetzt werden, die zum einen den Eintrittspreis für eine Person zurückgibt und zum anderen auch die Gesamteinnahmen aktualisiert. Lässt sich dies ohne Seiteneffekte durchführen? Bei der Implementierung der Funktion empfiehlt sich folgende Vorgehensweise:
- Unterscheide zunächst nur zwischen Vereinsmitgliedern und Nichtvereinsmitgliedern.
- Erweitere die Funktion um Alternativen, die berücksichtigen, ob es sich um einen Schüler handelt.
- Füge die Unterscheidung bezüglich des Fördervereins und der Abendkasse ein.

Hinweise zu Aufgabe 14:
Es sollte der Datentyp `long` eingesetzt werden.

Wir nehmen an, die Buchstaben a, …, z werden durch die Zahlen 1, …, 26 codiert. Vor der Übertragung wird der Code eines Zeichens mit der Funktion V (siehe Schritt 5) verschlüsselt, im Falle des Zeichens „j" etwa V(10) = 5. Das Zeichen „j" wird also durch das Zeichen „e" verschlüsselt. Der Empfänger berechnet E(5) und erhält wieder den Code 10, also den Buchstaben „j".

14 Verschlüsselung

Verschlüsselung von Daten ist mittlerweile eine Selbstverständlichkeit: ob Warenkauf im Internet, ob elektronische Banktransaktion oder Steuererklärung – stets werden äußerst sensible Daten übertragen, die einem Außenstehenden nicht zugänglich sein dürfen. Deshalb werden die Daten, die letztendlich als Zahlen (vgl. ASCII-Code) repräsentiert werden, verschlüsselt. Der gegenwärtige Standard bei der Verschlüsselung ist der RSA-Algorithmus, dessen Ablauf Tab. 2 in sieben Schritten wiedergibt.

Schritt	Algorithmus	Beispiel
1	Wähle zwei Primzahlen: p, q	p = 5; q = 7
2	Setze n = pq	n = 35
3	Setze c = (p − 1)(q − 1)	c = 24
4	Wähle eine Zahl e derart, dass ggT(e, c) = 1 und 1 < e < n	e = 5
5	$V(w) = mod(w^e, n)$ (Verschlüsselungsfunktion)	$V(w) = mod(w^5, 35)$
6	Wähle d derart, dass $mod(d \cdot e, c) = 1$	d = 5
7	$E(w) = mod(w^d, n)$ (Entschlüsselungsfunktion)	$E(w) = mod(w^5, 35)$

Tab. 2

a) Definiere eine Klasse RSA, die die beiden Primzahlen p und q sowie die Zahlen n, c, e und d als Attribute enthält. Die Primzahlen sowie die Zahlen n und c sollen im Konstruktor gesetzt werden. Hilfreich ist eine private Methode, die gewährleistet, dass es sich bei p und q tatsächlich um Primzahlen handelt.

b) Implementiere mithilfe des ggT (siehe Aufgabe 9) eine Funktion, die einen möglichen Wert für die Zahl e ermittelt und füge sie im Konstruktor ein.

c) Implementiere die Funktion V (Schritt 5), die die Codierung eines Zeichens w verschlüsselt.

d) Implementiere eine Funktion, um eine mögliche Lösung für d zu bestimmen.

e) Definiere die Entschlüsselungsfunktion E (Schritt 7) und teste deinen Algorithmus, indem du auf den ASCII-Code eines Buchstabens zunächst die Verschlüsselungsfunktion und dann die Entschlüsselungsfunktion anwendest.

6 Felder

▬▬ Ein Kaninchenpaar bekommt vom zweiten Monat an in jedem weiteren Monat zwei Nachkommen, von denen eines weiblich und eines männlich ist. Dies gilt ebenso für alle ihre Nachkommen. Berechne die Anzahl der Kaninchen für die ersten zehn Monate und versuche, einen Zusammenhang zwischen diesen Zahlen abzuleiten. ▬▬

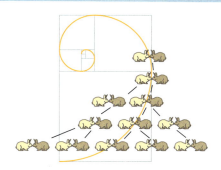

Für viele Aufgaben benötigt man eine Reihe von Objekten (oder lokalen Variablen) gleicher Struktur, d.h. von der gleichen Klasse bzw. vom gleichen Typ. Oft ist auch die Anzahl dieser Objekte von vornherein bekannt. Für diesen Zweck bieten die meisten Programmiersprachen einen speziellen zusammengesetzten Datentyp an, der als **Feld** (engl. **array**) bezeichnet wird.

Indizes

In der Mathematik verwendet man (tiefgestellte) Indizes zur Bezeichnung von Zahlen, die gleichartig sind, aber dennoch unterschieden werden sollen, wie z.B. die ersten zehn Primzahlen: $p_1 = 2$; $p_2 = 3$; $p_3 = 5$; $p_4 = 7$; $p_5 = 11$; $p_6 = 13$; $p_7 = 17$; $p_8 = 19$; $p_9 = 23$; $p_{10} = 29$.

In der Informatik verwendet man dazu den Datentyp *Feld* und schreibt die Indizes zwischen eckige Klammern, zum Beispiel bei der Berechnung der Zinszahlungen bei einem für fünf Jahre angelegten Guthaben:

Java

```java
public void zinsenBerechnen (double kapital, double zinssatz) {
    double kontostand = kapital;
    double[] zinszahlung = new double[6];
    // Berechnung der Zinszahlung
    for (int i = 1; i <= 5; i++) {
        zinszahlung[i] = kontostand * zinssatz/100;
        kontostand = kontostand + zinszahlung[i];
    }
    // Ausgabe
    for (int i = 1; i <= 5; i++) {
        System.out.println ("Zinsen für das "+i+"-te Jahr: "+zinszahlung[i]);
    }
}
```

Bei Feldern beginnt der Index immer bei 0. Das erste Feldelement wird mit `zinszahlung[0]`, *das zweite mit* `zinszahlung[1]`, ..., *das letzte mit* `zinszahlung[5]` *angesprochen.*

Mit `double[] zinszahlung = new double[6];` wird zunächst ein leeres Feld mit dem Bezeichner `zinszahlung`, der Länge 6 und dem Datentyp der Elemente `double` definiert und dafür Speicherplatz reserviert.

Mit `zinszahlung.length` *kann die Länge des Feldes ausgegeben werden.*

Erst in der Wiederholung wird bei jedem Durchgang ein Element des Feldes per Zuweisung mit Werten gefüllt.

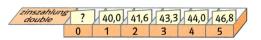

Im Programmbeispiel wird die Position 0 des Feldes, also `zinszahlung[0]` *nicht belegt.*

Felder dienen der Zusammenfassung mehrerer Objekte der gleichen Klasse oder Variablen gleichen Typs in einer zusammenhängenden Folge fester Länge. Auf die einzelnen Elemente des Feldes kann über Indizes (nichtnegative ganze Zahlen) zugegriffen werden.

Aufgaben

1 Temperaturmessung

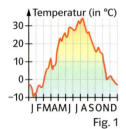

Fig. 1

Solche Langzeitmessungen werden von den meteorologischen Instituten dauerhaft durchgeführt und die Messwerte in Klimadiagramme (Fig. 1) übertragen.

Steffi will ein Jahr lang jeden Tag um 15 Uhr die Temperatur auf ihrem Balkon messen und die Ergebnisse auswerten. Dazu definiert sie eine Klasse TEMPMESSUNG.
a) Lege ein Feld *temperatur* an, welches die reellen Werte für jeden Tag eines Jahres aufnehmen kann. Definiere eine Methode, um das Feld mit zufälligen Temperaturwerten zu belegen.
b) Nach genau einem Jahr sollen mithilfe dreier Methoden der Tag mit dem höchsten Temperaturwert, die niedrigste gemessene Temperatur und der Durchschnittswert aller Messwerte bestimmt werden. Implementiere geeignete Methoden.

2 Potenzen

a) Erläutere die Klasse POTENZ in Fig. 2, ihre Attribute und den Konstruktor.
b) Erweitere die Klasse derart, dass die Länge des Feldes erst bei der Erzeugung eines Objektes festgelegt wird.
c) Erweitere die Klasse aus Teilaufgabe b) um eine Methode, die für beliebige Basen die n-te Potenz ermittelt.

Java
```java
public class Potenz {

    private int[] pot = new int[10];
    private int basis;
    public Potenz(int b) {
        basis = b;
        pot[0] = 1;
        for (i = 1; i < 10; i++) {
            pot[i] = pot[i - 1] * basis; }
    }
}
```

Fig. 2

3 Grafisches Protokoll für die Stifte

In den Aufgaben 2 und 3 auf Seite 61 und Seite 62 wurde die grafische Werkzeugklasse STIFT entwickelt. Von professionellen grafischen Objekten ist bekannt, dass Objekte auch noch nachträglich geändert werden können, indem man beispielsweise mit der Maus eine Ecke eines Polygonzugs verschiebt. Dabei werden dann auch die Verbindungen zu den Nachbarecken verändert. Eine derartige Methode soll nun auch für die Stifte in vereinfachter Weise erarbeitet werden.
a) Erweitere die Klasse STIFT so, dass die Ecken des zuletzt gezeichneten Polygonzugs jeweils in einem Feld für die x-Koordinaten und in einem weiteren für die y-Koordinaten abgespeichert werden. Sobald ein neuer Polygonzug begonnen wird, sollen die Koordinaten des vorhergehenden nicht mehr zugänglich sein.
b) Nach Abschluss eines Polygonzugs sollen bestimmte Ecken nachjustiert werden. Gib eine Methode an, um einen bestimmten Eckpunkt neu zu setzen. Dabei sollen auch die Verbindungslinien zu den Nachbarpunkten neu gesetzt werden.
c) Gib eine Methode an, um den gesamten Polygonzug um eine Strecke r unter einem Winkel α zu verschieben. Verwende dazu die schon häufig verwendeten Funktionen aus der mathematischen Programmbibliothek.

4 Bubblesort

Auf Seite 17 wurde der Algorithmus *Bubblesort* zum Sortieren eines Feldes vorgestellt. Für ein Feld von Zahlen lautet er in natürlicher Sprache:

    Wiederhole (Anzahl der Elemente des Feldes − 1)-mal
      wiederhole für alle Feldinhalte vom ersten bis zum vorletzten
        wenn der betrachtete Feldinhalt größer als der folgende ist, dann
            vertausche die beiden Feldinhalte
        Ende wenn
      Ende wiederhole
    Ende wiederhole

a) Gib eine Methode an, die ein Feld ganzzahliger Zufallszahlen erzeugt und zurückgibt. Verwende dabei den in Aufgabe 12 auf Seite 65 beschriebenen Zufallsszahlenalgorithmus.
b) Sortiere das in Teilaufgabe a) erzeugte Feld mit *Bubblesort*.

5 Verteilung von Zufallszahlen

Zufallszahlengeneratoren sollten so konzipiert sein, dass in dem gewünschten Intervall jede Zahl mit gleicher relativer Häufigkeit auftritt.

a) Gib unter Verwendung des vom Programmiersystem zur Verfügung gestellten Zufallszahlengenerators eine Methode an, die das Würfeln mit einem Standardwürfel simuliert.
b) Würfle 100-, 1000-, 10 000-mal mit dem Würfel, der vom System zur Verfügung gestellt wird und bestimme jeweils die relative Häufigkeit sowie die Abweichung vom idealen Würfel.

Die von einem Geiger-Zähler pro Zeiteinheit detektierte Zahl von Signalen kann als Zufallszahlengenerator interpretiert werden.

6 Zufallsexperiment: Ziehen ohne Zurücklegen

Beim Lotto „6 aus 49" werden aus 49 durchnummerierten Kugeln zufällig sechs Kugeln gezogen und die Kugeln nach dem Ziehen nicht mehr zurückgelegt. Eine Zufallszahl darf also nur einmal auftreten. Gib eine Methode an, die das Ziehen von k Kugeln aus einer Urne mit n durchnummerierten Kugeln simuliert. Dabei soll das Feld der gezogenen Kugeln sortiert zurückgegeben werden. (Hinweis: Verwende den systeminternen Zufallszahlengenerator.)

7 Sieb des Eratosthenes

Das Sieb des Eratosthenes ist ein Algorithmus zur Bestimmung von Primzahlen. Primzahlen sind für die Verschlüsselung von Daten von großer Wichtigkeit. Die momentan eingesetzten Verfahren zur sicheren Datenübertragung, beispielsweise bei Banktransaktionen, machen von Primzahlen entscheidenden Gebrauch.
Das Sieb des Eratosthenes filtert alle Primzahlen p mit $1 < p \leq n$ auf folgende Weise:
    Generiere ein sortiertes Feld der Zahlen 2 bis n
    wiederhole so lange, bis alle Zahlen markiert sind
        wähle die kleinste nichtmarkierte Zahl und markiere sie
        lösche alle Vielfachen der soeben markierten Zahl
    Ende wiederhole

(ca. 284 – 202 v.Chr.), Vorsteher der Bibliothek von Alexandria

a) Führe den Algorithmus für n = 20 mit Papier und Bleistift durch.
b) Gib eine Methode an, die ein Feld mit allen Primzahlen p mit $p \leq n$ zurückgibt.

8 Datenbanken mit Feldern

Eine einfache Datenbank lässt sich mithilfe von Feldern realisieren. Für eine Datenbank mit n Datensätzen und k Attributen verwendet man dabei eine Klasse mit k Attributen, wobei jedes Attribut ein Feld der Länge n enthält.

a) Gib die Klassenkarte einer Datenbank für die Verwaltung der Daten deiner Freunde an. Die Datenbank soll neben Name und Adresse auch das Geburtsdatum, die Telefonnummer und die E-Mailadresse enthalten.

b) Setze die Klassenkarte in ein Programm um.

c) Gib eine Methode an, mit deren Hilfe ein Datensatz eingetragen werden kann.

d) Ein Datensatz soll gelöscht werden. Was ist zu beachten, damit die Datenbank möglichst kompakt bleibt?

e) Diskutiere die Nachteile der hier erstellten Datenbank. Welche Verbesserungen und Methoden wären auf jeden Fall nötig?

Info

Ein zweidimensionales Feld nennt man auch Matrix.

Zweidimensionale Felder

Für viele Probleme, wie z. B. die Berechnung der Binomialkoeffizienten (siehe Aufgabe 9), genügen eindimensionale Felder nicht und man benötigt eine zweidimensionale Struktur. In *Java* wird ein zweidimensionales Feld ganzer Zahlen beispielsweise folgendermaßen erzeugt und mit (zufälligen) Werten belegt:

```
int [][] zahlenrechteck = new int[10][20];
for (int i = 0; i < 10; i++) {
    for (int j = 0; j < 20; j++) {zahlenrechteck[i][j] = (int) (100*Math.random());}
}
```

Blaise Pascal (1623–1662) Im Jahre 1642 arbeitete er an der Konstruktion einer Rechenmaschine für die Addition und Subtraktion. Nach ihm wurden die Einheit des Druckes (1 hPa = 1 mbar) und eine Programmiersprache (Pascal; vgl. Seite 99) benannt.

9 Lotto, Pascal und ein Dreieck

Die Gewinnchancen beim Lotto „6 aus 49" sind außerordentlich klein: Einem einzigen Treffer stehen 13 983 815 Nieten entgegen. Zur Berechnung der Anzahl der Möglichkeiten, aus 49 durchnummerierten Kugeln 6 Kugeln zu ziehen, verwendet man den Binomialkoeffizienten, abgekürzt bin (49; 6).

1					
1	1				
1	2	1			
1	3	3	1		
1	4	6	4	1	
1	5	10	10	5	1
1	?	?	?	?	?

Fig. 1

Aus dem in Fig. 1 angegebenen Pascal'schen Dreieck lassen sich die Binomialkoeffizienten direkt ablesen: Beispielsweise ergibt sich für den Binomialkoeffizienten bin (5; 3) (Anzahl der Möglichkeiten, aus 5 durchnummerierten Kugeln 3 Kugeln zu ziehen) bin (5; 3) = 10. Dabei steht die erste Zahl (5) für die Zeile, die zweite (3) für die Spalte, wobei die Zählung mit der nullten Zeile bzw. der nullten Spalte beginnt.

a) Eine Zeile des Pascal'schen Dreiecks ergibt sich jeweils aus der vorhergehenden. Erläutere die Regel. Gib in Fig. 1 die nächste Zeile an.

b) Gib eine Klasse an, die die ersten n Zeilen des Pascal'schen Dreiecks berechnet. Beachte dabei, dass dieses Dreieck in ein zweidimensionales Feld mit n Zeilen und n Spalten eingebettet werden kann.

c) Gib eine Funktion an, die mithilfe der Lösung aus Teilaufgabe b) den Binomialkoeffizienten bin (n; k) berechnet.

d) In vielen anderen europäischen Ländern gibt es staatliche Lotterien. Allerdings unterscheiden sich diese von dem deutschen System: In Österreich tippt man „6 aus 45", in Italien „5 aus 90" und in Schweden „7 aus 35". In welchem Land ist die Wahrscheinlichkeit für den Hauptgewinn am größten?

Exkursion Eine kleine Geschichte der Programmiersprachen I

„Der Herr zerstreute sie von dort aus über die ganze Erde und sie hörten auf, an der Stadt zu bauen. Darum nannte man die Stadt Babel (Wirrsal), denn dort hat der Herr die Sprache aller Welt verwirrt, [...]"

So wird in Genesis 11, 8–9 die Sprachverwirrung der Stadt Babel beschrieben. Einen derartigen Eindruck hatte wohl auch J. Sammet, als er sein Buch über die Geschichte und die Grundlagen der Programmiersprachen schrieb, denn die Menge der momentan bekannten Programmiersprachen ist unüberschaubar. Man gewinnt tatsächlich den Eindruck, als wolle jemand die Informatiker durch Sprachvielfalt mit Verwirrung bestrafen.

Der babylonische Turm der Programmiersprachen (aus: J. Sammet in: Programming Languages: History and Fundamentals)

Dabei fing alles ganz einfach an: Die britischen Mathematiker Charles Babbage (1791–1871) und Ada Lovelace (1815–1852) wagten im Zusammenhang mit der Entwicklung einer automatischen Rechenmaschine die ersten zaghaften Schritte auf dem damals völlig unbekannten Gebiet der Programmiersprachen. Charles Babbage beschreibt seine Ideen selbst wie folgt:

„Eines Abends saß ich in den Räumen der Analytischen Gesellschaft in Cambridge, den Kopf in einer Art Wachtraum auf den Tisch gestützt und eine Logarithmentafel aufgeschlagen vor mir. Ein anderes Mitglied kam in den Raum, sah mich im Halbschlaf, und rief: ‚Babbage, sag, wovon träumst du?', worauf ich erwiderte: ‚Ich denke daran, dass all diese Tafeln (worauf ich auf die Logarithmen deutete) von einer Maschine berechnet werden könnten.'"

Derartige Ideen waren typisch für die Zeit des Charles Babbage. Es war die Zeit der Industrialisierung. Industrielle Arbeitsprozesse wurden in Teilschritte zerlegt und diese Teilschritte möglichst automatisiert durchgeführt. Babbage versuchte, dieses Prinzip auf Rechenprozesse zu übertragen. Jedoch gelang es ihm zu Lebzeiten nicht, ein funktionstüchtiges Exemplar seiner *Difference engine* und *Analytical engine* herzustellen. Der Ruhm des ersten Programms kommt nicht Babbage, sondern seiner Mitarbeiterin Ada Lovelace zu, die die *Analytical engine* ergänzte und einen schriftlichen Plan vorlegte, wie mit dieser Maschine die sogenannten Bernoulli-Zahlen zu berechnen sind. Damit hatte sie das erste Programm formuliert. Zu Ehren von Ada Lovelace, die bereits im Alter von 36 Jahren an Krebs starb, ist die Programmiersprache *Ada* benannt.

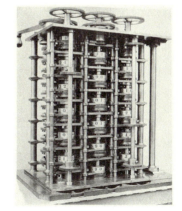

Difference engine von Charles Babbage, 1832

II Algorithmen und Programme

Exkursion Eine kleine Geschichte der Programmiersprachen

Nach diesen, damals vermutlich völlig unbeachteten, Arbeiten tat sich lange Zeit nichts. Der Sinn einer Verfeinerung der Beschreibungssprache, wie Ada Lovelace sie verwendete, war schwer einzusehen, denn derartige Ablaufpläne konnten in der Praxis nicht umgesetzt werden. Das änderte sich, als Konrad Zuse – mitten im Zweiten Weltkrieg – die erste programmgesteuerte Rechenmaschine, die Z3, entwickelte (1941) und in den folgenden Jahren eine Programmiersprache namens *Plankalkül* zur Steuerung dieser Maschine konzipierte (1941–1945). In den Wirren des Krieges konnte Zuse diese Sprache jedoch nicht realisieren. *Plankalkül* enthielt allerdings bereits Datenstrukturen, die erst 1968 bei der Entwicklung von *Algol 68* eingesetzt wurden. Obwohl *Plankalkül* historisch die erste höhere Programmiersprache darstellt, wurde diese Sprache erst 1998 von historisch interessierten Informatikern der FU Berlin realisiert. Nach dem Zweiten Weltkrieg entwickelten sich die Programmiersprachen dann jedoch stürmisch. Fig. 1 stammt aus dem Siemens-Nixdorf Museum in Paderborn und zeigt wichtige Sprachfamilien und deren Entwicklung seit 1945.

```
P327 Sort (V0[:m.s]) => R0[:m.s]
V0[:m.s] => Z0[:m.s]
W1(m-1) [ Z0[i+1:s] => Z1[:s]
i => Z2[:32.0]
W [ Z2 > -1 -> [
Z1[:s] < Z0[Z2[:32.0]:s] ->
[ Z0[Z2[:32.0]:s] => Z0[Z2[:32.0]+1:s]
Z2[:32.0] −1 => Z2[:32.0] ]
!( Z1[:s] < Z0[Z2[:32.0]:s]) ->
[ Z1[:s] => Z0[Z2[:32.0]+1:s]
FIN 3 ]
]
]
Z2[:32.0] = -1 -> Z1[:s] => Z0[:s]
]
Z0[:m.s] => R0[:m.s]
```

„Sortieren durch Einfügen" im *Plankalkül* von Konrad Zuse. Die Zuweisung erfolgt hier durch den Pfeil nach rechts.

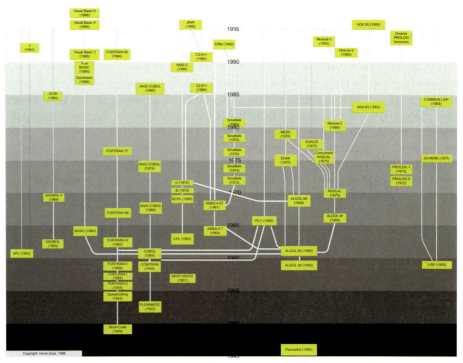

Fig. 1

Exkursion   Eine kleine Geschichte der Programmiersprachen I

FORTRAN und John Backus

Der Name *FORTRAN* ist eine Abkürzung von **FOR**mula **TRAN**slator. *FORTRAN* ist eine der wenigen Sprachen, die seit der ersten Version aus dem Jahre 1957 kontinuierlich weiterentwickelt wurde. *FORTRAN* wird vor allem für naturwissenschaftliche Fragestellungen im Bereich der Physik und Meteorologie nach wie vor eingesetzt. Für Klimamodelle und langfristige Wettermodelle ist *FORTRAN* die Standardprogrammiersprache.

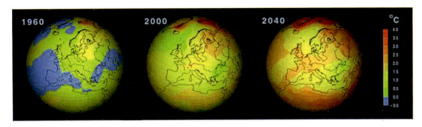

Entwickelt wurde *FORTRAN* unter Leitung von John Backus, einem der Pioniere der Informatik. Neben seinen Arbeiten zu *FORTRAN* entwickelte er die sogenannte Backus-Naur-Form (BNF) zur Beschreibung der Syntax von Programmiersprachen (vgl. Seite 33). Für seine Forschungen erhielt er 1977 den Turing-Award, der oft auch als Nobelpreis der Informatik bezeichnet wird. Von 1991 bis zu seinem Tode am 17. März 2007 zog er sich vollkommen aus der Informatik zurück und widmete sich intensiv religiösen Lehren aus dem Bereich des Hinduismus. Bezeichnend für die letzte Phase seines Lebens ist folgendes Zitat über das Verhältnis von Wissenschaft und Religion:
„Die meisten Wissenschaftler sind Wissenschaftler, weil sie Angst vor dem Leben haben. Es ist wundervoll, in der Wissenschaft erfinderisch zu sein, in einem Rahmen, in dem man sich nicht mit Leuten herumärgern und unter Beziehungen leiden muss. Es ist wundervoll da draußen in der aseptischen Welt, in der es keinen Schmerz gibt. Doch irgendwann muss man in sein Inneres schauen und die Angst besiegen. Dafür gibt es keine Programme und auch keine besonders guten Theorien."

John Backus (1924 – 2007)

Cobol und Grace Hopper

Cobol ist eine Abkürzung von **CO**mmon **B**ussiness **O**riented **L**anguage. Die Sprache war neben *FORTRAN* eine der ersten Programmiersprachen überhaupt. Nach wie vor ist *Cobol* jedoch eine der am weitesten verbreiteten Programmiersprachen. Man schätzt, dass noch heute ca. 90 % aller Softwaresysteme im Bankbereich und ca. 75 % aller Anwendungen zur Abwicklung von Geschäftsprozessen in *Cobol* geschrieben sind. Als Mutter von *Cobol* darf man wohl Grace Hopper (vgl. Seite 76) bezeichnen. Sie entwickelte diese Sprache in den 60er-Jahren. Neben der Leidenschaft für Programmiersprachen hatte Grace Hopper auch eine vermutlich ebenso große für die Marine. Bereits im Zweiten Weltkrieg war sie dort aktiv und programmierte Feuertabellen für neue Raketensysteme. Als sie 1966 als Reserveoffizier entlassen wurde, bezeichnete sie dies als den schlimmsten Tag ihres Lebens. Den Vietnamkrieg 1967 wiederum sah sie als ihre Rettung an, wurde sie doch wieder eingezogen, um die zahlreichen Programmiersprachen der US-Marine zu vereinheitlichen. Grace Hopper ist übrigens für das „Y2K-Problem" verantwortlich, ein Problem, das durch die interne Behandlung von Jahreszahlen als zweistellige Angabe entstanden ist. Es war ihre Entscheidung, die Jahreszahlen in *Cobol* auf zwei Stellen zu beschränken. Niemals konnte sie sich Mitte der 60er-Jahre vorstellen, dass *Cobol*-Programme noch im nächsten Jahrtausend von einem Großteil der Systeme verwendet werden würden.

Grace Murray Hopper (1906 –1992) mit einem frühen Rechner

In „Y2K" steht das „Y" für Year, das „K" für kilo, sodass „Y2K" für „Jahr 2000" steht.

Exkursion   Kleine Fehler, große Auswirkungen

Mit fehlerhafter Software hat wohl jeder schon seine eigenen Erfahrungen gemacht. Beim Start eines neuen Programms stürzt der Rechner plötzlich ab, das neue Computerspiel lässt sich erst nach der Installation eines Patches (Korrekturprogramms) starten oder das Betriebssystem meldet einen „schweren Ausnahmefehler". Was für den Heimanwender meist nerven- und zeitraubend ist und oft mit Datenverlust einhergeht, kann woanders noch fatalere Auswirkungen haben, wie folgende Beispiele illustrieren.

Als Erster Golfkrieg wird der Krieg zwischen dem Irak und dem Iran von 1980 bis 1988 bezeichnet.

Während des Zweiten Golfkrieges verfehlte am 25. Februar 1991 eine Patriot-Abwehrrakete der in Dharan (Saudi-Arabien) stationierten amerikanischen Streitkräfte eine ankommende irakische Scud-Rakete, welche daraufhin einschlug, 28 Soldaten tötete und etwa 100 weitere verletzte. Als Ursache für den misslungenen Abwehrversuch wurde ein Softwarefehler ausgemacht: die interne Zeitsteuerung des Verteidigungssystems rechnete in Zehntelsekunden.

Um die Zeit in Sekunden zu erhalten, wurde die interne Uhr mit $\frac{1}{10}$ multipliziert. Hierbei ergab sich ein Rundungsfehler, der auf den ersten Blick zwar sehr klein war, sich bei zu langer Laufzeit des Systems jedoch sehr auf die Treffergenauigkeit auswirkte (vgl. Exkursion auf Seite 77).

Am 4. Juni 1996 wollte die European Space Agency (ESA) eine unbemannte Rakete, die Ariane 5, für wissenschaftliche Zwecke von Französisch Guyana aus ins All schicken. Mit an Bord waren vier teure Satelliten, welche zur Erforschung der Magnetosphäre bestimmt waren. 39 Sekunden nach dem Start zerstörte in einer Höhe von knapp vier Kilometern der Selbstzerstörungs-Mechanismus die ca. 500 Millionen Dollar teure Rakete und Satelliten und mit ihnen die Hoffnungen und Träume der Wissenschaftler.

Was war passiert? Nach genau 36,7 Sekunden stürzte der Bordcomputer ab, als er versuchte, den Wert der horizontalen Geschwindigkeit der Rakete von einer 64-Bit-Gleitkommadarstellung in eine 16-Bit signed Integer umzuwandeln. (16-Bit signed: −32768, …, 32767, unsigned: 0, …, 65535). Die berechnete Zahl war jedoch größer als $2^{15} = 32768$ und erzeugte so einen Überlauf, der nicht abgefangen wurde. Der Ersatzrechner hatte das gleiche Problem schon einige Millisekunden früher (es lief die gleiche Software) und schaltete sich sofort ab, was zur Folge hatte, dass Diagnose-Daten zum Hauptrechner geschickt wurden, die dieser fälschlicherweise als Flugbahndaten interpretierte. Folglich wurden zur (unnötigen und abrupten) Kurskorrektur Steuerbefehle an die seitlichen, schwenkbaren Feststoff-Triebwerke sowie an das Haupttriebwerk gegeben. Da die aerodynamischen Kräfte bei einer derart radikalen Flugroutenänderung zu groß waren, drohte die Rakete auseinanderzubrechen, worauf die Selbstzerstörung ausgelöst wurde.

Exkursion   Kleine Fehler, große Auswirkungen

Der Schaden belief sich auf mehrere hundert Millionen Dollar, den Zeit- und Imageverlust nicht eingerechnet. Dabei wäre der Fehler leicht vermeidbar gewesen, insbesondere, da das Programm für den eigentlichen Flug nicht gebraucht, sondern nur für die Startvorbereitungen benötigt wurde. Hauptfehler war, dass man nicht damit rechnete, dass die Ariane 5 schneller war als die Ariane 4, von der die Software ursprünglich stammte. Damals funktionierte sie problemlos und wurde mehrfach getestet, weswegen ein erneuter intensiver Test des Navigations- und Hauptrechners nicht unternommen wurde. Der Überlauf wurde auch nicht abgefangen, da Berechnungen existierten, dass die Werte klein genug bleiben würden. Dies galt jedoch nur für die Ariane 4, für die Ariane 5 wurden diese Beweise fatalerweise nicht nachvollzogen.

Ein weiteres tragisches Beispiel betrifft den medizinischen Linearbeschleuniger Therac-25, ein Gerät zur Anwendung in der Strahlentherapie bei bösartigen Tumoren. Durch Fehler in der Software und mangelnde Qualitätssicherung wurden im Zeitraum 1985–1987 mehrere Patienten mit einem Vielfachen der maximal erlaubten Dosis bestrahlt, was drei von ihnen mit dem Leben bezahlten und weitere drei schwer verletzte.

Vergleiche hierzu auch Seite 101.

Auch verschiedene Banken hatten mit Softwareproblemen zu kämpfen. Die Bank of America beispielsweise beschloss 1982, ein neues System („MasterNet") zur Verwaltung ihrer Treuhänderkonten entwickeln zu lassen. Für die Entwicklung wurden zwei Jahre veranschlagt. Als das System schließlich 1987 vollständig ans Netz ging, gab es Fehler über Fehler (Abstürze, Fehlbuchungen, Zeitverzögerungen bei Zinszahlungen usw.). Nach zehnmonatigem Einsatz gab man das Projekt schließlich auf. Neben dem direkten Verlust von 80 Millionen US-Dollar durch Entwicklungskosten und Überziehungszinsen wird mit einem indirekten Geschäftsverlust von 1,5 Milliarden US-Dollar gerechnet, nachdem viele Investoren der Bank den Rücken zugekehrt haben.
Zu Beginn des Online-Bankings war es bei einigen Banken möglich, über die betreffenden Webseiten Zugriff auf die Daten oder Konten anderer Nutzer zu erhalten. Die Kunden der Postbank konnten Anfang 2002 ohne Geheimzahl mit ihrer SparCard unbegrenzt Geld abheben.
Die New Yorker Börse hatte am 19.10.1987 den zweitschlechtesten Handelstag ihrer Geschichte („schwarzer Montag"), als der Dow Jones Industrial Average aufgrund von Computerproblemen innerhalb weniger Stunden 22,6 % einbüßte.

Die New York Stock Exchange ist die weltgrößte Wertpapierbörse und in der Wall Street beheimatet.

Viel harmloser als befürchtet verlief der Jahrtausendwechsel. Der „Millenniums-Bug" (Y2K-Bug) verursachte nur wenige Probleme, unter anderem auch, da weltweit etwa 1,2 Milliarden US-Dollar in die Korrekturen der Software investiert wurden. Nur in Gambia gab es flächendeckende Stromausfälle und Computerabstürze im Verkehrs- und Finanzwesen.

II Algorithmen und Programme

Exkursion Kleine Fehler, große Auswirkungen

Es gibt noch unzählige Beispiele, in denen kleine Fehler große Probleme auslösten, die teilweise beinahe in einer Katastrophe endeten. Manche klingen auf den ersten Blick eher belustigend, für die betreffenden Unternehmen sind sie jedoch meist ein finanzielles Desaster. So wurde in Denver bei der Neueröffnung des Flughafens eine High-Tech-Gepäckverteilungsanlage eingeführt. Diese entpuppte sich jedoch als absolutes Debakel: Gepäckstücke gingen verloren, wurden zerquetscht, sollten auf Wagen geworfen werden, die aber noch gar nicht bereitstanden, Wagen fielen aus den Fahrspuren heraus usw. Immer wieder musste nachgebessert werden. In der Zwischenzeit wurde wieder von Hand sortiert. Hauptproblem war eine Überlastung des Netzwerks. Das System bestand aus 150 Rechnern, 4000 Wagen, 5000 Sensoren und über 50 Barcode-Lesern, die Schienen erstreckten sich dabei auf einer Strecke von 34 km Länge. Die Software war mit einer derart komplexen Anlage schlichtweg überfordert. Die Gesamtkosten beliefen sich schließlich auf 5,2 Milliarden US-Dollar, 3,2 Milliarden mehr als geplant.

Viele weitere solche Geschichten findet man im Internet, beispielsweise auf den Webseiten von Dr. Thomas Huckle, Professor für Informatik an der TU München.

Admiral Grace Murray Hopper (1906–1992)

Es bleibt noch zu klären, woher der Name Software-Bug eigentlich kommt. Es wird behauptet, „Bug" stamme aus der Zeit, als Käfer und andere Insekten in großen Rechneranlagen die Funktionsweise der Relais störten und so Kurzschlüsse verursachten. Tatsächlich wurde das Wort bereits im 19. Jahrhundert für kleine Fehler in der Elektrik oder Mechanik verwendet, beispielsweise bei Störungen in der Telefonleitung. Zugesprochen wird die Bezeichnung der Amerikanerin Grace Hopper, einer Informatikerin und Konteradmiralin der US Navy Reserve (vgl. auch Seite 73). Während der Arbeiten an einem vollständig aus elektromechanischen Bauteilen bestehenden Rechner Mitte der Vierzigerjahre hatte eine Motte für den Ausfall eines Relais gesorgt. Die Computerpionierin klebte die tote Motte in das Logbuch und trug folgenden Satz ein: First actual case of bug being found. Man kann davon ausgehen, dass das Debugging, also das Finden und Beseitigen von Programmfehlern, hier seine Wurzeln hat.

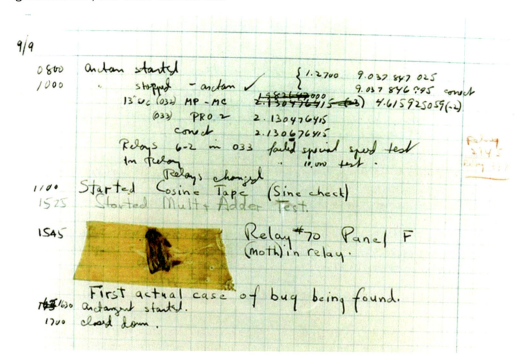

Exkursion The Patriot Missile Failure

Wie kam es dazu, dass die amerikanische Patriot-Rakete, wie auf Seite 74 beschrieben, ihr Ziel verfehlte? Zuerst muss man sich an dieser Stelle die Binärdarstellung von Brüchen ansehen, da der Computer intern nur im Zweiersystem rechnen kann.

Zehnersystem: ... 10^3 10^2 10^1 10^0 , 10^{-1} 10^{-2} 10^{-3} ...   Binärsystem: ... 2^3 2^2 2^1 2^0 , 2^{-1} 2^{-2} 2^{-3} ...

Zum Zweiersystem sagt man auch Binärsystem oder Dualsystem.

Die Zahl 13 im Zehnersystem $(1 \cdot 10^1 + 3 \cdot 10^0)$ beispielsweise wird im Binärsystem als 1101 $(1 \cdot 2^3 + 1 \cdot 2^2 + 0 \cdot 2^1 + 1 \cdot 2^0 = 8 + 4 + 1)$ dargestellt, also $13_{10} = 1101_2$.

1 a) Wandle ins Binärsystem um: 32; 77; 100; 317.
b) Wie lauten die Binärzahlen 1001; 11010; 111111; 11001100 im Zehnersystem?

Bei den Stellen nach dem Komma funktioniert das Verfahren analog. So ist $\frac{1}{2}$ beispielsweise $1 \cdot 2^{-1}$, entspricht also 0,1 im Binärsystem. Ebenso gilt $\left(\frac{1}{4}\right)_{10} = (0{,}01)_2$, $\left(\frac{1}{8}\right)_{10} = (0{,}001)_2$ usw. Dies hat zur Folge, dass endliche Dezimalbrüche oft unendlich-periodische Dualbrüche sind und deswegen nur genähert dargestellt werden können.

Versucht man etwa, den Bruch $\frac{1}{10}$ des Zehnersystems im Dualsystem darzustellen, also als Summe von Zweierpotenzen, so erhält man:

$\frac{1}{2} > \frac{1}{10}$ $\quad\Longrightarrow\quad 0 \cdot 2^{-1}$ $\qquad$ $\frac{3}{32} + \frac{1}{64} = \frac{7}{64} > \frac{1}{10}$ $\quad\Longrightarrow\quad 0 \cdot 2^{-6}$

$\frac{1}{4} > \frac{1}{10}$ $\quad\Longrightarrow\quad 0 \cdot 2^{-2}$ $\qquad$ $\frac{3}{32} + \frac{1}{128} = \frac{13}{128} > \frac{1}{10}$ $\quad\Longrightarrow\quad 0 \cdot 2^{-7}$

$\frac{1}{8} > \frac{1}{10}$ $\quad\Longrightarrow\quad 0 \cdot 2^{-3}$ $\qquad$ $\frac{3}{32} + \frac{1}{256} = \frac{25}{256} < \frac{1}{10}$ $\quad\Longrightarrow\quad 1 \cdot 2^{-8}$

$\frac{1}{16} < \frac{1}{10}$ $\quad\Longrightarrow\quad 1 \cdot 2^{-4}$ $\qquad$ $\frac{25}{256} + \frac{1}{512} = \frac{51}{512} < \frac{1}{10}$ $\quad\Longrightarrow\quad 1 \cdot 2^{-9}$

$\frac{1}{16} + \frac{1}{32} = \frac{3}{32} < \frac{1}{10}$ $\quad\Longrightarrow\quad 1 \cdot 2^{-5}$ $\qquad$ usw.

$\frac{1}{16} + \frac{1}{32} + \frac{1}{512} + \frac{1}{1024} + \ldots = 0 \cdot 2^{-1} + 0 \cdot 2^{-2} + 0 \cdot 2^{-3} + 1 \cdot 2^{-4} + 1 \cdot 2^{-5} + \ldots$

Also gilt $(0{,}1)_{10} = (0{,}000110011001100\ldots)_2 = (0{,}0\overline{0011})_2$.

2 a) Welche Dezimalzahl wird durch den Dualbruch 0,10101 dargestellt?
b) Wie lautet der Dualbruch zu $\frac{2}{9}$?

Zum Abfangen sich nähernder Scud-Raketen verwendete das Patriot-System den „Range-Gate-Algorithmus". Während die interne Uhr die verstrichene Zeit in Zehntelsekunden als Integer zählte, wurde die Geschwindigkeit in einer Fließkommazahl angegeben. Um beide Werte miteinander verrechnen zu können, wurde die Zeit mit $\frac{1}{10}$ multipliziert, um so Sekunden zu erhalten. Hierfür standen jedoch nur 24-Bit-Speicher zur Verfügung, d.h., die Binärdarstellung für $\frac{1}{10}$ war der gerundete Wert 0,000110011001100110011001100, welcher einen Fehler von 0,0000000000000000000000001100, also im Zehnersystem etwa $9{,}5 \cdot 10^{-8}$ hat. Die Zeitangabe weicht bei der Umrechnung einer Zehntelsekunde in Sekunden folglich um $9{,}5 \cdot 10^{-8}$ s von der Realität ab.

3 Wie groß ist die Abweichung nach 100 Betriebsstunden?

4 Eine Scud-Rakete bewegt sich mit einer Geschwindigkeit von 3750 mph = 6034 $\frac{km}{h}$. Wie weit fliegt sie während des in Aufgabe 3 berechneten Zeitraums?

Rückblick

Definition von Klassen
Jede Klasse muss mit einem eindeutigen Bezeichner versehen werden, z. B. die Klasse RECHTECK, welche rechts im Beispiel die Struktur für achsenparallele Rechtecke vorgibt. Sie beinhaltet:
- die **Deklaration von Attributen** mit jeweiliger Angabe des Zugriffsmodifikators, des Datentyps und Attributbezeichners, z. B. die Attribute für die Eckpunkte des Rechtecks und die Farbe;
- die **Definition von Methoden** mit jeweiliger Angabe des Zugriffsmodifikators, des Typs des Rückgabewertes, des Methodenbezeichners und in Klammern die Angabe eventueller Eingabeparameter mit jeweiligem Typ (Methodenkopf). Beispiele sind die Methode *verschieben* (ohne Rückgabewert und mit zwei Eingabeparametern) bzw. die Methode *breite*, die als Ergebnis eine Zahl vom Typ `int` zurückgibt.

Der Methodenrumpf beschreibt den Algorithmus, der nach dem Aufruf der Methode ausgeführt wird. Dabei können innerhalb der Methodendefinition ebenso auch Methodenaufrufe stehen, z. B. werden in der Methode *umfang* die Methoden *breite* und *länge* aufgerufen.

Der **Konstruktor** ist eine spezielle Methode ohne Rückgabewert, der bei der Erzeugung neuer Objekte aufgerufen wird. Konstruktoren haben denselben Bezeichner wie die Klasse.

Wertzuweisung
Wertzuweisungen dienen der direkten Änderung eines Attribut- oder Variablenwertes. Der bisherige Wert geht dabei verloren. Sie haben in *Java* die Form *Bezeichner = Term*.

Anlegen und Löschen von Objekten
Zur Laufzeit eines Programms werden Programmobjekte angelegt. Dies geschieht mithilfe von Konstruktormethoden, die z. B. sinnvolle Anfangswerte für die Attribute setzen. Im Beispiel werden im Konstruktor *Rechteck* die Anfangswerte für die Koordinaten der Eckpunkte P(0, 0) und Q(10, 10) und die Farbe *rot* gesetzt. Das Löschen von Objekten geschieht z. B. in *Java* automatisch.

Implementieren von Algorithmen
Jedes Programm stellt Kontrollstrukturen zur Implementierung der algorithmischen Strukturelemente zur Verfügung: Sequenz, Wiederholung mit fester Anzahl (z. B. in der Methode *dinA_Setzen*) bzw. bedingte Wiederholung, bedingte Anweisung und Alternative (z. B. in der Methode *istQuadrat*).

Felder
Ein Feld fasst Elemente mit dem gleichen Datentyp zusammen. Über einen Index kann auf jedes Feldelement zugegriffen werden. In der Methode *dinA_Setzen* werden z. B. die ersten k Standardlängen bzw. -breiten für die Papierformate in mm berechnet und die Rechteckmaße in das DIN-A-k-Format gesetzt.

Java

```java
public class Rechteck {

// Attribute
  private int px,py,qx,qy;
  private String farbe;
  int[] dinA_laenge;
  int[] dinA_breite;

// Methoden
  public Rechteck() {
     px = 0; py = 0;
     qx = 10; qy = 10;
     farbe = "rot";
  }

  public void farbeSetzen(
            String neueFarbe) {
     farbe = neueFarbe;
  }

  public void verschieben(
            int dx, int dy) {
     px = px + dx; py = py + dy;
     qx = qx + dx; qy = qy + dy;
  }

  public int laenge() {
     return Math.abs(qx - px);
  }

  public int breite() {
     return Math.abs(qy - py);
  }

  public int umfang() {
     return 2*(breite() + laenge());
  }

  public int flaecheninhalt() {
     return laenge()*breite();
  }

  public void istQuadrat() {
     if (laenge() == breite()) {
       System.out.print("Quadrat");
     }
     else {
       System.out.print("Kein
                   Quadrat");
     }
  }

  public void dinA_Setzen(int k) {
     int[] dinA_laenge = new int[k+1];
     int[] dinA_breite = new int[k+1];
     dinA_laenge[0] = 1189;
     dinA_breite[0] = 841;
     for (int i = 1; i < k + 1; i++) {
       dinA_laenge[i] =
                 dinA_breite[i-1];
       dinA_breite[i] =
                 dinA_laenge[i-1]/2;
     }
     qx = px + dinA_laenge[k];
     qy = py + dinA_breite[k];
  }
}
```

Training

1 Quadratische Funktionen II
Betrachte die Klasse QUADRATFUNKTION der Funktionen $f(x) = ax^2 + bx + c$.
a) Implementiere die Klasse wie in Fig. 1 angegeben und verzichte mit Ausnahme des Konstruktors zunächst auf Methoden. Im Konstruktor sollen die Attribute a, b und c gesetzt werden.
b) Implementiere die Funktion *funktionswertBerechnen*, welche den zugehörigen Funktionswert zurückgibt.
c) Implementiere die Methoden *koeffSetzen*, *scheitelBestimmen* sowie *anzahlNullstellenBestimmen*.
d) Erweitere die Klasse um ein Attribut, das die Nullstellen der quadratischen Funktion enthält sowie um eine Funktion, die diese berechnet. Die Nullstellen sollen dabei in einem Feld geeigneter Länge abgelegt werden. (Sobald die Koeffizienten neu gesetzt werden, muss auch die Nullstellenberechnung erneuert werden!)

QUADRATFUNKTION
a
b
c
scheitelX
scheitelY
anzahlNullstellen
anzahlNullstellenBestimmen()
koeffSetzen(a2, b2, c2)
scheitelBestimmen()
funktionswertBerechnen(x)

Fig. 1

2 Allgemeine Wurzelberechnung durch Intervallschachtelung
Das Problem der allgemeinen Wurzel, d.h. die Lösung der Gleichung $x^n = a$, wurde bereits von den Pythagoreern in der griechischen Antike analysiert. Die Entdeckung, dass die Lösungen derartiger Gleichungen irrational sein können, führte im Kreis der Pythagoreer zu heftigen Auseinandersetzungen, da sie glaubten, es könne nur rationale Zahlen geben. Durch Intervallschachtelung sind Gleichungen der Form $x^n = a$ näherungsweise nach folgendem Verfahren lösbar: Man wählt eine untere Grenze u_1 und eine obere Grenze o_1 derart, dass $u_1^n < a$ und $o_1^n > a$. Anschließend berechnet man das arithmetische Mittel m_1 von u_1 und o_1. Wenn $m_1^n \leq a$, dann wird m_1 die neue untere Grenze u_2; o_2 übernimmt den Wert von o_1. Wenn $m_1^n > a$, dann wird m_1 die neue obere Grenze o_2 und u_2 übernimmt den Wert von u_1. Durch Fortsetzung des Verfahrens und Bildung neuer oberer und unterer Grenzen wird die Näherung der n-ten Wurzel von a schrittweise verbessert.
a) Übersetze das beschriebene Verfahren in einen Algorithmus, der elementare Anweisungen, Sequenzen, Alternativen und Wiederholungen in natürlicher Sprache enthält.
b) Implementiere den Algorithmus als Funktion mit den erforderlichen Argumenten; die Schachtelungstiefe soll dabei beim Funktionsaufruf festgelegt werden.
c) Erweitere die Funktion derart, dass die Genauigkeit der Rechnung beim Funktionsaufruf definiert werden kann.

Büste des Pythagoras Kapitolinische Museen, Rom

3 Notenverwaltung
Es soll eine Mini-Notenverwaltung für deine Informatik-Zensuren erstellt werden.
a) Definiere eine Klasse NOTEN, welche bis zu zehn Schulnoten verwalten können soll. Dafür sollen nur zwei globale Attribute verwendet werden: die Zensuren sollen in einem Feld *note* der Länge 10 gespeichert werden. Ein Attribut *anzahl* soll die Anzahl der momentan vorhandenen Noten enthalten.
b) Implementiere den Konstruktor, der ein leeres Feld erzeugt und das Attribut *anzahl* auf null setzt.
c) Ergänze die Klasse um eine Methode, welche in das erste freie Feldelement die übergebene Note einträgt und das Attribut *anzahl* um eins erhöht. Die Methode soll außerdem überprüfen, ob der übergebene Zahlenwert zwischen 1 und 6 liegt und eine Fehlermeldung ausgeben, wenn bereits zehn Noten eingegeben wurden, das Feld also voll ist.
d) Implementiere eine weitere Methode, die aus den vorhandenen Noten den Durchschnitt berechnet und zurückgibt.
e) Implementiere eine Methode, welche die eingegebene Note an der Stelle i liefert.
f) Vervollständige die Klasse mit einer Methode, die die Note an der Stelle i ändert.

Lösungen auf den Seiten 176–178

Lernvoraussetzungen

- Zustandsdiagramme ohne Bedingungen erstellen
- Algorithmen in *Java* implementieren

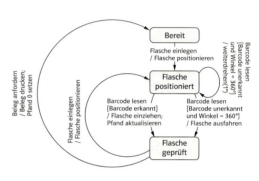

Joachim Patinir: Überfahrt in die Unterwelt

III Zustandsmodellierung

Automaten treten in Aktion

Computer sind wie Embryos im Bauch. Sie wiederholen bei jedem Neustart die gesamte Schöpfungsgeschichte der Software.

Sir Charles Antony Richard Hoare (1934), britischer Informatiker*

Geburt und Tod eines Sterns

Lernziele

- Automaten durch Zustandsdiagramme beschreiben
- Zustandsdiagramme durch Programme simulieren
- Mehrfache Fallunterscheidung anwenden

1 Endliche Automaten

▬ Beschreibe die Zubereitung einer Kanne Kaffee mithilfe einer Kaffeemaschine durch ein Zustandsdiagramm. Gib dabei für jeden Zustandsübergang möglichst genau an, durch welche Aktion er ausgelöst wird und welches Objekt (inklusive des Benutzers der Maschine) diese Aktion ausführt. Beschreibe zusätzlich alle Aktionen, die ihrerseits durch Zustandsübergänge ausgelöst bzw. gleichzeitig mit diesen gestartet werden, wie z. B. das Ausschalten der Heizung nach dem vollständigen Durchlauf des Kaffeewassers. ▬

Bisher haben wir bei Zustandsdiagrammen an den Übergängen jeweils nur die Aktion aufgeführt, die den Übergang auslöst. In vielen Fällen benötigt man jedoch auch die Beschreibung von Aktionen, die zeitgleich mit dem Übergang gestartet werden. Man bezeichnet sie als **ausgelöste Aktionen**.

Ausgelöste Aktionen im Zustandsdiagramm
Beispiele für ausgelöste Aktionen findet man in Fig. 1, die das Zustandsdiagramm eines (vereinfachten) Aufzugs zeigt, der zwischen drei Stockwerken (UG, EG und OG) verkehrt. Der Aufzug soll von jedem Stockwerk aus mit einem Knopf angefordert werden können. In der Aufzugskabine kann man wiederum für jedes Stockwerk einen bestimmten Knopf drücken, was wir ebenfalls als *Stockwerk anfordern* bezeichnen. Die auslösenden Aktionen bestehen hier also im Drücken eines der sechs Anforderungsknöpfe, die ausgelösten Aktionen in der Bewegung des Fahrstuhls zum angeforderten Stockwerk. Die ausgelösten Aktionen werden durch die Methoden *hochfahren* bzw. *herunterfahren* dargestellt, die als Parameterwert die Anzahl der überwundenen Stockwerke erwarten.

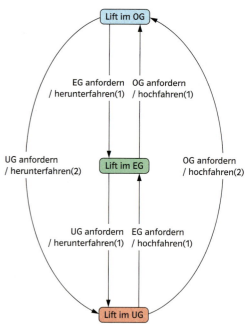

Fig. 1

Endliche Automaten
Mit dieser Art von Zustandsdiagrammen kann man eine bestimmte Sorte von Automaten beschreiben, die man als **endliche Automaten** bezeichnet. Damit kann man zwar sehr viele Systeme modellieren, jedoch nicht alle, die von Computern simuliert werden können. Zur Beschreibung aller von Computern simulierbarer Systeme benötigt man als weiteres Element noch bedingte Zustandsübergänge, die ab Seite 90 behandelt werden.

Zustandsübergangstabelle*
Neben Zustandsdiagrammen kann man die Funktionsweise endlicher Automaten auch durch **Zustandsübergangstabellen** darstellen, deren Zellen jeweils einen Zustandsübergang beschreiben (Tab. 1).
In der Kopfzeile steht die Aktion, die den Übergang auslöst, in der Spalte ganz links neben einer Zelle der Ausgangszustand des Übergangs. In der Zelle selbst notiert man die ausgelöste Aktion sowie den Zielzustand des Übergangs.

auslösende Aktion / Ausgangszustand	OG anfordern	EG anfordern	UG anfordern
Lift im OG	keine Aktion; Lift im OG	herunterfahren(1); Lift im EG	herunterfahren(2); Lift im UG
Lift im EG	hochfahren(1); Lift im OG	keine Aktion; Lift im EG	herunterfahren(1); Lift im UG
Lift im UG	hochfahren(2); Lift im OG	hochfahren(1); Lift im EG	keine Aktion; Lift im UG

Tab. 1

Implementieren von endlichen Automaten
Man implementiert einen Automaten durch ein spezielles Objekt. Ein bestimmter Zustand dieses Programmobjektes wird (wie bei allen Objekten) durch eine bestimmte Kombination von Werten seiner Attribute definiert. Zur Feststellung des jeweiligen Zustands müsste man daher eigentlich die Werte aller Attribute abfragen. Zudem haben die simulierten Automaten meist wesentlich weniger Zustände als die entsprechenden Programmobjekte (vgl. Seiten 26 und 27), d.h., für die Zustände der simulierten Automaten werden häufig nicht alle Attribute bzw. nicht alle ihre möglichen Werte benötigt. Daher ist es oft sehr praktisch, ein spezielles Attribut *zustand* zu verwenden, dessen Wert genau den jeweiligen Zustand des simulierten Automaten beschreibt.

Verhalten je nach Zustand
Wie die Zustandsübergangstabelle deutlich macht, löst eine bestimmte Aktion je nach Ausgangszustand oft unterschiedliche Übergänge bzw. Aktionen aus. Beim Lift aus Tab. 1 bewirkt beispielsweise die Aktion *EG anfordern* im Zustand *Lift im OG*, dass dieser nach unten fährt, während dieselbe Aktion im Zustand *Lift im UG* eine Bewegung nach oben auslöst. Die zentrale Struktur bei der Implementierung von Automaten besteht daher sinnvollerweise aus einer **Fallunterscheidung** über die aktuellen Zustände, die zunächst mithilfe geschachtelter bedingter Anweisungen implementiert wird (Fig. 1).

Java

```java
public class Fahrstuhl {
   private String zustand;
   ...
   public void zustandWechseln(String eingabe) {
      if (zustand == "Lift im UG") {
         if (eingabe == "EG") {hochfahren(1); zustand = "Lift im EG";}
         if (eingabe == "OG") {hochfahren(2); zustand = "Lift im OG";}
      }
      else if (zustand == "Lift im EG") {
         if (eingabe == "OG") {hochfahren(1); zustand = "Lift im OG";}
         if (eingabe == "UG") {herunterfahren(1); zustand = "Lift im UG";}
      }
      else if (zustand == "Lift im OG") {
         if (eingabe == "EG") {herunterfahren(1); zustand = "Lift im EG";}
         if (eingabe == "UG") {herunterfahren(2); zustand = "Lift im UG";}
      }
      System.out.println("Neuer Zustand: " + zustand);
   }
}
```

Die Aktion OG anfordern *würde hier durch den Methodenaufruf* zustandWechseln("OG") *simuliert.*

Auf die Schachtelung der bedingten Anweisungen bezüglich der Eingabe kann hier verzichtet werden, weil sich der Wert der Variablen eingabe *innerhalb eines Aufrufs der Methode* zustandWechseln *nicht ändern kann.*

Fig. 1

Die Methode zur Fallunterscheidung über die Zustände darf je Zustandswechsel nur einmal durchlaufen werden. Daher müssen die bedingten Anweisungen unbedingt geschachtelt werden. Andernfalls würde z. B. bei einem Übergang vom Zustand *Lift im EG* auf *Lift im OG* im selben Aufruf der Methode *zustandWechseln* der Fall *Zustand = Lift im OG* unmittelbar nach Ausführung des ersten Falls abgearbeitet werden. Diese Methode würde also bei einem Aufruf zwei Zustandsübergänge auslösen.

> **Endliche Automaten** werden durch Zustandsdiagramme beschrieben, die eine endliche Anzahl von Zuständen enthalten und an deren Übergängen neben auslösenden auch ausgelöste Aktionen stehen können. Es gibt jedoch Systeme, die mithilfe von Algorithmen simuliert, aber nicht durch endliche Automaten dargestellt werden können.

Aufgaben

1 Elektrische Zahnbürste
Eine elektrische Zahnbürste lässt sich als Automat mit genau zwei Zuständen darstellen: *bereit* und *läuft* (oder *aus* und *an*). Die auslösende Aktion ist der An-/Ausknopf, die ausgelöste Aktion das Laufen bzw. Stoppen des Motors.
a) Zeichne das Zustandsdiagramm.
b) Gib die zugehörige Zustandsübergangstabelle an.
c) Ergänze das Zustandsdiagramm um einen dritten Zustand *lädt*, in dem sich der Automat befindet, wenn der Akku der Zahnbürste in der Ladestation aufgeladen wird. Welche auslösende Aktion führt in diesen Zustand?
d) Definiere die Klasse E_ZAHNBÜRSTE, die das Verhalten der Zahnbürste simuliert.

2 Rasierapparat
Betrachte und erläutere das in Fig. 1 angegebene Modell eines Rasierers. Gib die zugehörige Zustandsübergangstabelle an und setze das Modell objektorientiert um.

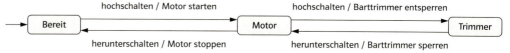

Fig. 1

Tipp zu Aufgabe 3d):
Betrachte den Fehlerzustand F.

3 Tresor
Die in Fig. 2 angegebene Zustandsübergangstabelle stellt die möglichen Abläufe bei der PIN-Eingabe eines dreistelligen Codes zum Öffnen eines einfachen Tresors dar.
a) Zeichne das zugehörige Zustandsdiagramm. Bei welcher PIN öffnet sich der Tresor?
b) Ergänze in Tabelle und Diagramm jeweils sinnvolle ausgelöste Aktionen.
c) Warum lässt sich der Tresor nach diesem Modell nicht mehrfach öffnen? Verändere Tabelle und Diagramm so, dass sich das PIN-Pad nach dem Schließen des Tresors automatisch wieder in den Startzustand versetzt.
d) Worin siehst du ein weiteres Problem des Tresors? Wie würdest du das Problem beheben?

	0	1	2	3	4	5	6	7	8	9
S (Start)	F	F	F	F	F	F	F	1	F	F
F (Fehler)	F	F	F	F	F	F	F	F	F	F
1 (PIN 1 OK)	F	2	F	F	F	F	F	F	F	F
2 (PIN 2 OK)	3	F	F	F	F	F	F	F	F	F
3 (Offen)	3	3	3	3	3	3	3	3	3	3

Fig. 2

4 Klingelt's? II

Auf Seite 28 wurde das Zustandsdiagramm in Fig. 1 diskutiert. Es beschreibt die Telefonvermittlung innerhalb einer Firma oder Behörde, bei der man für ein externes Gespräch die 0 vorwählen muss. Die Eingabe „0" im Diagramm steht also kurz für „Wähle eine 0", entsprechend „0..9".

a) Definiere eine Klasse TELNR, die die Abläufe dieses Zustandsdiagramms simuliert.
b) Führe ein Attribut ein, das die gewählte Nummer als Feld von Zahlen speichert.

Fig. 1

5 Alarmanlage

Die Klasse ALARMANLAGE besitzt unter anderem die in Fig. 2 angegebene Methode *zustandWechseln*.

a) Zeichne das zugehörige Zustandsdiagramm.
b) Gib die Zustandsübergangstabelle an.
c) Was passiert in den nicht aufgeführten Fällen, wenn also etwa im Zustand *Bereit* der Alarm ausgelöst werden sollte?

6 Die Mobilbox beim Handy

Wählt man die Nummer der Mobilbox des Handys, erläutert eine Stimme detailliert, welche Nummer man eingeben muss, um z. B. den Ansagetext zu ändern. Ist man im Menü des Ansagetextes angelangt, werden dem Benutzer die verschiedenen Ansagetypen vorgestellt, stets in Verbindung mit der jeweils zugeordneten Nummer. Natürlich kann man in der Mobilbox neben der Konfiguration des Ansagetextes auch zahlreiche weitere Einstellungen vornehmen.

```java
public void zustandWechseln(
        String eingabe) {

  if (zustand == "Bereit") {
    if (eingabe == "ON") {
      alarmAktivieren();
      zustand = "Aktiv";
    }
  }
  else if (zustand == "Aktiv") {
    if (eingabe == "OFF") {
      alarmDeaktivieren();
      zustand = "Bereit";
    }
    if (eingabe == "auslösen") {
      alarmAusloesen();
      zustand = "Alarm";
    }
  }

  else if (zustand == "Alarm") {
    if (eingabe == "OFF") {
      alarmDeaktivieren();
      zustand = "Bereit";
    }
  }
}
```

Fig. 2

a) Suche im Internet bei einem Mobilfunknetz deiner Wahl die Handreichung der jeweiligen Mobilbox.
b) Erarbeite anhand dieser Beschreibung ein Zustandsdiagramm, das die prinzipielle Funktionsweise der Mobilbox repräsentiert.
c) Definiere eine Klasse MOBILBOX, die das Verhalten der Mobilbox simuliert. In einer geeigneten Methode soll das Zustandsdiagramm simuliert werden.

Hinweis zu Aufgabe 6 b): Eine vollständige Darstellung der Funktionsweise der Mobilbox ist nicht notwendig.

7 Musik aus der Streichholzschachtel I

Die Abspielgeräte für komprimierte Musikdateien haben mittlerweile teils Abmessungen wie Streichholzschachteln. Die Bedienung ist denkbar einfach: in der Mitte eine Taste für das Starten und Stoppen, links und rechts eine Taste, um den nächsten oder vorhergehenden Titel auszuwählen und oben/unten jeweils eine Taste für die Lautstärke. Beschreibe mithilfe eines Zustandsdiagramms die Bedienung eines solchen Geräts unter der vereinfachenden Annahme, es gäbe nur drei Lautstärkestufen und zwei Titel.

III Zustandsmodellierung

8 Musik aus der Streichholzschachtel II
a) Setze das Zustandsdiagramm aus Aufgabe 7 in ein Programm um.
b) Erweitere das Programm so, dass vier Titel abgespielt werden können und vom vierten direkt auf den ersten Titel bzw. vom ersten direkt auf den vierten Titel gewechselt werden kann.

9 Computer am Fahrrad
Der ehemals auch als Tachometer bezeichnete Fahrradcomputer ist heutzutage ein multifunktionales Gerät: Er zeigt nicht nur einfach die Geschwindigkeit an, sondern auch die Uhrzeit, die Temperatur, die Höhe über Meereshöhe oder mit entsprechenden Zusatzgeräten den Puls des Besitzers.
Die Beschreibung eines einfachen Fahrradcomputers könnte folgendermaßen aussehen: Das Gerät hat drei Tasten. Über eine untere Taste kann man von der Geschwindigkeitsanzeige zur Anzeige der Gesamtkilometer wechseln (und umgekehrt). Eine Taste an der Seite dient dazu, in den Modus zum Einstellen zu gelangen bzw. diesen zu verlassen. Eine weitere Taste am oberen Rand hat nur eine Wirkung, wenn sich das Gerät im Einstellmodus befindet:
– Wird im Geschwindigkeitsmodus der Einstellmodus gewählt, so kann mit der oberen Taste zwischen dem Raddurchmesser eines Mountainbikes und dem Raddurchmesser eines Rennrads gewechselt werden.
– Wird im Modus „Gesamtkilometer" die Einstelltaste gewählt, so werden beim Betätigen der oberen Taste die Gesamtkilometer auf null gesetzt.
– Beim Start zeigt das Gerät die Gesamtkilometer an, es ist im Normalmodus und hat den Raddurchmesser eines Mountainbikes.
a) Beschreibe die Bedienung des Fahrradcomputers mithilfe eines Zustandsdiagramms.
b) Definiere eine Klasse FAHRRADCOMPUTER und gib eine Methode an, die die Funktionsweise des vereinfachten Fahrradcomputers simuliert.

10 Menü beim Handy
Die Menüführung beim eingeschalteten Handy erfolgt, abgesehen von der Zeicheneingabe, im Allgemeinen mit vier verschiedenen Tasten, die in der Regel wie in Fig. 1 angegeben angeordnet sind: zwei Tasten mit Pfeilen nach oben bzw. unten, um zwischen den Untermenüs zu navigieren, und zwei weitere Tasten, die in der Regel rechts und links angeordnet sind, um einen Menüpunkt auszuwählen oder ins übergeordnete Menü zu gelangen.

Fig. 1

a) In Zweiergruppen soll die Menüstruktur der Handybedienung mithilfe eines Zustandsdiagramms beschrieben werden. Navigation durch das Menü und Erstellung des Zustandsdiagramms erfolgen dabei gleichzeitig wie folgt: Ein Gruppenmitglied navigiert durch das Menü und teilt die jeweilige Aktion dem anderen Gruppenmitglied mit, das diese sofort in ein Zustandsdiagramm einträgt. Gemeinsam wird dann der neue Zustand benannt. Ein vollständiges Zustandsdiagramm ist dabei nicht unbedingt notwendig, es sollte jedoch von jedem beliebigen Zustand die Rückkehr zum Ausgangszustand gewährleistet sein.
b) Definiere eine geeignete Klasse, um die Menüführung beim Handy zu simulieren. Teste abschließend die Implementierung durch Vergleich mit der Menüführung bei einem echten Handy.

2 Mehrfache Fallunterscheidung

▬ Herr Speisefroh gönnt sich zu seinem 60. Geburtstag ein Abendessen in einem feinen Restaurant. Er stellt sich aus der Speisekarte ein fünfgängiges Menü zusammen: Vorspeise, Fisch, Fleisch, Käse und Dessert. Für jeden Gang bietet die Karte je drei Möglichkeiten mit jeweils unterschiedlichen Preisen an.
Erstelle einen Algorithmus, der den Preis für das gesamte Menü berechnet. ▬

Zur Beschreibung von Abläufen benötigt man oft eine **Fallunterscheidung**. Meist soll dabei nur einer dieser Fälle ausgewählt werden. Die Implementierung über geschachtelte bedingte Anweisungen ist umständlich, unübersichtlich und fehlerträchtig. Daher verwendet man dafür in Algorithmen eine eigene Kontrollstruktur, für die es auch ein spezielles Struktogrammsymbol gibt (Fig. 1).

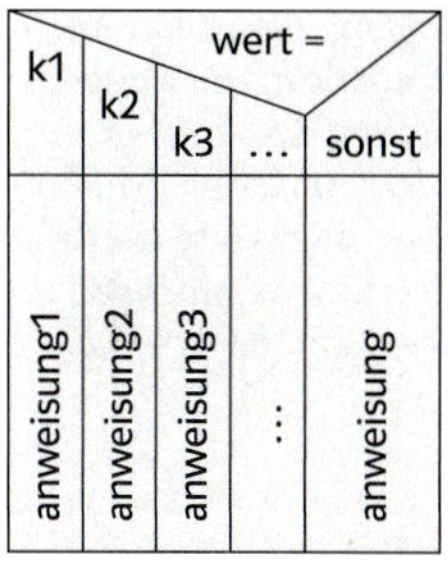

Fig. 1

Fallunterscheidung in Programmiersprachen
Viele Programmiersprachen bieten spezielle Sprachelemente für Fallunterscheidungen an. Leider sind diese Elemente jedoch meist mit der Einschränkung versehen, dass die einzelnen Fälle nur durch sehr einfache Datentypen (z.B. ganze Zahlen, einzelne Zeichen oder Wahrheitswerte) beschrieben werden können. Eine typische Anwendung sind Menüstrukturen, bei denen ein System auf eine Benutzereingabe reagieren soll.
So könnte man bei einem Kaffeeautomaten, der je nach Knopfdruck verschiedene Kaffeesorten ausgibt, z.B. die Eingabe „Cappuccino" durch die Zahl 0 codieren (Fig. 2 und Fig. 3).

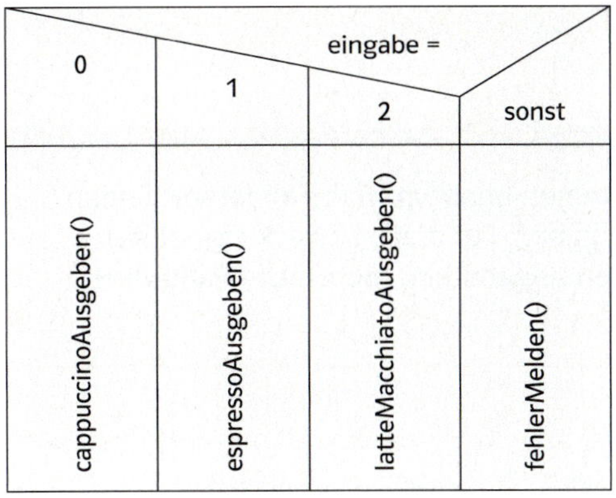

Java
```
switch (eingabe) {
   case 0: {
      cappuccinoAusgeben()
   } break;
   case 1: {
      espressoAusgeben()
   } break;
   case 3: {
      latteMacchiatoAusgeben()
   } break;
   default: {
      fehlerMelden()
   } break;
}
```

Fig. 2 Fig. 3

Die Angabe `break` im Programmcode von Fig. 3 bewirkt genau diese Fallunterscheidung: Sie sorgt dafür, dass bei der Abarbeitung der Anweisung nach einem zutreffenden Fall kein weiterer Fall behandelt wird.

Fallunterscheidung bei Zustandsmodellen
Wie schon in der vorigen Lerneinheit festgestellt, benötigt man zur Implementierung von endlichen Automaten eine Fallunterscheidung über die Zustände des Automaten. Natürlich bietet sich dafür die Verwendung der soeben eingeführten speziellen Kontrollstruktur an. Ein Nachteil besteht allerdings im Zwang, die Zustände anstatt durch aussagekräftige Bezeichner wie *Lift im OG* durch einzelne Zeichen oder Zahlen bezeichnen zu müssen.

Alternativ könnte mit der Zuweisung
`char Lift_im_UG = 'U'`
der aussagekräftigere Variablenbezeichner `Lift_im_UG` *statt* `'U'` *verwendet werden.*

Im Beispiel des vereinfachten Aufzugs (Zustandsdiagramm von Seite 82) wird der Zustand *Lift im UG* (Fig. 1) im Programmcode mit dem Zeichen `'U'`, *Lift im EG* mit dem Zeichen `'E'` und *Lift im OG* mit dem Zeichen `'O'` codiert. Analoges gilt für die Werte der Variable *eingabe* (Fig. 2).

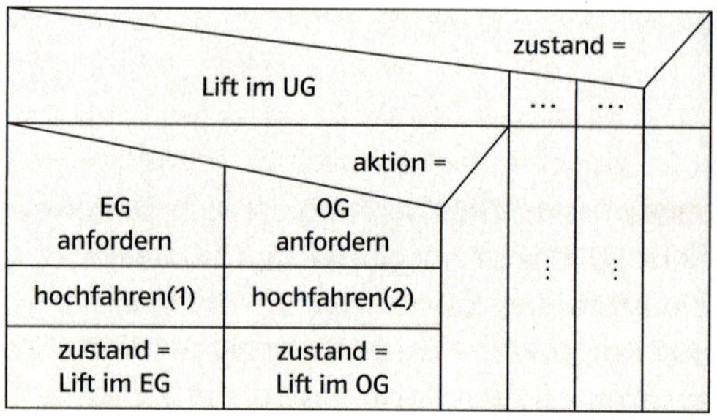

		zustand =		
Lift im UG		...	...	
	aktion =			
EG anfordern	OG anfordern		⋮	⋮
hochfahren(1)	hochfahren(2)			
zustand = Lift im EG	zustand = Lift im OG			

Fig. 1

Mit
`char zustand;`
`zustand = 'U';`
wird in Java eine Zeichenvariable deklariert und mit einem Wert belegt. Sie gehört im Gegensatz zur Zeichenkette (Typ `String`*) zu den primitiven Datentypen. Die Werte werden zwischen einfachen Hochkommata notiert.*

Java
```java
public void zustandWechseln(char eingabe) {
  switch (zustand) {

    case 'U': { // Lift im UG
      switch (eingabe) {
        case 'E': { hochfahren(1); zustand = 'E';} break;
        case 'O': { hochfahren(2); zustand = 'O';} break;
      }
    } break

    case 'E': { // Lift im EG
      switch (eingabe) {
        case 'O': { hochfahren(1); zustand = 'O';} break;
        case 'U': { herunterfahren(1); zustand = 'U';} break;
      }
    } break;

    case 'O': { // Lift im OG
      switch (eingabe) {
        case 'E': { herunterfahren(1); zustand = 'E';} break;
        case 'U': { herunterfahren(2); zustand = 'U';} break;
      }
    } break;

  }
  System.out.println("Neuer Zustand: " + zustand);
}
```

Fig. 2

Für die Implementierung von Zustandsdiagrammen benötigt man Fallunterscheidungen über mehrere Zustände bzw. mehrere Eingaben. Für diesen Zweck eignet sich besonders die von vielen Programmiersprachen angebotene **mehrfache Fallunterscheidung**.

Aufgaben

1 Endliche Automaten und mehrfache Fallunterscheidung
In der vorhergehenden Lerneinheit wurden zahlreiche endliche Automaten modelliert und implementiert. Mithilfe der mehrfachen Fallunterschiedung lassen sich die Aktionen eines endlichen Automaten übersichtlicher gestalten. Verwende bei der Implementierung folgender endlicher Automaten die mehrfache Fallunterscheidung.
a) Computer am Fahrrad (Aufgabe 9 auf Seite 86)
b) Menü beim Handy (Aufgabe 10 auf Seite 86)

2 Monatslängen und das Rechnen mit Datumswerten

In Aufgabe 6 auf Seite 58 wurde eine vereinfachte Arithmetik für das Rechnen mit Datumswerten entwickelt, wobei die Klassen DATUM und DATUMSARITHMETIK definiert wurden. Vereinfachend wurde dabei angenommen, jeder Monat habe 30 Tage. Nun sollen die tatsächlichen Monatslängen eingebaut werden.

Erweitere die Klasse DATUMSARITHMETIK um eine private Methode, die bei Eingabe der Monatszahl die Monatslänge zurückgibt. Beachte dabei, dass der Februar, je nachdem, ob das entsprechende Jahr ein Schaltjahr ist oder nicht, unterschiedlich lang ist. Verwende die gregorianische Schaltjahresregel.

3 Vom Euro zum Dollar, Yen, Pfund und Rand

Zwar ist der Währungstausch seit der Europäischen Währungsunion eher seltener geworden, jedoch benötigt man bereits für eine Reise z. B. nach Großbritannien eine andere Währung. Hier ist ein Währungsrechner äußerst hilfreich.

a) Informiere dich im Internet über die Wechselkurse von fünf Währungen deiner Wahl relativ zum Euro. Definiere eine Klasse WECHSELKURSE, die die aktuellen Wechselkurse in einem geeigneten Feld abspeichert.

b) Definiere eine Methode, die für einen bestimmten Betrag in Euro den entsprechenden Betrag in einer der fünf Währungen aus Teilaufgabe a) berechnet.

c) Erweitere die Funktion aus Teilaufgabe b) so, dass sowohl die Währung, aus der getauscht werden soll, als auch die Währung, in die getauscht werden soll, wählbar ist.

4 Paketversand

a) Bei einem Paketversand dürfen die Pakete maximal eine Masse von 31 kg und eine Länge von 175 cm haben, das Packmaß, d. h. $2 \times$ (Höhe + Breite) + Länge, beträgt höchstens 300 cm. Der Preis wird dann gemäß Tab. 1 berechnet.

a) Definiere eine Klasse PAKET mit den erforderlichen Attributen. Im Konstruktor sollen die für die Preisberechnung notwendigen Größen festgelegt werden.

b) Definiere eine private Hilfsmethode, die berechnet, ob das Paket angenommen werden darf.

c) Definiere eine weitere Hilfsmethode, die aus der Masse des Paketes die Massenklasse berechnet.

d) Definiere eine Methode, die den Paketpreis berechnet.

Klasse	Masse bis	Kosten
1	2 kg	3,80 €
2	4 kg	5,10 €
3	6 kg	6,30 €
4	8 kg	6,80 €
5	10 kg	7,40 €
6	12 kg	7,80 €
7	14 kg	8,50 €
8	18 kg	10,30 €
9	25 kg	13,30 €
10	31 kg	14,00 €

Tab. 1

5 Gewichtsklassen beim Boxen

Beim Boxen gibt es zahlreiche Gewichtsklassen (Tab. 2).

a) Gib eine Methode an, die zu einer Gewichtsklasse das Mindest- und Maximalgewicht zurückgibt. Integriere diese Methode in eine geeignete Klasse.

b) Gib eine Methode an, die für ein bestimmtes Gewicht die Gewichtsklasse berechnet.

Gewichtsklasse	Gewichtslimit
Minifliegengewicht	47,627 kg
Halbfliegengewicht	48,988 kg
Fliegengewicht	50,802 kg
Super-Fliegengewicht	52,163 kg
Bantamgewicht	53,525 kg

Tab. 2

3 Bedingte Übergänge

▬ Um bei einem Online-Handel einkaufen zu können, muss man sich beim ersten Mal registrieren und sich dann bei jedem Einkauf in das System mit gültigem Benutzernamen und Passwort einloggen. Beschreibe, welche Zustände das System beim Einkaufen durchläuft, durch welche Aktionen Übergänge ausgelöst werden und unter welchen Bedingungen sie eventuell stattfinden. Gib auch an, welche Aktionen durch die Übergänge gegebenenfalls ausgelöst werden. ▬

Mit den Elementen der bisher verwendeten Zustandsdiagramme kann man noch nicht alle mit Algorithmen darstellbaren Abläufe beschreiben. Dazu müssen die Zustandsdiagramme noch um die Möglichkeit erweitert werden, für Übergänge eine **Bedingung** anzugeben, unter der sie stattfinden sollen.

Fahrkartenautomat

Vollständige Zustandsmodellierung
Das Beispiel eines vereinfachten Fahrkartenautomaten zeigt die Verwendung **bedingter Übergänge** in Zustandsdiagrammen. Dabei notiert man die Bedingung nach der auslösenden Aktion zwischen eckigen Klammern.

Ein mögliches Modell

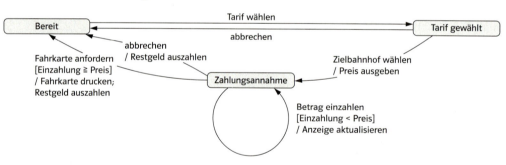

Die Aktion *Fahrkarte anfordern* löst hier nur dann einen Zustandswechsel vom Zustand *Zahlungsannahme* in den Zustand *Bereit* aus, wenn die **Bedingung** *Einzahlung ≥ Preis* wahr ist. Der Zustand *Zahlungsannahme* wird so lange beibehalten (Zustandsübergang zum gleichen Zustand), bis der Preis vollständig bezahlt ist. Durch diesen Übergang wird lediglich die Anzeige für den Einzahlungsbetrag aktualisiert, solange *Einzahlung < Preis* gilt.

Variablen- und Modellzustände
Bedingte Übergänge eröffnen die Möglichkeit, einen Zustand des simulierten Modells (**Modellzustand**) durch eine Menge von Variablen- bzw. Attributzuständen darzustellen. So handelt es sich in obigem Beispiel beim Zustand *Tarif gewählt* um einen Modellzustand, der mehrere Zustände der Variablen *Rabatt* umfasst, z. B. *Rabatt = 0 %*, *Rabatt = 25 %* oder *Rabatt = 50 %*. Ebenso besteht der Zustand *Zahlungsannahme* aus mehreren Variablenzuständen der Variablen *Einzahlung*, z. B. *Einzahlung = 1 €* oder *Einzahlung = 1,50 €*.

Vollständige Zustandsdiagramme
Mit den bedingten Übergängen hat man nun alle möglichen Elemente von Zustandsdiagrammen kennengelernt. Man kann diese Modellierungstechnik jetzt in voller Allgemeinheit verwenden und damit alle algorithmisch simulierbaren Systeme darstellen.

Bedeutung der Elemente vollständiger Zustandsdiagramme
Der Übergang eines Objektes von einem Zustand z_1 zu einem Zustand z_2 findet genau dann statt, wenn
- sich das System im Zustand z_1 befindet,
- die auslösende Aktion a_1 stattfindet und
- unmittelbar vor dem Übergang die Bedingung b erfüllt ist.

Dann wird mit dem Übergang auch die Aktion a_2 ausgelöst.
Der Zustandsübergang wird dabei so idealisiert, dass er in unendlich kurzer Zeit stattfindet.

Implementierung von bedingten Übergängen
Die Übergangsbedingungen werden mithilfe von bedingten Anweisungen bzw. Alternativen realisiert, in deren Ausführungsteil alle für den Übergang notwendigen Anweisungen eingeschlossen werden.

Java
```java
public void zustandWechseln(char eingabe) {
   switch (zustand) {
      case 'B': {         // Zustand Bereit
         ...
      } break;
      case 'Z': {         // Zustand Zahlungsannahme
         switch (eingabe) {
            case 'F': {   // Eingabeaktion: Fahrkarte anfordern
               if (einzahlung >= preis) {
                  fahrkarteDrucken();
                  restgeldAusgeben();
                  zustand = 'B';
               }
            } break;
            case '1': {   // Eingabeaktion: Einwurf 1 EURO
               if (einzahlung < preis) {
                  einzahlung = einzahlung + 1;
                  anzeigeAktualisieren();
               }
            } break;
            case '2': {   // Eingabeaktion: Einwurf 2 EURO
               ...
            } break;
            ...           // Fälle über weitere Eingaben im Zustand Zahlungsannahme
         }
      case 'T': {         // Zustand Tarif gewählt
         ...
      } break;
   }
}
```

Im Zustand *Zahlungsannahme* (hier codiert mit 'Z') soll z. B. das Drucken der Fahrkarte nur möglich sein, wenn die Einzahlung bereits mindestens so groß wie der Preis der Fahrkarte ist. Falls dagegen *Einzahlung < Preis* ist, wird die Anzeige aktualisiert.

Mit **Zustandsdiagrammen** kann man alle algorithmisch simulierbaren Systeme beschreiben. Sie bestehen aus endlich vielen Zuständen und Zustandsübergängen. Ein Zustandsübergang wird durch eine bestimmte Aktion ausgelöst, wenn die Übergangsbedingung erfüllt ist; mit dem Übergang können weitere Aktionen ausgelöst werden.

Aufgaben

1 Kaffee gefällig?

Ein einfacher Kaffeeautomat soll auf Knopfdruck eine Tasse frisch gebrühten Kaffee ausgeben. Dazu wurde das Zustandsdiagramm in Fig. 1 entworfen.

a) Warum ist für dieses Modell ein einziger Zustand ausreichend? Ist das sinnvoll?
b) Erweitere das Modell um einen Fehlerzustand, der auf die Hinzugabe von Kaffee wartet und diesen ohne erneutes Drücken des Start-Knopfes aufbrüht.
c) Implementiere den Automaten.

Fig. 1

2 Haushaltshilfe

Erläutere den in Fig. 2 abgebildeten Automaten und beschreibe einen möglichen Ablauf.
Um welches Gerät könnte es sich dabei handeln?

3 Fahrkartenautomat

Im Lehrtext wurde das Zustandsdiagramm eines vereinfachten Fahrkartenautomaten angegeben. Gib eine Klasse FAHRKARTENAUTOMAT an, die die Methode enthält, um das Verhalten des Automaten wiederzugeben.

Fig. 2

4 Was haben Mixer und Föhn gemeinsam?

a) Modelliere einen Mixer, der mit ein- und demselben Knopf an- bzw. ausgeschaltet werden kann.
b) Zeichne die zugehörige Zustandsübergangstabelle.
c) Ergänze dein Zustandsdiagramm so, dass der Motor nur startet, wenn der Behälter vollständig geschlossen ist.
d) Implementiere die Klasse MIXER.
e) Ändere das Diagramm, wenn es einen zweiten Knopf für eine höhere Drehzahl gibt. Das Ausschalten erfolgt durch erneuten Druck auf denselben Knopf, das Umschalten durch Druck auf den anderen Knopf.
f) Vergleiche das Zustandsdiagramm des Mixers mit dem eines Föhns, der zwei Wärmestufen besitzt.

5 Stoppuhr

a) Betrachte und erläutere die in Fig. 1 angegebene Methode. Gib das zugehörige Zustandsdiagramm an.

b) Ergänze das Zustandsdiagramm der Stoppuhr um einen weiteren Knopf, der die Zwischenzeit nimmt.

```java
public void zustWechseln(char eing) {
   switch (zustand) {
      // Zustand Bereit
      case 'B': {
         // Start/Stopp drücken
         if(eing == 'S') {
            zeitmessungStarten();
            anzeigeAktualisieren();
            zustand = 'L';
         }
      } break;
      // Zustand Zeitmessung läuft
      case 'L': {
         if(eing == 'S') {
            zeitmessungAnhalten();
            anzeigeAktualisieren();
            zustand = 'A' ;
         }
         // Reset drücken
         if(eing == 'R') {
            uhrZuruecksetzen();
            zustand = 'B';
         }
      } break;
      // Zustand Zeit angehalten
      case 'A': {
         if(eing == 'S') {
            zeitmessungStarten();
            anzeigeAktualisieren();
            zustand = 'L';
         }
         if(eing == 'R') {
            uhrZuruecksetzen();
            zustand = 'B';
         }
      } break;
   }
}
```

Fig. 1

6 Fahrstuhl

Ein vereinfachter Fahrstuhl bedient zwei Stockwerke. An jedem Stockwerk ist ein Schalter, um den Fahrstuhl anzufordern. Im Innern des Fahrstuhls befindet sich außerdem ein Schalter, um den Fahrstuhl in das andere Stockwerk zu schicken. Nach der Betätigung des Schalters im Innern schließt die Tür und der Fahrstuhl fährt los. Kommt er im anderen Stockwerk an, so öffnet sich die Tür. Nachdem die Fahrgäste den Aufzug verlassen haben, schließt sich die Fahrstuhltür.

a) Modelliere das Verhalten des Fahrstuhls durch ein Zustandsdiagramm.

b) Jeder Fahrstuhl hat an der Tür eine Lichtschranke, um zu verhindern, dass Personen eingeklemmt werden. Erweitere das Zustandsdiagramm um diese Funktionalität.

c) Simuliere die Abläufe des Zustandsdiagramms in einem Programm.

d) Fahrstühle haben im Allgemeinen einen Notschalter, mit dessen Hilfe die Fahrt unterbrochen werden kann. Welche Probleme ergeben sich, wenn die Funktionsweise eines derartigen Notschalters mit obigem Zustandsdiagramm simuliert werden soll?

Der Taipei 101 ist derzeit (Stand: November 2007) mit 509,2 m das höchste Gebäude der Welt und besitzt auch den derzeit höchsten und schnellsten Fahrstuhl. Er erreicht eine vertikale Geschwindigkeit von 16,8 $\frac{m}{s}$.

Die Fahrgäste sind in einer luftdicht abgeschlossenen Kabine gegen die starken Druckdifferenzen geschützt.

7 Das regeln wir ruck, zuck per E-Mail!

Eine Veranstaltung per E-Mail zu organisieren, kann sich unter Umständen recht kompliziert gestalten. Ein mögliches Szenario könnte wie folgt aussehen: Du schickst eine Mail an Hugo, Heinz, Heike und Heinrich mit der Nachricht, dass ihr euch am kommenden Samstagabend um 19 Uhr bei dir zum Kartenspielen treffen könntet. Nach Zusagen von Hugo und Heinz bekommst du von Heike und Heinrich zwei verschiedene Alternativvorschläge. Kurz darauf fällt es Heinrich ein, dass er an dem selbst vorgeschlagenen Termin Handballtraining hat, und Heinz möchte sich doch lieber schon um 17 Uhr treffen, da er am Samstag früh zum Skifahren gehen möchte. Nachdem ihr euch nach langem Hin und Her auf Samstag 18 Uhr geeinigt habt, fällt dir ein, dass dein Vater zu diesem Zeitpunkt euren Hobbyraum selbst benötigt.

a) Abstrahiere vom beschriebenen Beispiel und gib ein Zustandsdiagramm an, das die Schwierigkeiten, die bei der Planung einer derartigen Veranstaltung auftreten können, beschreibt.

b) Im oben skizzierten Szenario ist es möglich, dass die fünf nie zu einer Einigung kommen. Überlege dir eine Strategie, um sicherzustellen, dass der Prozess irgendwann endet und stelle diese in einem Zustandsdiagramm dar.

Der erste Geldautomat wurde bereits 1939 von dem aus der Türkei stammenden Armenier George Luther Smjian erfunden. Der praktische Betrieb in New York wurde jedoch bald eingestellt, da er anscheinend „nur von ein paar Prostituierten und Glücksspielern, die nicht von Angesicht zu Angesicht mit Kassierern zu tun haben wollten", benutzt wurde.

8 Abheben am Geldautomaten

Der zu modellierende Bankautomat zum Abheben von Geld mit einer Kreditkarte hat folgende Eigenschaften:
- Zunächst ist der Automat leer und wartet auf die Eingabe der Karte.
- Anschließend muss die Kreditkartennummer (PIN) eingegeben werden; dabei wird sofort überprüft, ob die PIN korrekt ist.
  Ist sie korrekt, so erwartet der Automat die Eingabe des auszuzahlenden Betrages. Ist sie falsch, so erlaubt der Automat eine erneute Eingabe der PIN.
  Wenn die PIN ein zweites Mal falsch ist, so wird die Karte einbehalten, und der Automat kehrt in den Ausgangszustand zurück.
  Wenn die zweite PIN korrekt ist, erwartet der Automat die Eingabe des auszuzahlenden Betrages.
- Der Automat akzeptiert nur Beträge von höchstens 2000,– €.
- Wenn ein Betrag akzeptiert wurde, so verlangt der Automat vom Kunden eine Bestätigung, gibt anschließend die Karte zurück und zahlt das Geld aus.
- Das Abheben kann jederzeit durch Betätigen einer Abbruchtaste abgebrochen werden.

a) Gib ein Zustandsdiagramm zur Beschreibung des Abhebevorgangs an.
b) Definiere eine Klasse GELDAUTOMAT, die eine Methode zur Simulation des Zustandsdiagramms enthält.

9 Getränkeautomat I

Der Getränkeautomat, dessen Zustandsdiagramm hier zu entwerfen ist, nimmt 50-Cent-, 1-€- und 2-€-Münzen an, sobald er über einen Hauptschalter eingeschaltet worden ist. Wenn genügend Geld für mindestens eines der zur Verfügung stehenden Getränke eingeworfen wurde, kann ein Getränk gewählt werden, ansonsten wartet der Automat, bis genügend Geld verfügbar ist. Nach Ausgabe des Getränks wird das Restgeld zurückgegeben, und der Automat nimmt den Ausgangszustand an. Ein Abbruch des Kaufvorgangs ist jederzeit durch Betätigen der Abbruchtaste möglich. Eventuell bereits eingeworfene Münzen werden zurückgegeben.

a) Gib ein Zustandsdiagramm an, das die möglichen Abläufe des Automaten beschreibt.
b) Implementiere das Zustandsdiagramm in einer geeigneten Klasse.

10 Schere, Stein, Papier

Das Spiel „Schere, Stein, Papier" wurde schon mehrere Male erwähnt. Sieger ist derjenige, der nach einer zu Beginn des Spiels festgelegten Anzahl von Durchgängen die meisten Spiele gewonnen hat. Sollte nach Ablauf dieser Durchgänge eine Pattsituation auftreten, so entscheidet das nächste Spiel über den Sieger.
a) Erstelle ein Zustandsdiagramm, das den Ablauf bei mehreren Durchgängen beschreibt. Durch Verwendung von Zählern, deren Werte in Bedingungen abgefragt werden, lässt sich das Diagramm übersichtlich gestalten.
b) Übertrage das Zustandsdiagramm in ein Programm.

11 Schranke

Der Lehrerparkplatz wird durch eine automatische Schranke abgesperrt. An der Einfahrt zieht ein Lesegerät die Parkkarte des Lehrers ein, wertet sie aus und fährt sie dann wieder aus. Falls die Karte zur Einfahrt berechtigt, wird die Schranke geöffnet, sobald die Karte entnommen wird. Nach der Durchfahrt wird die Schranke wieder geschlossen, sobald an der Lichtschranke L2 der Lichtstrahl nach einer Unterbrechung wieder geschlossen wird. Für die Ausfahrt wird die Schranke geöffnet, sobald L2 unterbrochen wird und wieder geschlossen, sobald L1 die vollständige Durchfahrt eines Fahrzeugs meldet.

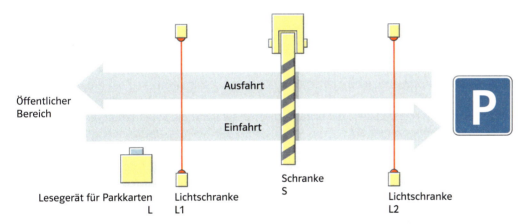

a) Modelliere die Funktionsweise dieser Anlage mithilfe eines Zustandsdiagramms. Verwende dazu die folgenden Aktionen:

    K-EIN: Karte einziehen
    K-AUS: Karte ausfahren
    K-ENT: Karte entnehmen
    L1-U: Lichtschranke L1 wird unterbrochen   (analog für L2)
    L1-G: L1 wird nach Unterbrechung wieder geschlossen   (analog für L2)
    S-ÖFF: Schranke S öffnen
    S-SCH: Schranke S schließen

Bezeichne alle verwendeten Zustände passend. Zeichne passende Übergänge ein und bezeichne diese jeweils mit
- einer auslösenden Aktion sowie gegebenenfalls
- mit einer Übergangsbedingung und
- einer ausgelösten Aktion.

b) Definiere eine Klasse LEHREREINFAHRT, die die Simulation der Abläufe des Zustandsdiagramms erlaubt. Im Konstruktor soll wiederum der Anfangszustand sinnvoll gesetzt werden. Eine geeignete Methode soll die Abläufe des Zustandsdiagramms realisieren.

4 Zustände von Computerprogrammen

Die einführende Aufgabe kann unter Umständen auf Systemen mit eingeschränkter Rechtestruktur nicht durchgeführt werden.

Prozesse			
Name	PID	Benutzername	CPU-Ausl. (%)
karol.exe	4048	ddi	00
javaw.exe	3432	ddi	00
mysqld-nt.exe	2676	SYSTEM	00
wmpnetwk.exe	2505	NETZWERKDIENST	00
alg.exe	2288	LOKALER DIENST	00
java.exe	2272	ddi	00
tcpsvcs.exe	2172	SYSTEM	00
cidaemon.exe	2168	SYSTEM	00

▬ Lass dir vom Betriebssystem eine Liste der auf deinem Rechner momentan laufenden Prozesse anzeigen. Starte dann einige große Programme, z. B. eine Textverarbeitung oder ein Datenbanksystem bzw. ein *Java*-Programm, und beobachte die Auslastung der einzelnen Prozesse. ▬

Computerprogramme sind eigentlich nur Texte in einer bestimmten Programmiersprache. Zunächst müssen diese Texte in eine Form übersetzt werden, die von der Maschine direkt gelesen und interpretiert werden kann. Erst nach Ablauf dieses Übersetzungsvorgangs können die Anweisungen des Programms vom Rechner ausgeführt werden.

Übersetzung von Computerprogrammen

Es gibt auch „nicht-höhere" Programmiersprachen, deren Sprachelemente direkt Maschinenaktionen wiedergeben (Maschinensprachen).

Eine **höhere Programmiersprache** (z. B. *BASIC, Pascal, C* oder *Java*) ist eine Sprache, deren Elemente für den Menschen einigermaßen verständlich dargestellt sind wie z. B. `if ... then ... else` oder `wiederhole ... mal`. Die Anweisungen solcher Sprachen können jedoch vom Computer nicht unmittelbar ausgeführt werden, weil dieser nur Folgen binärer Signale interpretieren kann, z. B. „0011 0101 1110 ...". Daher müssen die Programme vor ihrer Ausführung zuerst in eine solche direkt maschinenlesbare Form gebracht werden. Dazu werden sie meist strukturell erheblich verändert und als Folge direkt ausführbarer **Maschinenbefehle** dargestellt.

Ausführung von Programmen

Erst nach diesem Übersetzungsvorgang kann das Programm (bzw. das Ergebnis des Übersetzungsvorgangs) gestartet werden. Die Zeitspanne, in der das Programm tatsächlich ausgeführt wird, bezeichnet man als **Laufzeit**. Nur während seiner Laufzeit ist ein Programm tatsächlich aktiv: Anweisungen werden ausgeführt, Objekte erzeugt und gelöscht, Daten als Eingabe entgegengenommen, verarbeitet und wieder ausgegeben. Vor bzw. nach seiner Laufzeit existiert ein Programm nur als „ruhender" Text.

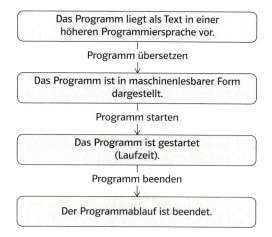

Für die Verzahnung von Übersetzung und Ausführung gibt es zwei unterschiedliche Vorgehensweisen:
(1) Jede Anweisung (bzw. Kontrollstruktur) wird einzeln übersetzt und sofort ausgeführt (**Interpreterprinzip**). Ein Beispiel für ein solches Programm ist etwa der *Roboter*.
(2) Das gesamte Programm wird übersetzt, das Ergebnis nach Abschluss dieses Vorgangs abgespeichert und erst dann ausgeführt (**Compilerprinzip**). Beispiele hierfür sind die Programmiersprachen *C, C++* und in gewisser Weise auch *Java* (vgl. Info-Box Seite 97).

Abläufe von Algorithmen und Programmen

Ein Programm bzw. ein Algorithmus beschreibt meist ein Verfahren, das mit vielen verschiedenen Eingabewerten arbeiten kann. So kann ein Programm für das Werkzeug *Roboter* mit vielen verschiedenen Welten starten oder eine *Java*-Methode unzählige Eingaben als Parameterwerte übernehmen. Je nach den Werten dieser Eingaben kann sich das Programm nach seinem Start dann sehr unterschiedlich verhalten.

Eine Alternative beispielsweise führt je nach Eingabewert zur Ausführung unterschiedlicher Anweisungen.

In Fig. 1 wird im Falle des Eingabewertes 0 für *divisor* ein Fehler gemeldet, während in allen anderen Fällen das Ergebnis der Division ausgeführt wird. Je nach Eingabewert hat diese Methode also zwei verschiedene Ausführungsmöglichkeiten.

Java
```java
public void dividieren(double dividend,
         double divisor) {
   if (divisor == 0) {
      System.out.println("FEHLER: DI-
VISION DURCH 0!");
   }
   else {
      System.out.println("ERGEBNIS:
"+ dividend/divisor);
   }
}
```
Fig. 1

Ein Programm beschreibt somit oft viele verschiedene Folgen von tatsächlichen Aktionen des Computers, die je nach Eingabewerten ausgeführt werden. Ein solche Folge von Aktionen heißt **Ablauf** des Programms.

Selbst einfache Programmstrukturen können eine enorme Anzahl von Abläufen haben. So gibt es für die 100-malige Wiederholung einer Alternative 2^{100} (also ca. $1{,}3 \cdot 10^{30}$) Möglichkeiten! Dies macht das naive Testen der Korrektheit eines Programms durch einfaches Ausprobieren aller Möglichkeiten meist unmöglich.

Zwei verschiedene Abläufe des Programms *Bubblesort* (Fig. 2) zeigt Fig. 3. Die einzelnen Zustandsfolgen des Programms werden durch die aktuellen Werte des zu sortierenden Feldes aus Zeichen dargestellt.

Java
```java
public class Bubblesort {
  char[] zeichen;
  public void sortieren(char[] z) {
    zeichen = z;
    int n = z.length;
    for (int i = 1; i < n; i++) {
      for (int j = 0; j < n - i; j++) {
        if (zeichen[j] > zeichen[j+1]) {
          char temp = zeichen[j];
          zeichen[j] = zeichen[j+1];
          zeichen[j+1] = temp;
          System.out.println(zeichen);
}}}}}
```
Fig. 2

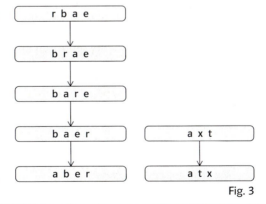

Fig. 3

Je nachdem, wie lang das eingegebene Feld ist bzw. wie sehr dieses Feld bereits vorsortiert ist, unterscheidet sich die Anzahl der Programmzustände teilweise erheblich.

Mit der Eingabe von {'r', 'b', 'a', 'e'} durchläuft das Programm fünf Zustände, wohingegen die Eingabe von {'a', 'x', 't'} in einem Schritt abläuft.

Info

Bytecode bei *Java*

Java-Programme werden zunächst von einem *Java*-Compiler übersetzt. Der Übersetzer erzeugt jedoch keinen Maschinencode, sondern zunächst einen sogenannten Bytecode, der unter allen gängigen Betriebssystemen lauffähig ist. Für alle gängigen Betriebssysteme existiert jeweils ein eigener *Java*-Interpreter (*Java Virtual Maschine JVM*), der den *Java*-Bytecode direkt ausführen kann.

Verschiedene Interpreter, die auf den Rechnern laufen, können den Bytecode interpretieren.

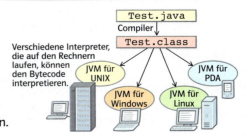

Um Programme auf einem Rechner ablaufen lassen zu können, müssen sie zuerst entweder von einem **Compiler** in einen geeigneten Maschinencode übersetzt oder direkt von der Maschine mit einem **Interpreter** ausgeführt werden.
Ein Programm hat oft eine Vielzahl verschiedener Abläufe, z. B. wenn es auf verschiedene Eingaben unterschiedlich reagieren kann.

Aufgaben

1 Jede Menge Abläufe
a) Das Spiel „Schere, Stein, Papier" wird 20-mal hintereinander durchgeführt. Wie viele mögliche Abläufe gibt es?
b) Ein Programm hat als einziges Attribut ein Feld mit n ganzen Zahlen, die jeweils durch 16 Bit codiert sind. Wie viele Zustände kann das Programm maximal annehmen?
c) Wie lange würde es schätzungsweise dauern, das Programm aus Teilaufgabe b) vollständig zu testen, wenn ein Ablauf etwa 1 Millisekunde dauert?
d) Welche Probleme ergeben sich bei Programmen, deren Korrektheit unbedingt sichergestellt sein muss, etwa bei der Software von Kernkraftwerken oder Flugzeugen?

2 Das Problem mit dem Ende
Wiederholungen können ihre Tücken haben und anders als erwartet reagieren, selbst wenn sie meist funktionieren.
a) Das Programm in Fig. 1 zeigt eine Implementierung eines Algorithmus für den größten gemeinsamen Teiler zweier Zahlen. Teste die Implementierung, indem du den Ablauf der Aufrufe `ggT(35, 20)` und `ggT(35, -7)` tabellarisch darstellst. Gib dabei die Werte der Variablen a und b nach Abschluss des Durchlaufs einer Wiederholung an.

Java
```java
public int ggT(int a, int b) {
   while (a != b) {
      if (a >= b) {
         a = a - b;
      }
      else {
         b = b - a;
      }
   } return a;
}
```
Fig. 1

b) Modifiziere das angegebene Programm, sodass auch der Aufruf `ggT(35, -7)` sinnvoll beendet wird.
c) Welche Forderungen und Probleme ergeben sich aus diesem Beispiel für sicherheitskritische Software?

3 Mensch gegen Maschine
Im Jahr 1997 konnte erstmals ein Rechner einen Wettkampf unter „Turnierbedingungen" gegen einen Schachweltmeister gewinnen. Es handelte sich um den Rechner *Deep Blue*, der gegen Garri Kasparow siegte. Die Hard- und Software dieses Rechners wurde dabei speziell für diesen Wettkampf entwickelt. Begründe, weshalb *Deep Blue* sicherlich nicht durch simples Durchspielen aller möglichen Spielzüge, also durch bloße Geschwindigkeit siegte.

Die Herstellerfirma weigerte sich übrigens, Kasparow eine Revanche zu bieten und zerlegte den Rechner.

Exkursion Eine kleine Geschichte der Programmiersprachen II

Algol und seine Väter

Die Entwicklung der Programmiersprache *Algol* (Abkürzung für **ALGO**rithmic **L**anguage) war ein internationales Gemeinschaftsprojekt, das zwischen 1958 und 1963 auf US-amerikanischer Seite von der ACM (Association for Computing Machinery) und auf deutscher von der GAMM (Gesellschaft für angewandte Mathematik und Mechanik) entscheidend vorangetrieben wurde. Wie schon im Falle der Sprache *FORTRAN* wurde auch *Algol* entscheidend von John Backus geprägt. Die europäische Wissenschaft wurde von dem Dänen Peter Naur sowie dem Deutschen Friedrich Ludwig Bauer, der 1967 an der Technischen Universität München den Studiengang Informatik in Deutschland einführte, vertreten. Im Gegensatz zu den bis zu diesem Zeitpunkt bekannten Programmiersprachen sollte *Algol* bewusst ohne Zugeständnisse an potenzielle kommerzielle Anwendungen und mit einer formalen Definition der Syntax ausgestattet sein. Zu diesem Zweck wurde von John Backus und Peter Naur die sogenannte Backus-Naur-Form (siehe Seite 33) eingeführt. *Algol* war die erste Programmiersprache, die das in der heutigen Informatik zentrale Konzept der Rekursion einführte. Obwohl *Algol* in der Praxis sicherlich weniger Verwendung findet als beispielsweise *FORTRAN* oder *Cobol*, war die Signalwirkung dieser Sprache enorm. Nicht nur *Pascal*, sondern auch *C* oder *Java* wurden maßgeblich von Konzepten aus *Algol* beeinflusst.

Symptomatisch für Peter Naur und F. L. Bauer ist, dass ihre Karrieren nicht als Informatiker begannen, sondern sie studierten und praktizierten in Fächern, die der Informatik nahe stehen: Peter Naur beispielsweise studierte Astronomie und war noch bis 1959 als Astronom tätig. F. L. Bauer studierte Mathematik, Physik, Logik und Astronomie, arbeitete zeitweise als Lehrer und promovierte in Physik. Nachdem er zunächst als Professor für Mathematik arbeitete, erweiterten sich seine inhaltlichen Aufgaben mit Einführung eines Studiengangs Informatik im Jahre 1967 beträchtlich.

Friedrich Ludwig Bauer (* 1924), Träger des IEEE Computer Pioneer Award 1989, einer der höchsten Auszeichnungen der Informatik

Peter Naur (* 1928), der Preisträger des Turing-Awards aus dem Jahre 2005, auf einem Gemälde von Duo Duo Zhuang

Pascal und Niklaus Wirth

Die Programmiersprache *Pascal* (benannt nach Blaise Pascal (1623–1662)) ist untrennbar mit dem Schweizer Informatiker Niklaus Wirth verbunden. Er konzipierte *Pascal* zwischen 1968 und 1972 als Weiterentwicklung von *Algol* von vornherein als Sprache für die Lehre. Strukturiertes Programmieren sollte unter Verwendung einer strikten und einfach verständlichen Programmiersprache möglich sein. Die Konzentration auf den Einsatz in der Lehre schuf allerdings auch Probleme: Für den kommerziellen Einsatz musste *Pascal* im Hinblick auf das zu entwickelnde System angepasst werden. Das hatte eine Vielzahl von inkompatiblen *Pascal*dialekten zur Folge.

Zwar wird *Pascal* heute in der Lehre nicht mehr häufig verwendet, jedoch hat sich die Syntax von *Pascal* zur informellen und sprachunabhängigen Notation für Algorithmen durchgesetzt.

Niklaus Wirth schuf nicht nur *Pascal*, sondern auch die Nachfolgesprachen *Modula-2* und *Oberon*. In diesen Sprachen sollten Defizite von *Pascal*, so etwa die fehlenden Möglichkeiten der Modularisierung (*Modula-2*) oder Objektorientierung (*Oberon*), überwunden werden.

Überhaupt scheint Niklaus Wirth eine Schwäche für mythologische Figuren zu haben: Oberon ist der Elfenkönig aus Shakespeares Sommernachtstraum und entspricht dem Zwerg Alberich in der germanischen Mythologie. Den ersten grafikfähigen Bildschirm, der zwischen 1978 und 1980 (rund fünf Jahre vor dem ersten Macintosh) an der ETH Zürich entwickelt wurde, taufte Niklaus Wirth „Lilith"; Lilith ist eine Figur aus der jüdischen Mythologie. Auf ihren Namen war Niklaus Wirth durch einen befreundeten Psychiater ge-

Niklaus Wirth (* 1934), Turing-Preisträger 1984

Exkursion   Eine kleine Geschichte der Programmiersprachen

kommen. Sie soll die erste Frau Adams gewesen sein. Nach einem Streit mit Adam soll sie das Paradies verlassen haben. Als Niklaus Wirth sah, dass die Entwickler des „Lilith-Systems" Tag und Nacht der Arbeit an diesem System verfallen waren, gab er dem System den Namen der dämonischen Verführerin.

Objektorientiertes Programmieren, *Smalltalk* und Alan Kay
Wie Fig. 1 zeigt, gibt es zahlreiche Sprachen, in denen die Ideen der Objektorientierung realisiert sind. Bereits *Simula* unterstützte in der Version aus dem Jahre 1967 dieses Konzept. *Smalltalk* dürfte unter objektorientierten Sprachen diejenige sein, die die Begriffe am reinsten umsetzt: In dieser Sprache ist alles ein Objekt, beispielsweise auch ganze Zahlen, die in *Java* Grundtypen sind.

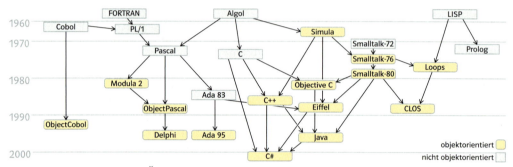

Objektorientierte Sprachen im Überblick

Fig. 1

Alan C. Kay (* 1940)

Als Taufpate der „Objektorientierung" gilt Alan C. Kay. Er war eine der Schlüsselfiguren bei der Entwicklung des Sprachkonzeptes am Palo Alto Research Center (PARC). Für diese Forschungen wurde er 2003 mit dem Turing-Award ausgezeichnet. Außergewöhnlich an der Arbeit von Alan Kay ist sein großes Engagement im Bereich des Unterrichts an Schulen. Lange vor dem Aufkommen von Laptop-PCs hatte er die Vision eines Rechners, der wie ein Schulbuch verwendet werden kann und in erster Linie über grafische Benutzeroberflächen gesteuert wird. Ein derartiges dynamisches Schulbuch bezeichnete er als „Dynabook". Während die Leitung des PARC von der Idee einer grafischen Benutzeroberfläche nicht überzeugt werden konnte, erkannte die Führung der Firma Apple deren weitreichende Möglichkeiten. Apple setzte die Ideen Kays um und bald darauf auch Microsoft.

Java und C++
Java wurde 1991 zunächst unter dem Namen *Oak* (Eiche) zur Steuerung von Haushaltsgeräten von der Firma Sun entwickelt. Diese Entwicklung beeindruckte den Sun-Chef Scott McNealy derart, dass eine eigene Firma für die Vermarktung gegründet wurde. Daraus entwickelte sich etwa 1995 die Sprache *Java*. Der Name steht umgangssprachlich für Kaffee, weswegen die dampfende Tasse im Logo auftritt. Ein wesentliches Ziel war von Anfang an eine hardwareunabhängige Programmiersprache. Dieses Prinzip trug entscheidend zur weiten Verbreitung der Spache bei.
Syntaktisch orientiert sich *Java* sehr an der Sprachfamilie *C/C++*. Wie *C++* ist *Java* eine objektorientierte Sprache. *Java* ist in die sogenannte virtuelle Maschine integriert, die man sich als Rechner, der durch Software simuliert wird, vorstellen kann. Auf jeder Hardwareplattform und jedem Betriebssystem, für die eine solche virtuelle Maschine existiert, ist *Java* lauffähig.

Exkursion   Dürfen Programme Fehler haben?

Jeder, der mit dem Rechner arbeitet, kennt diese Situation: Plötzlich reagiert ein Programm nicht mehr auf Tastatureingaben, nach einiger Zeit weist das Bild Streifen auf und irgendwann hilft nur noch ein Neustart. Was für eine Einzelperson vielleicht noch zumutbar ist, muss bei sicherheitskritischer Software absolut ausgeschlossen sein. Wie wichtig eine präzise Überprüfung der Korrektheit von Programmen ist, zeigt folgendes Beispiel: Therac-25 war ein Linearbeschleuniger zur Anwendung in der Strahlentherapie. Er wurde von 1982 bis 1985 in Kliniken in den USA und in Kanada installiert. Durch Softwarefehler und mangelnde Qualitätssicherung war ein schwerer Funktionsfehler möglich, der von Juni 1985 bis 1987 drei Patienten das Leben kostete und drei weitere schwer verletzte, bevor geeignete Gegenmaßnahmen ergriffen wurden. Das Beispiel verdeutlicht, dass bei derartigen Softwaresystemen alle möglichen Abläufe überprüft

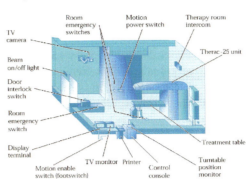

Vergleiche hierzu auch Seite 75.

werden müssten. Dies ist jedoch bereits bei kleinen Programmen nicht möglich (vgl. Seite 96 ff.). Sicherheitskritische Software wird deshalb mit mathematischen Methoden verifiziert, d.h., wie in einem mathematischen Beweis wird gezeigt, dass das Programm für alle erlaubten Eingaben die richtige Ausgabe liefert.

Die mathematischen Grundlagen für die Verifikation von Programmen, wie sie auch im Rahmen dieses Buches erarbeitet wurden, entwickelte C. A. R. Hoare. Die entscheidende Idee dabei ist, jede Anweisung, d.h. jede Zuweisung, Alternative, Wiederholung und auch jede Folge von Anweisungen, mit einer Vor- und Nachbedingung zu versehen. Diese Bedingungen charakterisieren die Werte der Variablen vor und nach einer Anweisung. In dem Programm aus Fig. 1 etwa wird die Summe der ersten n natürlichen Zahlen berechnet. Die Bedingungen sind jeweils als Kommentare vor und nach einer Anweisung angegeben. Offenbar wird vor der ersten Anweisung n ≥ 0 gefordert. Mithilfe des Hoare-Kalküls lässt sich nun zu jeder Vorbedingung und Anweisung die entsprechende Nachbe-

Java

```
public int sum (int n) {
   int i, s;
   // n >= 0
   i = 0;
   // (0 == i*(i+1)/2) and (i <= n)
   s = 0;
   // (s == i*(i+1)/2) and (i <= n)
   while (i < n) {
      // (s == i*(i+1)/2) and (i <= n)
      //and (i < n)
      // (s + i + 1 == (i+1)*(i+2)/2)
      //and (i+1 <= n)
      i = i + 1;
      // (s + i == i*(i+1)/2)
      //and (i<=n)
      s = s + i;
      // (s == i*(i+1)/2) and (i<=n)
   }
   // (s == i*(i+1)/2) and (i<=n)
   //and not (i<n)
   // s == n*(n+1)/2
   return s;
}
```

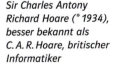

Sir Charles Antony Richard Hoare (* 1934), besser bekannt als C. A. R. Hoare, britischer Informatiker

Fig. 1

dingung berechnen. Am Ende ergibt sich schließlich die Bedingung `s == n*(n+1)/2`, die bekannte Formel, auf die bereits der junge Carl Friedrich Gauß gestoßen ist.

Derartige Beweise müssen für sicherheitskritische Programme für den gesamten Quelltext des Programms durchgeführt werden. Offensichtlich muss dies für Systeme, die aus mehreren hunderttausend Zeilen Quelltext bestehen, möglichst automatisch durchgeführt werden. Deshalb ist die Entwicklung von automatischen Programmverifikatoren ein bedeutendes aktuelles Forschungsthema innerhalb der theoretischen Informatik.

Exkursion Viren, Würmer und Trojaner

Will man Hollywood Glauben schenken, so kann ein Computervirus ein System nicht nur lahmlegen, sondern sogar ein Eigenleben entwickeln, welches von den Menschen nicht mehr kontrollierbar ist und deren Unterwerfung und Vernichtung zum Ziel hat.
Ganz so drastisch ist es zwar nicht, dennoch sind Viren, Würmer und Trojaner sicher die größten Feinde eines jeden PC-Nutzers und die Schattenseite der Programmierung. Computerviren sind prinzipiell nichts anderes als Programme, die von einem Rechner ausgeführt werden, wobei sie dem Anwender dabei mehr oder minder großen Schaden zufügen. Wie bei echten Viren soll sich die Seuche möglichst weit verbreiten. Ist ein Rechner erst einmal mit einem derartigen Programm infiziert, so kann er als Wirt für dessen weitere Verbreitung, beispielsweise über das Internet, dienen.
Die erste Definition für einen Computervirus brachte 1984 der Informatiker Fred Cohen in seiner Doktorarbeit: "We define a computer 'virus' as a program that can 'infect' other programs by modifying them to include a possibly evolved copy of itself."

Ein Computervirus verbreitet sich also, indem er Dateien infiziert, d.h. sich in einen bestehenden Programmcode integriert und somit Teil der ursprünglichen ausführbaren Datei wird. Wird eine der so infizierten Dateien weitergegeben, so überträgt sich der Virus auf das nächste System.

Würmer dagegen bleiben nicht passiv und warten nicht darauf, bis sie anhand infizierter Dateien weitergegeben werden, sondern versuchen auf verschiedenste Weise, aktiv weitere Rechner zu infizieren, indem sie sich beispielsweise an alle Computer innerhalb eines Netzwerkes oder über sämtliche E-Mail-Adressen im Adressbuch verschicken.

Besonders heimtückisch sind trojanische Pferde (Trojaner). In der griechischen Mythologie verwendeten die Griechen ein großes Holzpferd, um ihre Soldaten unbemerkt in die Stadt Troja zu schmuggeln. Ähnlich funktionieren derartige Computerprogramme. Getarnt als nützliche Anwendung wird im Hintergrund ohne Wissen des Benutzers ein weiteres Programm gestartet, welches zum Beispiel dem Angreifer gestattet, vollen Zugriff auf den infizierten Rechner zu erhalten. In harmlosen Fällen sammelt das versteckte Programm nur Daten und schickt diese weiter, blendet Werbung ein oder startet sonstige dem Anwender unbekannte Prozesse.

Heute sind meistens Mischformen von Viren, Würmern und Trojanern im Umlauf. Umgangssprachlich werden diese oft synonym verwendet.

Die ersten Viren „in freier Wildbahn" verbreiteten sich Mitte der 80er-Jahre. Besonders bösartig war der Trojaner „Gotcha". Er war dem Programm EGABTR angehängt und sollte dem Anwender Anpassungen der Grafikdarstellung ermöglichen, löschte im Hintergrund aber sämtliche Daten auf der Festplatte und gab auf dem Bildschirm „Arf, arf, Gotcha" aus. Während Viren früher oft schnell erkannt wurden (beispielsweise wurde in *BASIC*-Programmen einfach die Zeile `kill *.*` hinzugefügt, welche sämtliche erreichbaren Dateien löscht) und aufgrund der dadurch geringen Verbreitung auch kaum Schaden anrichteten, wurde das Auffinden und Eliminieren eines Virus im Laufe der Zeit schwerer. Viele Firmen haben sich daher schließlich auf den Schutz vor Viren und anderen Schädlingen speziali-

Exkursion   Viren, Würmer und Trojaner

siert und versorgen ihre Kunden täglich mit Updates. Eines der ersten Unternehmen, das sich auf die Bekämpfung von Computerviren spezialisiert hatte, verzeichnete 1988 noch 19 Viren auf seiner Liste, 2002 waren es bereits über 90 000.

Fast stündlich tauchen neue Viren auf. Viele sind relativ harmlos und richten kaum Schaden an, andere dagegen werden zu einer weltweiten Plage und schaffen es sogar in die Nachrichten. Der erste Computervirus, dem wohl weltweit in der Presse Aufmerksamkeit geschenkt wurde, war „Jerusalem", der am Freitag, dem 13. Mai 1988 wie eine Bombe einschlug, da er im Gegensatz zu den vorherigen Viren gezielt programmiert wurde, um Daten zu vernichten und als erster speicherresidenter Virus gilt.

„Back Orifice", ein Backdoor-Programm der Hackergruppe „Cult of the Dead Cow", verbreitete sich Ende der 90er-Jahre sehr stark. Als Fernwartungstool für Windows wird es jedoch oft illegal, da ohne Wissen des PC-Eigentümers, eingesetzt. Berühmt wurde auch der „I love you"-Virus, der sich 2000 rasend schnell weltweit verbreitete und besonders in größeren Unternehmen durch Netzüberlastung Milliardenschäden verursachte, sodass viele Experten vom bösartigsten Virus in der Computergeschichte sprachen.

Im Januar 2003 wurden durch „SQL-Slammer" innerhalb einer Stunde mindestens 75 000 SQL-Server infiziert und somit für mehrere Stunden das Internet lahmgelegt. Der Wurm benutzte eine seit bereits einem halben Jahr bekannte Sicherheitslücke, um Datenbankserver zu neutralisieren und bestand dabei nur aus einer fehlerhaften SQL-Anfrage. Deswegen wurde er nicht als Datei in den Speicher geladen und auch von Antiviren-Programmen nicht gefunden. Als Folge blieben 14 000 Postämter in Italien geschlossen, in Seattle waren die Notrufnummern von Polizei und Feuerwehr nicht erreichbar, die Automaten der Bank of America fielen aus und der Online-Börsenhandel verzeichnete drastische Einbußen.

Eine andere, nicht zu unterschätzende Gefahr sind Hoaxes (engl. Hoax, altengl. Hocus: Scherz), Warnungen vor angeblichen Viren, die per E-Mail verbreitet werden, aber fast immer jeder Grundlage entbehren. Gutgläubige Menschen werden jedoch verunsichert oder sogar dazu verleitet, wichtige Systemdateien zu löschen, weil die E-Mail ihnen weismacht, dass es sich dabei um einen Virus handelt. Seriöse Firmen warnen nie über diesen Weg! Leider werden oft tragische Anlässe dazu genutzt, das Mitleid der Leser zu erregen, um das Weiterleiten der E-Mail zu veranlassen. Typische Beispiele sind E-Mails, in denen nach einem Knochenmark-Spender gesucht wird. Oft werden dabei sogar reale Telefonnummern angegeben, ohne dass die betreffenden Personen etwas davon wissen. Die Uni-Klinik Regensburg musste unter einer in einem derartigen Kettenbrief angegebenen Telefonnummer eine Bandansage schalten, da seit Jahren täglich bis zu 50 Anrufe eingehen.

Sicherheitshinweise zum Schutz vor Angriffen
- Verwende ein Antiviren-Programm und aktualisiere es regelmäßig, am besten täglich.
- Öffne niemals Dateianhänge von E-Mails, wenn du nicht ganz sicher bist, dass diese virenfrei sind. Auch Freunde und Bekannte können dir, ohne es zu wissen, einen Wurm geschickt haben.
- Leite niemals Kettenmails weiter und lass dich von Virenwarnungen nicht in Panik versetzen. Informiere dich im Internet, beispielsweise auf den Hoax-Seiten der TU Berlin.
- Surfe nur auf seriösen Internet-Seiten. Besonders bei Erotik-Angeboten lauern viele Gefahren.

1991 wurde der Bootsektor-Virus „Michelangelo" bekannt, der am 6. März (dem Geburtstag des Namengebers) die ersten 256 Sektoren des Datenträgers überschrieb und somit den Rechner völlig lahmlegte. Der Schaden war derart immens, dass im folgenden Jahr rechtzeitig über die Medien gewarnt wurde.

Dass das Programmieren von Viren oder Würmern auch Konsequenzen haben kann, zeigt der Fall eines damals 17-jährigen Schülers aus Niedersachsen, der den Internet-Wurm „Sasser" programmierte, eine der bis dahin weltweit größten Computerplagen. Der Schaden ging in die Millionen. Microsoft setzte ein Kopfgeld von 250 000 US-Dollar für Hinweise auf die Verursacher aus. Ein Schulfreund gab schließlich den entscheidenden Tipp an die Polizei, der zur Verhaftung des Jugendlichen führte. Am 8. Juli 2005 wurde er zu einem Jahr und neun Monaten Jugendstrafe auf Bewährung verurteilt.

Rückblick

Endliche Automaten und allgemeine Zustandsdiagramme
Endliche Automaten werden durch Zustandsdiagramme mit einer endlichen Anzahl von Zuständen beschrieben, an deren Übergängen neben auslösenden auch ausgelöste Aktionen stehen können. Jedoch können damit nicht alle mithilfe von Algorithmen simulierbaren Systeme beschrieben werden. Dazu müssen die Zustandsdiagramme noch um die Möglichkeit erweitert werden, für Übergänge eine Bedingung anzugeben, unter der sie stattfinden sollen.

Die Zustandsübergänge implementiert man am besten mittels Fallunterscheidung über die jeweiligen Ausgangszustände, innerhalb derer jeweils weitere Fallunterscheidungen über die verschiedenen auslösenden Aktionen (z. B. Eingaben) geschachtelt werden. In den einzelnen Fällen dieser inneren Fallunterscheidung werden dann die Zustandswechsel sowie die ausgelösten Aktionen durch entsprechende Anweisungen vorgenommen.

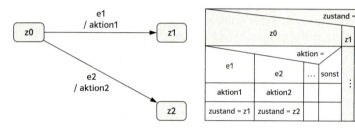

Übergangsbedingungen werden implementiert, indem man für die entsprechenden Zustandsänderungen bedingte Anweisungen verwendet.
Zur Simulation einer Folge von Zustandswechseln umschließt eine Wiederholungsstruktur die mehrfache Fallunterscheidung über die Zustände (siehe oben).

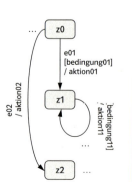

```java
switch (zustand) {
  case '0': { // Zustand z0
    switch (aktion) {
      case 1: { // Aktion e01
        if (bedingung01) {
          aktion01();
          zustand = 1;}
      } break; ...
    } // Ende switch (aktion)
  } break;
  case '1': { // Zustand z1
    while (bedingung11) {aktion11();}
  } break; ...}
...} // Ende switch (zustand)
```

Bei einem einfachen Automaten zur Rückgabe von Pfandflaschen wird zunächst im Zustand Bereit *die Leerflasche in eine Öffnung gelegt. Diese Aktion löst beim Übergang in den Zustand* Flasche positioniert *das Einfahren in die korrekte Leseposition aus.*

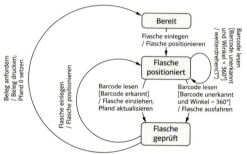

Der folgende Ausschnitt des Struktogramms zeigt die Implementierung dieses Zustandwechsels.

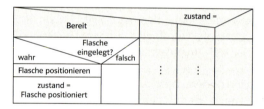

Die Flasche wird dann im Zustand Flasche positioniert *(codiert mit 'F') so lange gedreht, bis der Barcode erkannt wird.*

```java
switch (zustand) {...
  case 'F': {
    while (!barcodeErkannt() &&
           (winkel < 360)) {
      weiterdrehen(1);}
  } break; ...
}
```

Je nachdem, ob der Barcode erkannt worden ist oder nicht, werden beim Übergang in den Zustand Flasche geprüft *die Aktionen* Flasche einziehen, Pfand aktualisieren *bzw.* Flasche ausfahren *ausgelöst. Schließlich sorgt die auslösende Aktion* Beleg anfordern *u. a. für den Ausdruck des Belegs.*

Training

1 Geldzähler

In Fig. 1 ist das Zustandsdiagramm eines sehr einfachen Cola-Automaten angegeben. Es gibt nur ein einziges Getränk zu 2,– €.
Der Automat fungiert hier praktisch als Geldzähler, wobei nur 50-ct-, 1-€- und 2-€-Münzen akzeptiert werden.
a) Vollziehe den Einwurf von 1 € – 50 ct – 1 € (in dieser Reihenfolge) am Diagramm nach. Wofür könnten insbesondere die ausgelösten Aktionen stehen?
b) Gib die Zustandsübergangstabelle an.
c) Implementiere den Cola-Automaten.

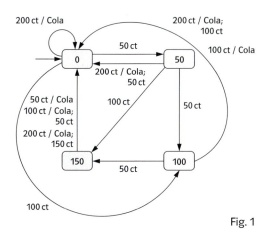

Fig. 1

2 Mobilfunk

a) Um mit dem Handy zu telefonieren, muss dieses zunächst eingeschaltet werden und es muss die korrekte PIN angegeben werden, wobei nach dreimaliger falscher Eingabe das Telefon gesperrt ist. Um diese Sperrung aufzuheben, muss eine weitere Identifikationsnummer eingegeben werden. Ist auch diese nicht korrekt, so hilft nur ein Anruf beim Netzbetreiber. Gib für diesen Vorgang das Zustandsdiagramm an. Berücksichtige auch den Fall, dass das Handy wegen zu geringer Akkuleistung selbstständig abschaltet.
b) Nach korrekter Authentifizierung wählt sich das Handy in das Netz deines Anbieters ein. Dabei muss eine Verbindung zur nächstmöglichen Funkstation hergestellt werden. Von dort wird das Gespräch über eine Festnetzleitung oder Richtfunkstrecke zu dem Hauptverbindungsrechner des Netzbetreibers weitergeleitet. Ergänze dein Zustandsdiagramm entsprechend und beachte, dass eine bestimmte Mindestnetzleistung vorhanden sein muss.
c) Im Ausland wird die Einwahl in das Mobilfunknetz komplizierter, denn dort steht das Netz deines Anbieters nicht zur Verfügung. Das Mobiltelefon wählt sich daher selbstständig einen lokalen Anbieter aus, und dieser gibt die Daten an den Anbieter in der Heimat weiter. Modifiziere das Zustandsdiagramm derart, dass auch dieser Fall berücksichtigt wird.
d) Nachdem die Verbindung zum Mobilfunknetz aufgebaut ist, kann telefoniert werden. Auch hierbei können verschiedene Probleme auftreten: Wenn es sich um eine Festnetznummer handelt, stellt sich die Frage, ob die Nummer existiert. Im Falle einer Mobilnetznummer, könnte der Teilnehmer nicht angemeldet sein, oder er könnte nicht abheben. In beiden Fällen müsste überprüft werden, ob die Mobilbox aktiviert ist und das Gespräch müsste gegebenenfalls an diese weitergeleitet werden. Erweitere das Zustandsdiagramm so, dass all diese Fälle berücksichtigt werden.
e) Nach der Einwahl des Handys sollen eventuelle Nachrichten in der Mobilbox oder Kurzmitteilungen angezeigt werden. Repräsentiere auch dies im Zustandsdiagramm.

Lösungen auf den Seiten 178–180

Lernvoraussetzungen

- Beziehungen zwischen Objekten darstellen
- Anwendungsbereiche von Referenzen aufzählen
- Einfache Algorithmen objektorientiert implementieren

IV Interaktion

Beste Referenzen

Dass wir miteinander reden können,
macht uns zu Menschen.

Karl Jaspers (1883–1969), deutscher Philosoph

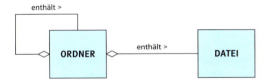

Lernziele

- Beziehungen zwischen Objekten mit Referenzen umsetzen
- Die Kommunikation zwischen Objekten untersuchen und mithilfe von Sequenzdiagrammen veranschaulichen

1 Aggregation und Referenzen

Zur Erinnerung:
Die Struktur von Textdokumenten wird durch Aggregationen gebildet.

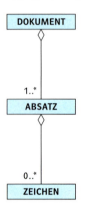

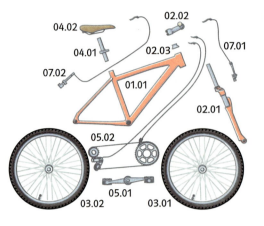

Ein Fahrradhersteller will einen Ersatzteilkatalog für sein neuestes Mountainbike-Modell CoolStorm erstellen. Dazu wird das Rad zunächst in einzelne Baugruppen (z. B. vorderes Laufrad und Kurbelgarnitur) unterteilt. Diese Baugruppen werden dann wiederum in Einzelteile (mit eindeutiger Bestell-Nr.) oder in weitere Baugruppen aufgeteilt. Erstelle ausschnittsweise ein Klassendiagramm für den Ersatzteilkatalog, in dem die verschiedenen Baugruppen als unterschiedliche Klassen auftreten.

Anstelle der Beziehungslinie mit beidseitiger Angabe der Multiplizitäten und des Beziehungsbezeichners verwendet man speziell für die Aggregation auf der Seite der enthaltenden Klasse eine Raute. Auf die Angabe der Multiplizität 1 kann auf dieser Seite sogar verzichtet werden.

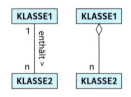

In vielen Objekt- bzw. Klassenmodellen begegnet man Objekten, die wiederum Objekte anderer Klassen enthalten. Eine solche „Enthält-Beziehung" (**Aggregation**) wird in Programmobjekten durch ein Attribut implementiert, als dessen Typ die Klasse der enthaltenen Objekte angegeben wird.

Zusammengesetzte Objekte

In Grafiken stößt man oft schon bei sehr einfachen Objekten auf Aggregationen, wie z. B. bei der Darstellung einer Fußgängerampel mit zwei Lichtern. Ein solches Objekt der Klasse AMPEL enthält zwei Objekte der Klasse KREIS (für die Lichter) sowie ein Objekt der Klasse RECHTECK (für das Gehäuse).

```java
public class Ampel {
    private Kreis lichtOben;
    private Kreis lichtUnten;
    private Rechteck gehaeuse;
    ...
}
```

Diese Aggregationen werden mithilfe dreier Attribute implementiert: *lichtOben, lichtUnten* für die Kreise sowie *gehäuse* für das Rechteck. Diese Attribute haben als Typ die jeweilige Klasse des enthaltenen Objektes (KREIS bzw. RECHTECK).

Anlegen der Attributwerte

Im Gegensatz zu Werten einfacher Typen wie `int` muss ein Objekt, das als Attributwert eines anderen dienen soll, erst erzeugt werden. Dazu muss die Konstruktormethode der entsprechenden Klasse aufgerufen werden (vgl. Seite 55). In *Java*-Programmen verwendet man dazu den `new`-Operator innerhalb einer Zuweisung, z. B. `gehaeuse = new Rechteck()`.

IV Interaktion

Beim Aufruf des `new`-Operators wird allerdings nicht das Objekt selbst, sondern nur eine Referenz auf seinen Speicherort übergeben (vgl. Seite 56).

Im Beispiel wird in der Konstruktormethode der Klasse AMPEL dem Attribut *lichtOben* eine Referenz auf ein Objekt der Klasse KREIS übergeben (Fig. 1). Das Attribut *lichtUnten* erhält dann als Wert eine Referenz auf ein weiteres Objekt der Klasse KREIS.

Java

```
public Ampel() {
   lichtOben = new Kreis();
   lichtUnten = new Kreis();
   gehaeuse = new Rechteck();
   ...
}
```

Fig. 1

Aggregation und Referenzen

Programmiertechnisch wird eine Aggregation zwischen zwei Objekten nicht dadurch implementiert, dass ein Programmobjekt tatsächlich ein anderes enthält. Vielmehr speichert das enthaltende Objekt lediglich eine Referenz auf das enthaltene Objekt als Wert eines Attributes. Das enthaltene Objekt existiert jedoch selbstständig außerhalb des enthaltenden. Wir sprechen dennoch von einer Enthält-Beziehung.

In allen Fällen, in denen Attributwerte Objekte sind, wird anstelle des Objektes selbst nur eine Referenz auf seinen Speicherplatz als Attributwert (z. B. 10500 in Fig. 3) gespeichert. Im Fall des Objektes *kreis01* aus Fig. 2 wird im Attribut *lichtOben* der Klasse AMPEL, das diesen Kreis als Wert enthält, lediglich die Nummer der ersten Speicherstelle des Objektes *kreis01* gespeichert.

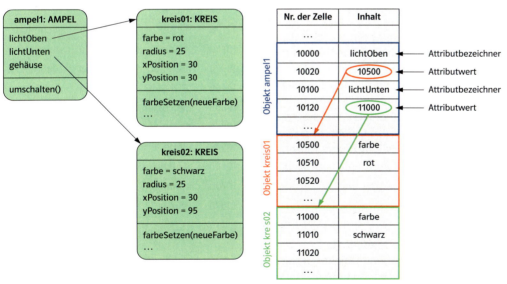

Fig. 2   Fig. 3

Im Gegensatz zu einfachen Typen wie `int` werden die Typen bei objektwertigen Attributen (d.h. die Klassenbezeichner) immer groß geschrieben. In *Java* sind übrigens auch die Zeichenketten vom Typ `String` Objekte.

> Eine **Aggregation** wird im enthaltenden Objekt als Attribut implementiert, dessen Wert eine Referenz auf das enthaltene Objekt ist.

Aufgaben

1 Flaggen der Erde III
Die Flaggen von Laos und Israel bestehen aus Rechtecken, Dreiecken und Kreisen. Zeichne jeweils das zugehörige Klassendiagramm.

2 Hausbau
Die Klasse HAUS soll wie in Fig. 1 realisiert werden. Die Klasse HAUS hat neben den angegebenen Attributen Methoden zum Anstreichen der Mauer und der Tür.
a) Gib analog zum Lehrtext auf Seite 109 (Fig. 3) für ein Objekt der Klasse HAUS die Repräsentation im Speichermodell an. Die Darstellung der Methoden ist nicht erforderlich.

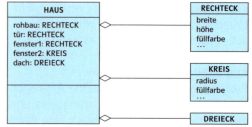

Fig. 1

b) Weshalb müssen aggregierte Objekte im Speichermodell nicht unbedingt einen Bezeichner aufweisen?
c) Implementiere die Klasse HAUS mit den oben erwähnten Methoden.

3 Elektronische Telefonbücher
Fig. 2 zeigt einen Ausschnitt aus dem Speichermodell einer Liste von Telefonbucheinträgen.
a) Gib das Objektdiagramm dieser Liste an.
b) Wie würde das Klassendiagramm aussehen?
c) Durch einen Virus wird in der Speicherzelle 20550 der ursprüngliche Eintrag durch die Zahl 10100 ersetzt. Welche Konsequenz hat das für das Objekt- und Klassenmodell? Wie verhält sich eine Methode, die die Einträge der Reihe nach ausgeben soll?

Nr. der Zelle	Inhalt	Nr. der Zelle	Inhalt
10000	liste	20100	name
10100	name	20150	„Schmitz"
10200	„Müller"	20200	nummer
10300	nummer	20250	„045 67 89"
10400	„089 45 32"	20275	naechster
10500	naechster	20300	20350
10550	20100	20350	name
10575	name	20400	„Schmitz"
10600	„Letzter"	20450	nummer
10700	nummer	20500	„043 51 98"
10800	„067 34 28"	20525	naechster
		20550	10575

Fig. 2

4 Eine optimierte Telefonliste
Das in Fig. 3 angegebene Objektdiagramm zeigt Telefonbucheinträge in einem Baumdiagramm.
a) Nach welchem Prinzip könnten die Namen eingefügt worden sein? Füge entsprechend einen Eintrag mit deinem eigenen Namen ein.
b) Welche Vorteile hat die Anordnung gegenüber einer einfachen Liste (vgl. Aufgabe 2)?
c) Gib für das Baumdiagramm ein Speichermodell analog zu Fig. 2 an.

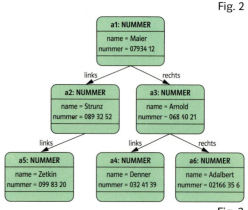

Fig. 3

2 Arbeiten mit Referenzen

In Hamburg und München werden am selben Tag zwei Autos gleichen Typs und völlig gleichen Aussehens mit demselben Kennzeichen jeweils in einer Radarkontrolle geblitzt. Welche möglichen Erklärungen gibt es dafür?

Beim Erstellen objektorientierter Programme ergeben sich aus der Einschränkung, dass man Objekte nur über Referenzen ansprechen kann, einige Schwierigkeiten.

Identität und Gleichartigkeit von Objekten

Wann sind zwei Objekte „gleich"? Zunächst muss man zwischen „identisch" und „gleichartig" unterscheiden. Wenn sich zwei Brüder jeweils ein Sakko des gleichen Typs, derselben Konfektionsgröße und derselben Farbe kaufen, so handelt es sich um zwei **gleichartige** Kleidungsstücke. Sparsamere Brüder kaufen sich aber vielleicht zusammen nur ein Sakko, das sie dann allerdings nur abwechselnd tragen können. In diesem Fall besitzen beide dasselbe (**identische**) Kleidungsstück.

Gleichartig sind zwei Objekte dann, wenn sie in allen ihren Attributwerten übereinstimmen, also völlig gleiche Eigenschaften haben (z. B. zwei gleichartige Fahrzeuge desselben Typs mit völlig gleicher Ausstattung von der Farbe bis zu den Extras).
In diesem Fall stellt sich jedoch die Frage, ob objektwertige Attribute dann identische Objekte als Werte haben müssen oder nur gleichartige. Im zweiten Fall kann man für deren objektwertige Attribute wiederum Identität oder nur Gleichartigkeit verlangen usw. Wegen dieser Mehrdeutigkeiten ist die Verwendung des einfachen Gleichheitsoperators „==" bei Objekten mit Vorsicht zu genießen. Meist gibt es spezielle klassenspezifische Methoden zur Feststellung der Gleichartigkeit zweier Objekte.

Mit == wird überprüft, ob zwei Referenzen auf dasselbe Objekt verweisen (Identität).

Speziell bei zwei verschiedenen Zeichenketten s1 und s2 mit gleicher Zeichenfolge prüft die Methode `equals()`, ob die beiden Zeichenketten den gleichen Inhalt haben (Gleichartigkeit). So liefert `s1.equals(s2)` das Ergebnis `true`, dagegen liefert `s1 == s2` das Ergebnis `false`.

Mehrfache Referenzierung

Wenn es in einem Kino zwei Eingänge gibt, an denen je ein Platzanweiser jeweils einem Kunden eine Referenz auf denselben Sitzplatz übergibt, dann bekommen die beiden Kunden Probleme miteinander.
Ähnlich problematisch wird es, wenn ein Objekt von zwei anderen Objekten referenziert wird, was man sehr leicht mittels der Zuweisung der entsprechenden Referenz erreichen kann (2. Zeile in der *Java*-Box):

Java

```
ampel1.lichtOben.farbe = "rot";
ampel2.lichtOben = ampel1.licht-
   Oben;
ampel2.lichtOben.farbe = "blau";
```

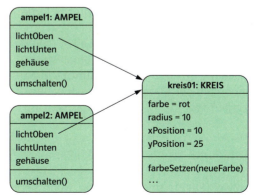

Nach dieser Programmsequenz hat auch *ampel1.lichtOben.farbe* den Wert *blau*. Nach der 2. Zeile referenzieren sowohl *ampel1* als auch *ampel2* dasselbe identische Objekt *kreis01*.

IV Interaktion

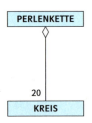

Ausgabe des Programms:

●●●●●●●●●●●●●●●●●●●●

Die Parameter des Konstruktors für Kreis bedeuten der Reihe nach xPosition, yPosition, Radius und Farbe der i-ten Perle.

1:n-Beziehungen

Wenn ein Objekt viele andere Objekte derselben Klasse enthält, ist es oft umständlich, für jedes dieser vielen Objekte ein eigenes Attribut einzurichten und mit Werten zu belegen. Man verwendet daher in solchen Fällen meist ein Feld (vgl. Seite 67 ff.) wie im folgenden Beispiel zur Zeichnung einer Perlenkette aus 20 Kreisen.

Java

```java
public class Perlenkette {
   private Kreis[] Perle = new Kreis[20];
   public Perlenkette() {
      for (int i=0; i<20; i++) {
         Perle[i] = new Kreis(18*i, 75, 9, "blau");
         Perle[i].sichtbarMachen();
      }
   }
}
```

Zugriff auf Objekte anderer Klassen

Wie bereits auf Seite 41 besprochen, will man in objektorientierten Programmen die Attribute möglichst gegen „fremde" Zugriffe (d. h. gegen Zugriffe von Objekten anderer Klassen) abschotten **(Datenkapselung)**. Falls ein Objekt einer anderen Klasse referenziert wird, kann daher nicht direkt auf dessen private Attribute zugegriffen werden. Zur Abhilfe erstellt man für jedes Attribut, auf das von außen zugegriffen werden soll, eine **Lese-** bzw. **Schreibmethode**, die man als öffentlich deklariert. Meist werden sie mit dem Attributbezeichner und einer Verbform (für Lesen oder Schreiben) bezeichnet, z. B. *farbeSetzen*, *radiusSetzen*, *rahmen-stärkeLesen*, *getNumber*, *setCorner*.

Diese Methoden eröffnen weitere Möglichkeiten: man kann damit die Zugriffe auf ein Attribut in lesende und schreibende aufteilen, kontrollieren, protokollieren, auf bestimmte Klassen einschränken oder nur unter bestimmten Umständen zulassen.

Unsere Ampel kann also nicht direkt über eine Zuweisung auf die (privaten) Attribute der beiden enthaltenen Kreisobjekte *lichtOben* und *lichtUnten* zugreifen. Erlaubt sind dagegen indirekte Zugriffe über öffentliche Methoden wie z. B. *farbeSetzen*.
Die Anweisung *lichtOben.farbe = rot* würde innerhalb der Klasse AMPEL eine Fehlermeldung erzeugen, da das Attribut *farbe* innerhalb der Klasse KREIS als privat deklariert ist.

Java

```java
public class Kreis {
   private String farbe;
   public void farbeSetzen(
            String farbeNeu) {...
   }...
}

public class Ampel {
   private Kreis lichtOben;
   ...
   public void umschaltenRot() {
      lichtOben.farbeSetzen("rot");
      ...
   }
}
```

Zwei Objekte sind **gleichartig**, wenn sie in allen Attributwerten übereinstimmen.
Mehrere Referenzen können auf dasselbe **(identische)** Objekt verweisen.

Aufgaben

1 **Männermoden**

Ein Anzug besteht aus Sakko, Weste und Hose.
a) Gib das Klassendiagramm an und deklariere für die einzelnen Klassen geeignete Attribute.
b) Implementiere die Klassen für das Sakko, die Weste und die Hose.
c) Zwillingsbrüder wollen sich einen Anzug kaufen. Erläutere anhand eines Objektdiagramms, in welchen Fällen es sich um gleichartige oder identische Kleidungsstücke handelt. Berücksichtige z.B. den Fall, dass sich die Brüder ein gemeinsames Sakko, aber unterschiedliche Hosen kaufen würden.
d) Realisiere in der Klasse ANZUG die verschiedenen Fälle durch Variation des Konstruktors dieser Klasse.

2 **Menüwahl**

Ein Menü besteht aus Vor-, Haupt und Nachspeise.
a) Gib das zugehörige Klassendiagramm an, wenn es sich bei den drei Gängen jeweils um Objekte der gleichen Klasse NAHRUNG handelt bzw. wenn zwischen den Klassen VORSPEISE, HAUPTSPEISE und NACHSPEISE unterschieden wird.
b) Gib für die Klassen NAHRUNG, VORSPEISE, HAUPTSPEISE und NACHSPEISE jeweils die Klassendefinition an.
c) Zwei Kollegen gehen gemeinsam in die Kantine. Illustriere anhand eines Objektdiagramms, unter welchen Umständen sie das gleiche bzw. dasselbe Menü zu sich nehmen.
d) Implementiere die Klasse MENÜ und realisiere die beiden Fälle durch Variation des Konstruktors.

3 **Perlenkette**

Eine Perlenkette besteht aus zwölf Perlen, welche in einer Reihe angeordnet sind.
a) Definiere die Klasse PERLENKETTE mithilfe eines Feldes, das Objekte der Klasse KREIS enthält und implementiere die Klasse. Erzeuge ein Objekt einer Perlenkette.
b) Ergänze die Klasse um eine Methode *farbeSetzen*, welche die Farbe der angegebenen Perle verändern kann.
c) Ergänze die Klasse um eine Methode *größeSetzen*, welche die Größe der angegebenen Perle entsprechend verändert.
d) Ändere den Konstruktor der Klasse PERLENKETTE derart, dass die Perlen nicht längs einer Gerade, sondern längs einer Kreislinie ausgegeben werden.
e) Erweitere den Konstruktor so, dass die Anzahl der Perlen erst bei der Erzeugung der Perlenkette festgelegt wird.

4 **Schachspiel I**

Ein Schachbrett besteht aus 64 Feldern, die in acht Zeilen und acht Spalten angeordnet sind.
a) Definiere die Klasse SCHACHBRETT mithilfe eines zweidimensionalen Feldes, wobei die einzelnen Felder durch Quadrate modelliert werden.
b) Implementiere die Klasse SCHACHBRETT derart, dass das Schachbrett grafisch ausgegeben werden kann.

5 Schachspiel II

Ein Schachbrett besteht aus 64 Feldern, wobei jedes Feld durch die „Schachkoordinaten" (A3, C7, ...) und die Farbe gekennzeichnet ist. Darüber hinaus kann auf dem Feld einer der zwölf Figurtypen Turm, Springer, Läufer, Dame, König und Bauer (je schwarz oder weiß) stehen.
a) Gib ein Klassenmodell an, das aus den Klassen SCHACHSPIEL, FELD und FIGUR besteht. Wähle die Attribute derart, dass verschiedene Zustände des Spiels (d.h die verschiedenen Spielstellungen) simuliert werden können. Der Typ der Figur soll in einfacher Weise in Textform beschrieben werden.
b) Füge dem Modell aus Teilaufgabe a) die Klasse QUADRAT hinzu, sodass das Schachbrett auch grafisch dargestellt werden kann. Repräsentiere ebenso die Figuren durch geeignete Symbole und stelle sie grafisch dar.

6 Bücher und Bücherregale

Ein Buch ist charakterisiert durch den Namen des Autors, den Buchtitel und die Verlagsdaten. Die Verlagsdaten umfassen den Namen des Verlags, die Nummer der Auflage und das Erscheinungsjahr.
a) Gib ein Klassendiagramm an, das die Klasse BUCH beschreibt und implementiere es. Definiere im Konstruktor die wesentlichen Daten des Buches.
b) Im Weiteren soll ein Bücherregal als Feld von Büchern implementiert werden. Dabei hat das Bücherregal folgende Eigenschaften:
Ein Bücherregal kann leer sein oder eine Anzahl von Büchern enthalten. Wenn es voll ist, kann es erweitert werden. Im Bücherregal kann man ein neues Buch einstellen, nach einem Buchtitel suchen und ein Buch mit einem gewünschten Buchtitel entnehmen.
Identifiziere aus dieser Beschreibung eines Bücherregals die Methoden, die eine Klasse BÜCHERREGAL zur Verfügung stellen sollte. Welche Attribute sind für eine derartige Klasse nötig? Gib anschließend die Klassenkarte des Bücherregals an und implementiere das Modell. Beachte bei der Implementierung Folgendes:
– Für das Auffüllen des Regals gibt es keine Vorschrift. Ein Auffüllen kann von links nach rechts, umgekehrt oder beliebig erfolgen.
– Die beim Entnehmen eines Buches entstandene Lücke soll geschlossen werden.
– Bei vollem Regal sollte das Regal automatisch erweitert werden.

7 Sortiertes Bücherregal

Das Bücherregal aus Aufgabe 6 wird optimiert. Die Bücher sollen alphabetisch sortiert werden. Verwende dazu die Implementierung des *Bubblesort*-Algorithmus aus Aufgabe 4 von Seite 69. Beachte dabei, dass nun die Titel von Objekten der Klasse BUCH miteinander verglichen werden müssen.

Info

Für den alphabetischen Vergleich von Zeichensequenzen (String) stellt *Java* die Methode `compareTo` zur Verfügung. So werden zwei Strings `text1` und `text2` durch den Aufruf `text1.compareTo(text2)` verglichen. Ist `text1` lexikographisch größer als `text2`, steht also `text1` alphabetisch nach `text2`, so ist das Ergebnis positiv, bei Gleichartigkeit erhält man als Ergebnis 0, ansonsten ist das Ergebnis negativ. In der *Java-API* kannst du dich detailliert über die Verwendung dieser Methode informieren.

Beispiel:
`System.out.println("Hase".CompareTo("Floh"));` liefert das Ergebnis 2.

3 Kommunikation zwischen Objekten

Die aktuelle CD der Sängerin Smoothy wurde von Bill Earny produziert und enthält 13 Lieder. Acht davon hat Smoothy selbst komponiert und getextet, drei stammen von den Komponisten Jack Tillman & Anna Cry, die ihre Texte von John Writeman verfassen lassen. Die restlichen zwei Lieder wurden von Silly McLaugh geschrieben und getextet. Als Musiker wirkten neben Smoothy noch Carl Zipper (Gitarre) und Earl Push (Percussion) mit. Beschreibe diese Zusammenhänge durch ein Objekt- und ein Klassendiagramm.

Oft findet man bei der objektorientierten Modellierung eines Systems neben der Aggregation („enthält" bzw. „ist Teil von") noch weitere Beziehungen zwischen den Objekten diverser Klassen, wie z. B. „ist Angestellter von", „benutzt", „bucht", „überweist", „reserviert" oder „verkauft". Allgemein bezeichnet man Beziehungen zwischen Objekten als **Assoziationen**.

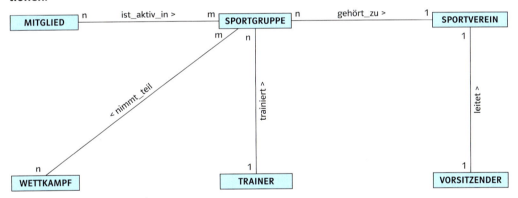

Art der Assoziation
Eine Assoziation beschreibt immer eine bestimmte Art von Kommunikation zwischen zwei Objekten, für die es folgende Möglichkeiten gibt:
- Ein Objekt **nutzt Daten** (Attributwerte) eines anderen Objektes.
- Ein Objekt **ruft Methoden** eines anderen Objektes **auf**.

Wenn die Attribute wie üblich privat sind, kann die direkte Nutzung von Attributwerten anderer Objekte nur stattfinden, wenn beide Objekte derselben Klasse angehören. In allen anderen Fällen kann diese Kommunikation nur über den Aufruf spezieller Lese- oder Schreibmethoden ausgeführt werden.

Referenzierung
In jedem der beiden Fälle muss dafür gesorgt werden, dass das Objekt, dessen Attribute oder Methoden genutzt werden sollen (*objekt2*), dem nutzenden Objekt (*objekt1*) bekannt ist, d. h., *objekt1* muss über eine Referenz auf *objekt2* verfügen.

Richtung der Assoziation

Für die Form der Implementierung ist zunächst die Richtung der Beziehung ausschlaggebend: Nutzt nur eines der beiden an der Beziehung beteiligten Objekte die Attribute der Methoden des anderen oder findet diese Nutzung in beiden Richtungen statt? Im ersten Fall handelt es sich um eine **unidirektionale**, im zweiten um eine **bidirektionale Assoziation**. Im zweiten Fall muss bei der Implementierung dafür gesorgt werden, dass jedes der beiden Objekte über eine Referenz auf das jeweils andere verfügt.

Im Datenbankbereich verwendet man den Begriff Kardinalität anstelle von Multiplizität.

Multiplizität der Assoziation

Außerdem ist für die Umsetzung in ein Programm sehr wichtig, wie viele Objekte der einen Klasse durch die Assoziation jeweils jedem Objekt der anderen Klasse zugeordnet werden. Dies wird durch die sogenannte **Multiplizität** der Assoziation ausgedrückt.

(1) Der einfachste Fall liegt bei einer **1:1**-Assoziation vor: Einem Objekt der einen Klasse wird genau ein Objekt der anderen Klasse zugeordnet. In diesem Fall genügt ein einzelnes Attribut zur Aufnahme der Referenz.

(2) Bei **1:n**-Assoziationen werden einem Objekt mehrere Objekte der anderen Klasse zugeordnet. Hier verwendet man (wie etwa im Fall der Aggregation in Lerneinheit 2 dieses Kapitels) oft ein Feld, um die Menge der Referenzen aufzunehmen. Je nach Richtung der Nutzung ist es eventuell auch möglich, die umgekehrte Assoziation zu implementieren. Aus „Trainer trainiert Sportgruppe" wird in unserem Beispiel „Sportgruppe wird_trainiert_von Trainer". Statt dem Trainer eine Menge von Sportgruppen zuzuordnen, muss hier der Sportgruppe nur ein einziges Attribut zur Aufnahme der Referenz auf den Trainer hinzugefügt werden.

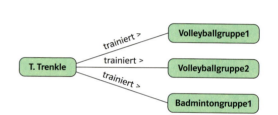

(3) Aufwändiger wird die Implementierung bei der Multiplizität **m:n**. Hier bieten sich zwei Möglichkeiten:
a) Man löst die Beziehung in zwei getrennte Assozioationen (1:n und m:1) auf und implementiert diese wie in Fall (2).
b) Die Assoziation wird durch ein Objekt einer speziellen **Assoziationsklasse** implementiert.

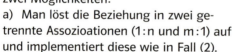
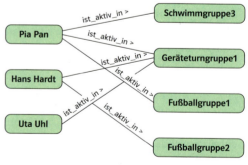

Im Wesentlichen besteht ein solches „Assoziationsobjekt" aus einem Feld, dessen Elemente (eigentlich Objekte) jeweils eine Zuordnung der Assoziation darstellen, indem sie je eine Referenz auf die beiden einander zugeordneten Objekte enthalten

Beispielsweise verbindet die Beziehung *ist_Autor_von* Objekte der beiden Klassen AUTOR und TITEL miteinander. Ein Objekt der entsprechenden Beziehungsklasse IST_AUTOR_VON enthält ein Feld, dessen Objekte wiederum jeweils ein Objekt der Klasse AUTOR mit einem Objekt der Klasse TITEL verbinden.

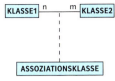

Auch bei Datenbanken werden n:m-Beziehungen zwischen Tabellen als eigene Tabelle (Klasse) realisiert (Beziehungstabelle).

Im zugehörigen Programm wird eine Klasse AUTORTITEL definiert, welche Attribute für je eine Referenz auf die beiden zusammengehörigen Beziehungspartner (je ein Objekt der Klassen AUTOR bzw. TITEL) enthält. In der eigentlichen Assoziationsklasse IST_AUTOR_VON wird dann schließlich ein Feld für die Objekte der Klasse AUTORTITEL deklariert.
Der Einfachheit halber werden im folgenden Beispiel die Objekte der Klassen AUTOR und TITEL innerhalb der Assoziationsklasse angelegt.

Java

```java
public class Titel {
   private String isbn;
   private String bezeichnung;
   public Titel(String bez) {
      bezeichnung = bez; }
}

public class Autor {
   private String name;
   private String email;
   public Autor(String n) {
      name = n; }
}

public class AutorTitel {
   private Autor autor1;
   private Titel titel1;
   public AutorTitel(Autor aut, Titel tit) {
      autorNeu = aut;
      titelNeu = tit; }
}

public class Ist_Autor_Von {
   private AutorTitel[ ] auti = new AutorTitel[100];
   public void autorTitelZuordnen() {
      auti[0] = new AutorTitel(new Autor("Goethe"), new Titel("Faust"));
      auti[1] = new AutorTitel(new Autor("Doyle"), new Titel("A Study")); }
}
```

Bekanntschaft zwischen Objekten

Ein Objekt kann nur dann mit einem anderen Objekt kommunizieren, wenn es dieses kennt, d.h., wenn es über eine Referenz darauf verfügt. Wie kann ein Objekt aber ein anderes kennenlernen, d.h. eine solche Referenz bekommen? Falls die Referenz auf *objekt2* in einem Attribut von *objekt1* gespeichert werden soll, gibt es zwei Möglichkeiten (Seite 118).

(1) *objekt2* wird durch den Programmcode von *objekt1* angelegt. In unserem Beispiel wird *spieler1* im Konstruktor der Klasse FUSSBALLGRUPPE angelegt.

(2) *objekt2* wird von einem anderen Objekt außerhalb von *objekt1* angelegt. Dann muss die Referenz darauf an *objekt1* als Parameterwert einer seiner Methoden übergeben werden. Im Beispiel wird der Wert des Attributes *fußball* durch den Parameter *ball* der Methode *schießen* der Klasse SPIELER übergeben.

Java
```
public class Fussballgruppe {
    private Spieler spieler1;...
    public Fussballgruppe() {
        spieler1 = new Spieler();...
    }...
}
```
Fig. 1

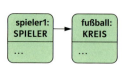

Java
```
public class Spieler {
    private Kreis fussball;...
    public void schiessen(Kreis ball, int xRichtung, int yRichtung) {
        fussball = ball;
        fussball.horizontalBewegen(xRichtung);
        fussball.vertikalBewegen(yRichtung);
    }...
}
```
Fig. 2

Etwas einfacher ist die Lage, wenn die beiden beteiligten Objekte durch den Programmcode einer anderen Klasse angelegt und Referenzen auf beide dort als Werte von Attributen verwaltet werden. Im Beispiel werden in der Klasse FUSSBALLSPIEL die Referenzen auf die Objekte *spieler1* und *fußball* als Attribute definiert. Das Objekt *spieler1* kann somit in seiner Methode *schießen* problemlos die Methode *horizontalBewegen* des Objektes *fußball* nutzen

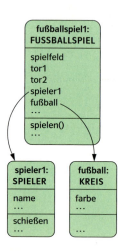

Java
```
public class Fussballspiel {
    private Rechteck spielfeld;
    private Rechteck tor1;
    private Rechteck tor2;
    private Kreis fussball;
    private Spieler spieler1;...

    public Fussballspiel() {
        fussball = new Kreis();
        spieler1 = new Spieler();...
    }

    public void spielen() {
        spieler1.schiessen(fussball, 100, 20);...
    }
}

public class Spieler {
    String name;...

    public void schiessen(Kreis ball, int xRichtung, int yRichtung) {
        ball.horizontalBewegen(xRichtung);
        ball.vertikalBewegen(yRichtung);
    }...
}
```
Fig. 3

Ein Objekt *objekt1* kann mit einem anderen Objekt *objekt2* kommunizieren, indem es dessen Methoden aufruft oder die Werte seiner Attribute ausliest oder verändert. Falls die beiden Objekte verschiedenen Klassen angehören, müssen die genutzten Methoden bzw. Attribute von *objekt2* öffentlich sein.
Solche Kommunikationsvorgänge werden im Klassenmodell durch **Assoziationen** zwischen den Klassen von *objekt1* und *objekt2* beschrieben. Voraussetzung für die Kommunikation ist jedoch, dass *objekt1* über eine Referenz auf *objekt2* verfügt, die in einem geeigneten Attribut gespeichert ist.

Aufgaben

1 Kontoführung
Das Klassendiagramm in Fig. 1 zeigt, wie bei einer Bank Kunden, deren Konten sowie die Bank selbst miteinander in Beziehung stehen können.

Fig. 1

a) Verfeinere das Klassendiagramm derart, dass die Klassen, die zur Implementierung der m:n-Beziehung notwendig sind, dargestellt werden.
b) Implementiere die Klassen. Im Konstruktor soll dabei eine Bank erzeugt werden, die maximal 100 Kunden aufnehmen und 200 Konten aufweisen kann.
c) Implementiere eine Methode, mit der man ein Konto eröffnen kann.

2 Ein unternehmerisches Schwergewicht
Die Firma Hinkelstein AG besteht aus mehreren Mitarbeitern und hat zahlreiche Kunden. Die Aufträge, die die Kunden erteilen, werden von jeweils einem Mitarbeiter bearbeitet.
a) Gib das Klassendiagramm an, das die Beziehungen zwischen den Klassen FIRMA, MITARBEITER, KUNDE und AUFTRAG beschreibt und beachte insbesondere die Multiplizitäten. Definiere in den einzelnen Klassen charakteristische Attribute.
b) Implementiere das Klassendiagramm. Die Firma soll dabei auf maximal zehn Mitarbeiter, 1000 Kunden sowie 10 000 Aufträge ausgelegt sein. Bei der Gründung hat die Firma fünf Mitarbeiter, jedoch keine Kunden und keine Aufträge.
c) Füge folgende Methoden an geeigneter Stelle ein:
– eine Methode, um einen Kunden einzutragen bzw. zu löschen,
– eine Methode, um einen Auftrag zu erteilen bzw. diesen zu löschen,
– eine Methode, mit der die Firma alle Aufträge, die von einem bestimmten Mitarbeiter bearbeitet wurden, ermitteln kann.

Man glaubt es kaum, aber es gab wirklich Zeiten, in denen Hinkelsteine „massenhaft" produziert wurden. (Megalithkultur, ca. 4500 v.Chr. in der Bretagne)

3 Eistüte
Es soll eine Eistüte gezeichnet werden. Stelle dabei die Waffel durch ein Dreieck und jede Kugel durch einen Kreis dar. Die Waffel kann maximal sieben Kugeln aufnehmen.
a) Zeichne das zugehörige Klassendiagramm.
b) Implementiere die Klasse EISTÜTE. Beim Aufruf des Konstruktors wird das Dreieck gezeichnet und ein leeres Feld der Länge 7 für die Eiskugeln erzeugt.
c) Eine Methode *sorteWählen* soll bei jedem Aufruf eine Kugel nach Wahl (Erdbeer, Schokolade oder Vanille) auf die Eistüte legen.

4 Schulbeziehungen

Fig. 1 stellt die Beziehungen zwischen den Schülern einer Schulklasse, den Lehrern und den einzelnen Fächern dar.

a) Erweitere das Klassendiagramm um die Klasse SCHULE und die dazugehörigen Assoziationen. Gib die Klassen, die zur Implementierung der einzelnen Assoziationen notwendig sind, an. Weshalb könnte es sinnvoll sein, auch die Beziehung zwischen Schülern und der Schulklasse durch eine Assoziationsklasse zu implementieren?

b) Weshalb ist es sinnvoll, eine m:n-Assoziation zwischen den Klassen SCHÜLER und FACH einzuführen? Ergänze das Klassendiagramm aus Teilaufgabe a) entsprechend.

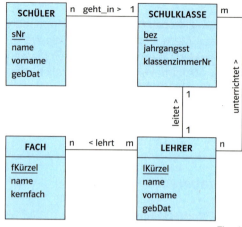

Fig. 1

c) Die Implementierung der Schulbeziehungen erfolgt in arbeitsteiliger Gruppenarbeit, d.h., die einzelnen Gruppen arbeiten jeweils an verschiedenen Teilen des Programms. Dabei bieten sich folgende Phasen an (nach jeder Phase sollten die jeweils in den einzelnen Gruppen erstellten Programmteile zusammengeführt und getestet werden):

1. Implementieren der Klassen SCHULE, SCHÜLER, SCHULKLASSE, LEHRER und FACH (fünf Gruppen)
2. Erzeugen einer hinreichenden Anzahl von Objekten der Klassen SCHÜLER, SCHULKLASSE, LEHRER und FACH in jeweils einer Methode der Klasse SCHULE. Auch hier bietet sich eine Aufteilung in mehrere Gruppen an.
3. Implementieren der Assoziationen; die einzelnen Assoziationen werden von verschiedenen Gruppen implementiert.
4. Realisieren von Methoden in der Klasse SCHULE zur Bearbeitung von Abfragen ähnlich wie bei Datenbanken:
   - eine Methode, um die Daten eines bestimmten Schülers auszugeben
   - eine Methode, um alle Schüler einer bestimmten Klasse zu ermitteln
   - eine Methode, um alle Fächer, die in einer bestimmten Klasse unterrichtet werden, zu bestimmen
5. Sortiertes Ausgeben der Daten in 4. Es empfiehlt sich die Verwendung einer geeigneten privaten Methode.
6. Realisieren einer Methode, um einen bestimmten Schüler zu löschen. Dabei soll sichergestellt sein, dass auch alle Assoziationen, an denen dieser Schüler beteiligt ist, gelöscht sind.

5 Notenverwaltung

Das Schulverwaltungsprogramm aus Aufgabe 4 soll um ein Notenverwaltungsmodul erweitert werden.

a) Wie muss das Klassendiagramm aus Fig. 1 erweitert werden, damit die Endnoten der Schüler in den einzelnen Fächern erfasst werden können?

b) Implementiere die Erweiterung zur Erfassung der Endnoten aus Teilaufgabe a).

c) Definiere in der Klasse SCHULE folgende Methoden:
- eine Methode, um alle Endnoten eines bestimmten Schülers auszugeben,
- eine Methode, um den Zeugnisdurchschnitt eines bestimmten Schülers zu berechnen,
- eine Methode, um den Durchschnitt einer bestimmten Klasse in einem bestimmten Fach zu berechnen.

4 Sequenzdiagramme

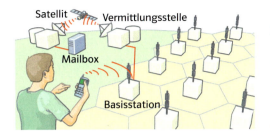

▬ Die Abfrage der Mobilbox eines Mobiltelefonanschlusses kann man durch die Interaktion einer Person, eines Mobiltelefons, des Funknetzes und des Mobilboxsystems beschreiben. Versuche, die Folge der Methodenaufrufe in einer Skizze darzustellen. ▬

*Methodenaufrufe zwischen Objekten werden oft auch als Nachrichten bezeichnet. Bei Sequenzdiagrammen liegt der Schwerpunkt auf der zeitlichen Abfolge von Nachrichten. Sie gehören zu den **Interaktionsdiagrammen**.*

Objekte **kommunizieren** untereinander, indem sie wechselseitig ihre **Methoden aufrufen**. Die zeitliche Folge dieser Methodenaufrufe lässt sich mithilfe von Sequenzdiagrammen (engl. Message Sequence Chart, kurz MSC) gut veranschaulichen. Mit einem **Sequenzdiagramm** kann man allerdings nur einen von vielen möglichen Abläufen eines Programms darstellen.

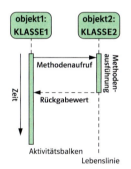

In Sequenzdiagrammen werden in der Kopfzeile Objekte aufgereiht, von denen nach unten jeweils eine Zeitachse führt. Von einer solchen Zeitachse ausgehend zeichnet man für jeden Methodenaufruf einen Pfeil vom aufrufenden zum aufgerufenen Objekt. Nach dem Ende der Ausführung der Methode wird ein Pfeil in der Gegenrichtung eingetragen und eventuell mit dem Rückgabewert der Methode versehen. Ist das Objekt aktiv, so wird dies durch einen Balken auf der Zeitachse kenntlich gemacht.

Ein Mitarbeiter einer Bank beispielsweise tätigt für den Kunden Meier eine Überweisung von seinem Konto *konto1* über den Betrag von 500 € auf das Konto *konto2* des Kunden Huber.

Im Gegensatz zum UML-Standard (vgl. auch Exkursion auf Seite 126 f.) verwenden wir für die Objekte auch in Sequenzdiagrammen „abgerundete" Rechtecke.

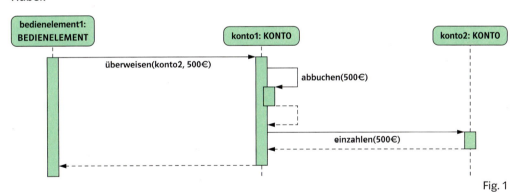

Fig. 1

Der Bankangestellte ruft zunächst über ein Bedienelement seiner Software (*bedienelement1*) die Methode *konto1.überweisen(konto2, 500€)* auf. Während der Ausführung dieser Methode löst das Objekt *konto1* den Aufruf der eigenen Methode *abbuchen(500€)* aus und ruft dann die Methode *konto2.einzahlen(500€)* auf (Fig. 1).

```java
public void einzahlen(double b) {
    ...}
public void abbuchen(double b) {
    ...}

public void ueberweisen(Konto kto,
    double b) {
    abbuchen(b);
    kto.einzahlen(b);
}
```

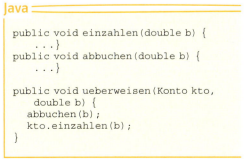

Sequenzdiagramme als Hilfe zur Modellüberprüfung
Obwohl Sequenzdiagramme üblicherweise nur typische Interaktionen zwischen Objekten darstellen und damit nur einen Ausschnitt des Systemablaufs zeigen, eignen sie sich gut zur Überprüfung eines Klassenmodells sowie zur Entwicklung der Struktur von Methoden.

Fig. 1

Eine kleine Mietwagenfirma (vgl. Klassendiagramm in Fig. 1) verleiht Fahrzeuge tageweise an Kunden. Nach Beendigung des Mietverhältnisses werden die Kundenauftragsdaten wieder gelöscht. Der Vorgang „Verleih eines Mietwagens an einen neuen Kunden bis zur Rückgabe des Fahrzeugs" könnte durch folgendes Sequenzdiagramm dargestellt werden:

In Sequenzdiagrammen können gegebenenfalls die Objektbezeichner weggelassen werden, wenn nur interessiert, zu welcher Klasse die Objekte gehören.

Trifft ein horizontaler Pfeil auf den Kopf eines Objektes, so wird eine Konstruktormethode aufgerufen: das Objekt wird neu erzeugt.

Das Löschen eines Objektes wird mit einem X markiert.

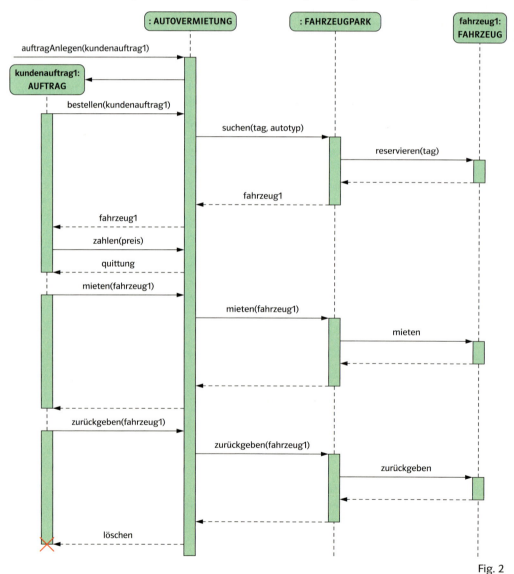

Fig. 2

122 IV Interaktion

Im Sequenzdiagramm wird beispielsweise schon die Struktur der Methode *bestellen* deutlich: Man erkennt, dass darin die Methode *suchen* des zugehörigen Fahrzeugparks aufgerufen wird. Die Methode *suchen* des Fahrzeugparks ihrerseits ruft (nachdem ein geeignetes Fahrzeug gefunden wurde) die Methode *reservieren* des gefundenen Fahrzeugs auf, worin die Belegung für den angegebenen Tag fixiert wird.

Im nachfolgenden Programmcode kann man unter anderem diese Struktur wiedererkennen:

Java

```java
public class Autovermietung {
    Fahrzeugpark fahrzeugpark1 = new Fahrzeugpark();
    Kundenauftrag[] auftrag = new Kundenauftrag[100];
    int index = 0; ...
    public void auftragAnlegen(String name, String email,
            int ausleihtag, String autotyp) {
        auftrag[index] = new Kundenauftrag(name, email, ausleihtag, autotyp);
    }
    public Fahrzeug bestellen(Kundenauftrag kauf) {
        return fahrzeugpark1.suchen(kauf.ausleihtag, kauf.autotyp);
    }
    ... // Methoden zahlen, mieten, zurueckgeben
}
public class Fahrzeugpark {
    Fahrzeug[] Fahrzeugliste = new Fahrzeug[100];
    public Fahrzeugpark() {
        Fahrzeugliste[0] = new Fahrzeug("Kleinwagen","OA-FJ-195");
        Fahrzeugliste[1] = new Fahrzeug("Mittelklasse","OA-SV-63"); ...
    }
    public Fahrzeug suchen(int ausleihtag, String autotyp) {
        int i = 0;
        while ((Fahrzeugliste[i].belegung2008[ausleihtag] == true) ||
                (Fahrzeugliste[i].autotyp! = autotyp)) {
            i++;
        }
        Fahrzeugliste[i].reservieren(ausleihtag);
        return Fahrzeugliste[i];
    }
    ... // Methoden mieten und zurueckgeben
}
public class Fahrzeug {
    public String autotyp;
    public String kennzeichen; ...
    public boolean[] belegung2008 = new boolean[366];
    public void reservieren(int ausleihtag) {
        belegung2008[ausleihtag] - true;
    }
    ...
}
```

AUTOVERMIETUNG
fahrzeugpark
kundenauftrag0
kundenauftrag1
kundenauftrag2
...
auftragAnlegen(kundenauftrag)
bestellen(kundenauftrag)
zahlen(preis)
mieten(fahrzeug)
zurückgeben(fahrzeug)
...

FAHRZEUGPARK
fahrzeug0
fahrzeug1
fahrzeug2
fahrzeug3
...
suchen(tag, autotyp)
mieten(fahrzeug)
zurückgeben(fahrzeug)
...

FAHRZEUG
kennzeichen
autotyp
tagespreis
reserviertage
...
reservieren(tag)
mieten()
zurückgeben()
...

Sequenzdiagramme dienen der Beschreibung von Interaktionen zwischen Objekten innerhalb eines bestimmten Anwendungsfalls. Sie zeigen den zeitlichen Ablauf bzw. die Reihenfolge von gegenseitigen Methodenaufrufen und -ausführungen.

Aufgaben

1 Mietwagen
Das Sequenzdiagramm in Fig. 1 zeigt den Ablauf beim Mieten eines Fahrzeugs.
a) Gib diesen Ablauf in natürlicher Sprache wieder.
b) Wie könnte das Klassendiagramm, das dem Ablauf zugrunde liegt, aufgebaut sein?
c) Welche Methoden müssen die Klassen in Fig. 1 auf jeden Fall enthalten?
d) Der Kunde wird mit seinem Mietwagen in einen Unfall verwickelt. Dabei spielt sich folgendes Szenario ab:
Der Kunde meldet dem Verleiher den Schaden und gibt den beschädigten Wagen der Verleihfirma zurück. Die Verleihfirma ihrerseits gibt die Schadenmeldung der zuständigen Versicherung weiter, die wiederum von dem Kunden einen Unfallbericht einholt. Da sich herausstellt, dass der Kunde am Unfall nicht schuld ist, übernimmt die Versicherung die Reparaturkosten, und die Verleihfirma gibt die Reparatur bei einer Werkstatt in Auftrag.
Erweitere das Sequenzdiagramm, sodass der geschilderte Ablauf dargestellt wird.

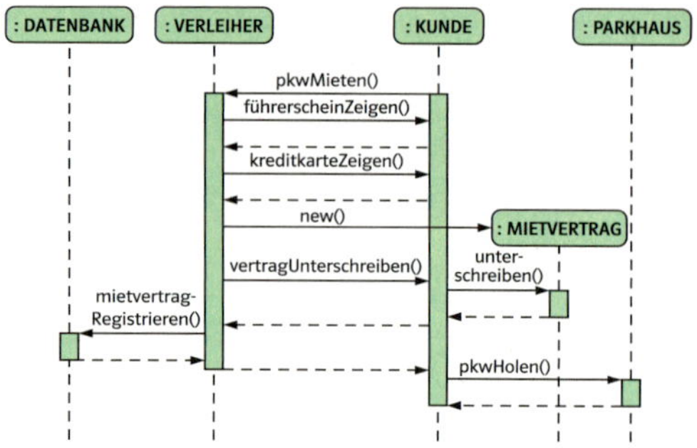

Fig. 1

2 Geldautomaten
Beim Abheben am Geldautomaten sind mehrere verschiedene Abläufe denkbar:
– Nach Eingabe des gewünschten Betrages kann die PIN maximal zweimal falsch eingegeben werden. Beim dritten Mal wird die Karte einbehalten (vier verschiedene Abläufe!).
– Die Auszahlung wird trotz korrekter PIN abgebrochen, da der Geldautomat nicht genügend Geld zur Verfügung hat. Die Karte wird zurückgegeben.
a) Verwende jeweils ein Objekt der Klasse KUNDE und ein Objekt der Klasse GELDAUTOMAT und gib für die angegebenen Abläufe jeweils das Sequenzdiagramm an.
b) Gib ein Zustandsdiagramm an, das die Simulation aller Abläufe aus Teilaufgabe a) ermöglicht.
c) Implementiere den Geldautomaten.

Hinweis:
Die Rückgabepfeile können im Sequenzdiagramm auch weggelassen werden, wenn der Rückgabetyp noch offen ist.

3 Bibliotheken
Fig. 2 zeigt, wie in Bibliotheken ein Teil des Ausleihvorgangs ablaufen kann, wenn eine Vorbestellung vorliegt.
a) Erweitere das Sequenzdiagramm um die Vorgänge, bei denen der neue Leser das Buch entleiht bzw. zurückgibt.
b) Entwickle aufgrund des Sequenzdiagramms ein passendes Klassendiagramm.

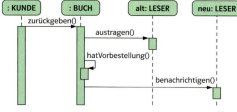

Fig. 2

Beachte dabei, dass ein Buch von mehreren Lesern vorbestellt werden kann und ein Leser auch mehrere Bücher vorbestellen kann. Ein Leser kann selbstverständlich auch mehrere Titel ausleihen.
c) Implementiere das Klassendiagramm zunächst ohne Methoden. Wähle bei der Realisierung der Assoziationen Assoziationsklassen.
d) Instanziiere eine Bibliothek mit einigen Büchern und Lesern.
e) Implementiere die übrigen Methoden auf geeignete Weise.

4 Suche im Internet

Um im Internet Informationen zu suchen, muss im Webbrowser eine Suchmaschine aufgerufen werden, wobei eine entsprechende Webseite dargestellt wird. Die Eingabe der Suchbegriffe auf dieser Seite löst auf den Servern der Suchmaschine die Suchanfrage aus. Die Ergebnisse der Suchanfrage werden an die Webseite zurückgegeben.

a) Stelle das erläuterte Szenario durch ein Sequenzdiagramm dar.
b) Die Ergebnisse der Suche werden im Webbrowser als Liste von Verknüpfungen dargestellt. Beschreibe mithilfe von Sequenzdiagrammen folgende Abläufe:
– Beim Auswählen eines Suchergebnisses wird ein neues Fenster erzeugt, das das Ziel der gewählten Verknüpfung darstellt.
– Beim Auswählen eines Suchergebnisses wird die Webseite mit den Ergebnissen durch die ausgewählte Seite ersetzt. Zuvor werden jedoch alle Daten der vorherigen Seite im Zwischenspeicher abgelegt. Über eine entsprechende Methode kann die im Zwischenspeicher abgelegte Seite wieder in den Browser geladen werden.

5 Musikalisches

Der Leiter eines Streichquartetts möchte eine Besprechung seiner Musikerkollegen organisieren. Dazu legt er zunächst einen Besprechungstermin fest. Anschließend kontaktiert er die Mitglieder per E-Mail. Nachdem alle diesen Termin bestätigt haben, legt der Organisator einen Raum fest und benachrichtigt wiederum die Mitglieder, die den Erhalt der Nachricht bestätigen.

a) Gib den Ablauf dieses Szenarios durch ein Sequenzdiagramm wieder. Verwende dazu neben den Objekten für die Musiker auch ein Objekt für den Besprechungstermin.
b) Ein Musiker ist an dem vorgeschlagenen Termin verhindert. Der Leiter schlägt deshalb einen Alternativtermin vor, der sich für alle Musiker als akzeptabel herausstellt. Erweitere das Sequenzdiagramm entsprechend.

6 Aufträge und Lieferungen

Die Programmausschnitte in Fig. 1 verdeutlichen, welche Aktionen bei der Reservierung eines Artikels durchgeführt werden: Aufgrund der Bestellung wird eine Bestellposition angefordert. Aus dieser werden der gewünschte Artikel und die Anzahl ermittelt. Schließlich wird der Artikel in entsprechender Anzahl im Lager reserviert.

a) Welche Objekte sind an einem Aufruf der Methode *reservieren* beteiligt?
b) Gib das Sequenzdiagramm des Programmausschnitts an.
c) Bei der Reservierung im Lager stellt sich heraus, dass zu wenig Exemplare des bestellten Artikels vorrätig sind und beim Großhändler nachbestellt werden muss. Erweitere das Sequenzdiagramm entsprechend.

```java
public class ArtikelReservierung {
  ...
  public void
          reservieren(Bestellung b) {
    ...
    // Bestellpositionen von der
    //   Bestellung anfordern
    bpos = b.gibBestellPos();
    ...
    // Eine Bestellposition in Artikel
    // und Anzahl zerlegen
    ...
    artikel = bpos.gibArtikel();
    ...
    anzahl = bpos.gibAnzahl();
    ...
    // Artikel in entsprechender
    // Anzahl im Lager reservieren
    lager.reservieren(artikel, anzahl);
  }
}
```

Fig. 1

Exkursion   Die drei Amigos und *UML*

Nein, es geht hier nicht um einen drittklassigen Western, sondern tatsächlich um Informatik. Grady Booch (* 1955), James Rumbaugh (* 1947) und Ivar Jacobson (* 1939) sind unter Informatikern als die drei Amigos bekannt. Ihr Verdienst ist es, Anfang der 90er-Jahre den Grundstein für die grafische Modellierungstechnik gelegt zu haben, die inzwischen wohlvertraut ist: Klassen- und Objektdiagramme sowie Zustands- und Sequenzdiagramme. In der Informatik ist diese Modellierungstechnik als *UML*, Abkürzung für **U**nified **M**odelling **L**anguage, bekannt. Booch, Rumbaugh und Jacobson entwickelten zunächst unabhängig voneinander ähnliche Diagrammtechniken zur Beschreibung objektorientierter Strukturen. Als sie in den 90er-Jahren bei der Firma Rational Software beschäftigt waren, entstand die Idee, die Modellierungstechniken zu vereinen und eine standardisierte Modellierungssprache zu definieren. Fig. 1 gibt die wesentlichen Entwicklungsstadien an.

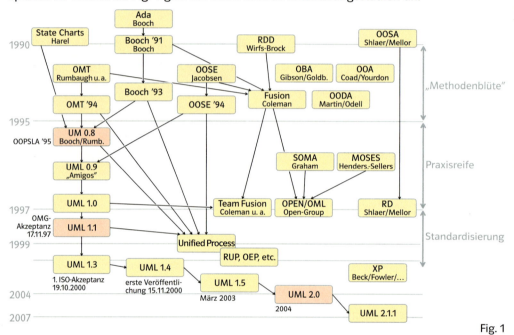

Fig. 1

Mit dem Jahr 2007 gelangte die Entwicklung von *UML* mit der Version 2.1.1 zu einem vorläufigen Abschluss. *UML* ist dabei nicht nur als Modellierungstechnik für Softwaresysteme, sondern auch zur Dokumentation des Ablaufs von Systemen konzipiert, die nicht als Software umgesetzt werden sollen, beispielsweise zur Beschreibung von Geschäftsprozessen. Neben den inzwischen detailliert erläuterten Klassen-, Sequenz- und Zustandsdiagrammen stellt *UML* weitere Diagrammtypen zur Verfügung. Manche Autoren unterscheiden bis zu 13 verschiedene Typen.

Anwendungsfalldiagramme

Einer der wichtigsten, bisher nicht genannten Diagrammtypen ist dabei das Anwendungsfalldiagramm. Es ist vor allem zu Beginn des Softwareentwicklungsprozesses von großer Bedeutung. Beispielsweise möchte eine Schule ihre Notenverwaltung und Zeugniserstellung elektronisch durchführen. Dies ist ein komplizierter Vorgang mit zahlreichen, teils parallel ablaufenden Teilprozessen: Die Noten in den einzelnen Fächern müssen von den Fachlehrern am Ende des Schuljahres berechnet werden, wobei in jedem Fach eine unterschiedliche Anzahl von Einzelnoten existiert, der Notenschluss muss festgelegt werden,

Der Notenschluss ist der letzte Termin für den Eintrag der Noten.

Exkursion   Die drei Amigos und *UML*

die Noten müssen vor dem Druck der Zeugnisse überprüft werden usw. Die Konzeption derartiger Softwaresysteme erfordert offenbar eine lange Vorbereitungsphase, in der die beauftragte Firma zunächst ausführliche Gespräche mit allen Nutzern des Notenverwaltungssystems, d.h. den Lehrern der Schule, führen muss. In dieser Phase des Softwareentwicklungsprozesses schlägt die Stunde der Anwendungsfalldiagramme: Dem Systementwickler muss erläutert werden, was das System aus der Sicht des Benutzers leisten soll. Der Direktor soll beispielsweise den Notenschluss festlegen, die Lehrer die Noten eintragen und der Klassenlehrer die Noteneinträge überprüfen. Die Frage, wie das System das leistet, ist dabei vorerst unwichtig. Ein Anwendungsfalldiagramm, das die genannten Anwendungsfälle beschreibt, wird in Fig. 1 gezeigt.

Im Allgemeinen bestehen Anwendungsfalldiagramme aus Akteuren (den Strichmännchen), Anwendungsfällen (den Ellipsen), dem System (dem rechteckigen Rahmen) und Beziehungen zwischen Akteuren und Anwendungsfällen. Als Kommunikationsinstrument zwischen dem Benutzer eines Systems und dem Entwickler sind Anwendungsfalldiagramme offensichtlich so konzipiert, dass auch informatische Laien die Bedeutung erkennen können.

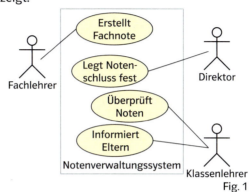

Fig. 1

Anwendungsfalldiagramme können hierarchisch aufeinander aufbauen. So wird man etwa die vom Fachlehrer vorgenommene Notenerstellung in detaillierterer Form modellieren und diesen Anwendungsfall in mehrere Teile aufspalten, um die Möglichkeiten zur Verwaltung der einzelnen mündlichen und schriftlichen Noten einzubeziehen. In der-artiger Weise gewinnt der Entwickler eines Softwaresystems ein detailliertes Bild des gewünschten Systems aus der Sicht des Benutzers. Ausgehend von den Anwendungsfällen kann im nächsten Schritt der Softwareentwicklung das Klassenmodell entwickelt werden.

Komplexes Anwendungsfalldiagramm: Pizzabäckerei

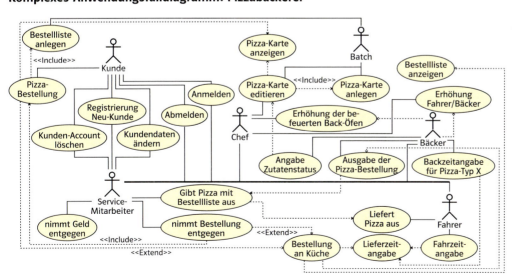

Rückblick

Klassenbeziehungen

Beziehungen zwischen Klassen ermöglichen eine Interaktion zwischen den entsprechenden Objekten.
Klassenbeziehungen werden unterschieden nach
(1) ihrer Multiplizität: 1:1, 1:n bzw. n:m,
(2) ihrer Richtung: unidirektional, bidirektional.

Das folgende Klassendiagramm zeigt eine einfache Situation in einer Firma.

Implementierung von Klassenbeziehungen

In einer Klasse, die eine 1:1-Beziehung zu einer anderen Klasse herstellt, legt man ein Attribut oder eine Variable für eine Referenz auf ein Objekt der anderen Klasse fest.
Ist die Beziehung bidirektional, so erhält jede Klasse ein Attribut für die Speicherung der Referenz des Objektes der anderen Klasse.

Bei einer 1:n-Beziehung wird in der Klasse auf der Seite mit Multiplizität 1 ein Feld aus Referenzen auf Objekte der anderen Klasse deklariert.

Diese Beziehungen kann man z. B. mit den in den folgenden Klassenkarten eingetragenen Attributen implementieren. Die n:m-Beziehung ist_beteiligt_an zwischen PROJEKT und MITARBEITER wird dabei über eine Assoziationsklasse realisiert.

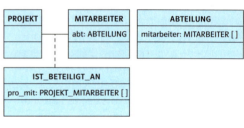

Eine Möglichkeit, n:m-Beziehungen zu realisieren, bietet die Definition einer eigenen Assoziationsklasse, in der ein Feld definiert wird, dessen Objekte je ein Attribut für die Referenzierung eines der an einer Beziehung beteiligten Objekte enthalten.

Sequenzdiagramm

Sequenzdiagramme dienen der Darstellung von Interaktionen zwischen Objekten. Jedoch werden nur bestimmte Ausschnitte des Systemablaufs beschrieben.

Das Sequenzdiagramm zeigt den zeitlichen Ablauf für die Zuordnung eines Mitarbeiters der Konstruktionsabteilung zu einem Projekt und das Löschen des Projektes nach Fertigstellung.

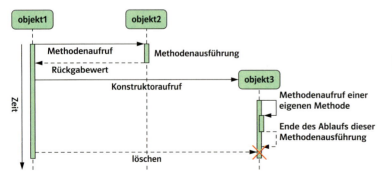

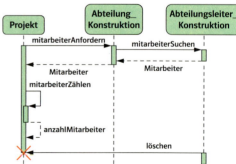

Training

1 Unternehmen
Ein weltweit agierendes Unternehmen ist an mehreren Firmen und Tochtergesellschaften beteiligt. Jede dieser Firmen ist in Abteilungen aufgeteilt, welche wiederum aus mehreren Mitarbeitern bestehen. Zeichne das zugehörige Klassendiagramm und überlege dir geeignete Attribute; Methoden sind nicht notwendig. Implementiere die beteiligten Klassen.

2 Freundschaften
In Aufgabe 8 auf Seite 70 wurde mithilfe von Feldern eine Datenbank von Freundschaftsbeziehungen simuliert. Problematisch bei dieser Implementierung war, dass die einzelnen Daten einer Person auf verschiedene Felder verteilt waren. Besser ist es, die Daten einer Person in einer Klasse zu kapseln.
a) Gib eine Klasse PERSON an, die alle wesentlichen Daten deiner Freunde enthält: Name, Vorname, Adresse, Geburtstag, Hobbys. Es empfiehlt sich, Adressen und Datumswerte durch eigene Klassen darzustellen. Wie sollte das Attribut *hobbys* deklariert werden?
b) Erweitere das Klassendiagramm aus Teilaufgabe a) so, dass die verschiedenen Personen in Freundeskreisen gruppiert werden können. Führe dazu eine weitere Klasse FREUNDESKREIS ein.
c) Implementiere das Klassendiagramm aus Teilaufgabe a).
d) Implementiere eine Methode, um eine Person in einen Freundeskreis aufzunehmen.
e) Gib eine Methode an, um die Anzahl der Mitglieder eines bestimmten Freundeskreises zu ermitteln.

3 Arktische Reisen
Gib ein Sequenzdiagramm an, das das geschilderte Szenario beschreibt.
Ein Anbieter von Reisen in skandinavische und arktische Regionen bietet seinen Kunden die Möglichkeit, im Internet zu buchen. Er möchte sein Angebot erweitern und konzipiert eine Exklusivtour durch Spitzbergen. Nachdem diese in den Katalog aufgenommen ist, reserviert ein Kunde die Reise. Kurz vor Antritt der Reise meldet sich jedoch der lokale Reiseleiter und teilt dem Reiseanbieter mit, dass die Reise wegen eines drastischen Kälteeinbruchs abgesagt werden muss. Der Reiseveranstalter nimmt die Reise aus dem Katalog, storniert die Flüge und sagt dem Kunden ab.

4 Geldgeschäfte
Der Programmausschnitt in Fig. 1. verdeutlicht die einzelnen Schritte beim Abheben von Geld am Automaten.
a) Gib in natürlicher Sprache die einzelnen Phasen des Abhebevorgangs an.
b) Erstelle ein Sequenzdiagramm, das einen Ablauf beschreibt, bei dem die Prüfung der Korrektheit der PIN und des Kontostands sofort positiv ist.
c) Die Methoden *istGedeckt* und *abbuchen* der Klasse BANK sind nicht angegeben. Wie könnten sie aussehen?
d) Erweitere das Programm so, dass maximal zwei falsche PINs eingegeben werden können.

Java
```java
public class Geldautomat {
  ...
  public void abheben() {
    Karte karte = karteEinlesen();
    Bank bank = karte.bankEinlesen();
    Konto konto = karte.kontoEinlesen();
    // Pineingabe
    String pin = pinEingeben();
    if (karte.istKorrekt(pin)) {
      int betrag = betragEinlesen();
      while (!bank.istGedeckt(betrag,
              konto)) {
        betrag = betragEinlesen();
      }
      bank.abbuchen(betrag, konto);
      auszahlen(betrag);
      karteAuswerfen();
    }
    else {karteEinziehen(); }
  }
}
```

Fig. 1

Lösungen auf den Seiten 180–183

Lernvoraussetzungen

- Objektorientiert modellieren und implementieren
- Objektbeziehungen mit Referenzen umsetzen
- Beispiele für hierarchische Strukturen kennen

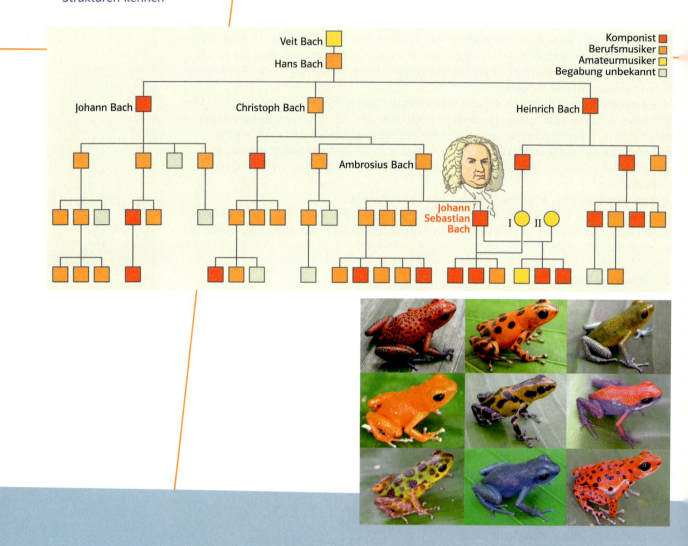

V Generalisierung

Wie der Vater, so der Sohn?

Was du bist, hängt von drei Faktoren ab:
Was du geerbt hast, was deine Umgebung aus
dir machte und was du in freier Wahl aus deiner
Umgebung und deinem Erbe gemacht hast.

*Aldous Huxley (1894–1963), britischer Schriftsteller
und Kritiker*

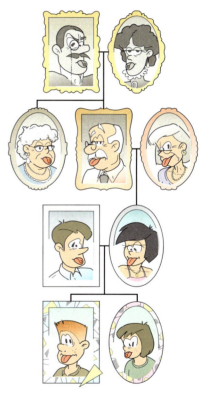

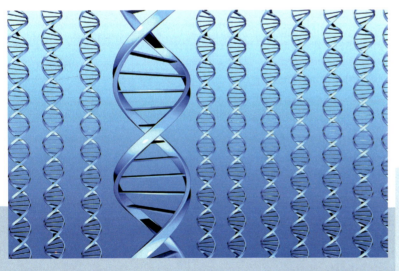

Lernziele

- Unterklassen als Spezialfälle bereits vorhandener Klassen bilden
- Ähnliche Klassen zu einer Oberklasse zusammenfassen
- Methoden auf Unterklassen vererben

1 Spezialisierung von Klassen

▬ Das Fahrrad wurde in Deutschland erfunden: Karl von Drais entwickelte im Jahre 1817 eine erste Basisversion des Zweirades. Heutzutage gibt es eine große Auswahl spezieller Fahrräder: vom Kunstrad über das Mountainbike bis zum Kinderlaufrad oder Rennrad.
Notiere, welche Eigenschaften und Funktionalität moderne Fahrräder vom ursprünglichen Laufrad übernommen haben bzw. in welcher Hinsicht ihre Funktionsweise spezialisiert oder erweitert wurde. ▬

Karl von Drais (1785 – 1851)

In der objektorientierten Modellierung beschreibt man eine spezielle Teilmenge von Objekten einer Klasse oft durch Einführung einer neuen Klasse, die alle Attribute und Methoden der ursprünglichen Klasse übernimmt und dazu noch weitere Attribute oder Methoden erhält. Die neue Klasse nennt man **Unterklasse** der ursprünglichen, diese wiederum **Oberklasse** der neuen Klasse. Die Bildung der Unterklasse nennt man **Spezialisierung**.

Die Mitarbeiter einer Firma können zu Abteilungsleitern befördert werden. Die Unterklasse ABTEILUNGSLEITER verfügt daher neben allen Attributen und Methoden ihrer Oberklasse MITARBEITER über das zusätzliche Attribut *beförderungsdatum* und die zusätzlichen Methoden *einstellen*, *beurteilen*, *entlassen*.

MITARBEITER
name
geburtsdatum
einstellungsdatum
abteilung
kündigen(datum)

ABTEILUNGSLEITER
name
geburtsdatum
einstellungsdatum
abteilung
beförderungsdatum
kündigen(datum)
einstellen(mitarbeiter)
beurteilen(mitarbeiter)
entlassen(mitarbeiter)

Vererbung
Allein durch die Kennzeichnung einer Klasse als Unterklasse einer anderen Klasse wird festgelegt, dass die Unterklasse alle Attribute und Methoden der Oberklasse übernimmt. Die Oberklasse **vererbt** ihre Attribute und Methoden an alle ihre Unterklassen. Im Klassendiagramm trägt man dann lediglich die Ober-/Unterklassenbeziehung (hier auch Spezialisierung genannt) und die zusätzlichen Attribute und Methoden der Unterklasse ein. Die ererbten Attribute und Methoden werden in der Unterklasse nicht angegeben. Die Ober-/Unterklassenbeziehung wird mit einem nicht ausgefüllten Dreieck an der Oberklasse gekennzeichnet (Fig. 1).

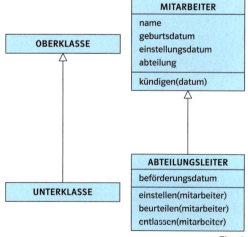

Fig. 1

132 V Generalisierung

Implementierung der Spezialisierung

Die Spezialisierung wird implementiert, indem man im Programmcode der Unterklasse an geeigneter Stelle die Oberklasse angibt. In der Programmiersprache *Java* wird der Bezeichner der Oberklasse hinter dem Klassenbezeichner nach dem Schlüsselwort `extends` notiert (Fig. 1).

Java

```java
public class Mitarbeiter {
    protected String name;
    protected String geburtsdatum;
    protected String einstellungsdatum;
    protected String abteilung;

    public Mitarbeiter(String nn, String gd, String ed, String ab) {
        name = nn;
        geburtsdatum = gd;
        einstellungsdatum = ed;
        abteilung = ab;
    }
    public void kuendigen(String datum) {...}
}
public class Abteilungsleiter extends Mitarbeiter {
    private String befoerderungsdatum;

    public Abteilungsleiter(String nn, String gd, String ed, String ab, String bd) {
        super(nn, gd, ed, ab); // Aufruf des Konstruktors der Oberklasse Mitarbeiter
        befoerderungsdatum = bd;
    }
    public void einstellen(Mitarbeiter mab) {...}
    public void beurteilen(Mitarbeiter mab) {...}
    public void entlassen(Mitarbeiter mab) {...}
}
```

Vorsicht in Java: Private Attribute bzw. Methoden können trotz Vererbung nicht von Objekten einer Unterklasse benutzt werden. Durch die Deklarierung als geschützt mit dem Zugriffsmodifikator `protected` kann man dieses Problem beheben, ohne dass man mit `public` den Zugriff auch für alle anderen Klassen öffnen müsste.

Die Anweisung `super(nn, gd, ed, ab)` ruft den Konstruktor der Oberklasse mit den angegebenen Parameterwerten auf. Sie ist daher gleichbedeutend mit dem Aufruf `Mitarbeiter(nn, gd, ed, ab)`. Den Hintergrund dafür bildet der folgende Mechanismus in *Java*:

Bei jedem Aufruf eines Konstruktors einer Unterklasse wird zunächst der Konstruktor der jeweiligen Oberklasse aufgerufen.
- Falls dieser Aufruf (mithilfe von `super(...)`) explizit codiert ist, muss er im Konstruktor der Unterklasse die erste Anweisung darstellen.
- Falls dieser Aufruf nicht explizit codiert ist, wird vom Compiler automatisch der Aufruf des Standardkonstruktors ohne Argumente (d.h. `super()`) eingefügt. Im vorliegenden Fall würde das den Aufruf `Mitarbeiter()` bewirken. Falls es diesen Standardkonstruktor (wie im vorliegenden Fall) nicht gibt, meldet der Compiler einen Fehler.

Dies kann in diesem Beispiel vermieden werden, indem man den Aufruf `super(nn, gd, ed, ab)` explizit einfügt.

Das Schlüsselwort `super` ohne Klammern liefert eine Referenz auf ein Objekt der jeweiligen Oberklasse zurück. Mit `super.kuendigen("03.12.2009")` kann z.B. von einem Objekt der Klasse `Abteilungsleiter` aus die Methode `kuendigen` der Oberklasse `Mitarbeiter` aufgerufen werden.

Überschreiben von Methoden

Manchmal ist es notwendig oder wünschenswert, bereits existierende Methoden der Oberklasse in der Unterklasse abzuändern, d.h. sie anders zu implementieren. Aufgrund des Vererbungsmechanismus entsteht dadurch beim Aufruf dieser Methode in Objekten der Unterklasse ein Konflikt zwischen der ererbten und der neu definierten Version. In diesem Fall wird immer die in der Unterklasse neu definierte Variante ausgeführt. Man bezeichnet dies als **Überschreiben** der ererbten Methode.

Überschriebene Methoden werden auch in der Unterklasse aufgelistet.

V Generalisierung

Soll jeder Mitarbeiter auch über eine Methode *verdienstBerechnen* verfügen, muss diese in der Unterklasse ABTEILUNGSLEITER neu definiert werden, da Abteilungsleiter im Gegensatz zu gewöhnlichen Mitarbeitern z. B. eine prozentuale Gewinnbeteiligung erhalten. Beim Aufruf `abteilungsleiter1.verdienstBerechnen()` wird dann diese neu definierte Methode ausgeführt anstatt der aus der Klasse MITARBEITER ererbten (Fig. 1).

```java
public class Mitarbeiter {
...
  public double verdienstBerechnen() {
    return grundgehalt;
  }
}
public class Abteilungsleiter
       extends Mitarbeiter {
  private String befoerderungsdatum;
  ...
  public double verdienstBerechnen() {
    return grundgehalt + gewinnpro-
           zentsatz * gewinn; }
}
```

Fig. 1

Die Ober-/Unterklassenbeziehung ist im Gegensatz zu den bisher betrachteten Assoziationen zwischen Objekten eine reine **Klassenbeziehung**. Objekte der Unterklassen erben alle Attribute und Methoden ihrer Oberklasse. In Unterklassen können Methoden definiert werden, die ererbte Methoden gleichen Namens **überschreiben**.

Aufgaben

1 Graffiti
Die Klasse RECHTECK hat nur die Attribute *länge* und *breite* (Fig. 2), die Unterklasse FARBRECHTECK noch das Attribut *füllfarbe*.
a) Definiere die Klassen und ergänze eine Methode *flächeBerechnen*. Muss diese Methode in der Ober- oder Unterklasse aufgeführt werden?
b) Erweitere das Klassenmodell um eine weitere Unterklasse, die Attribute und Methoden zum Verschieben des Rechteckes bereithält. Unterscheide, ob dieses Rechteck farbig sein kann oder nicht. Programmiere die Klasse.
c) Gib analog die Klassendiagramme und Implementierungen für Kreise und Dreiecke an.

2 Schokoladiges
Laut einer Studie des Bundesverbandes der Deutschen Süßwarenindustrie essen Kinder und Erwachsene durchschnittlich 8,20 Kilogramm Schokolade im Jahr.
a) Definiere eine Klasse SCHOKOLADE mit den Attributen *kakaoanteil*, *masse* und *format*.
b) Spezialisiere nun die Klasse, indem du zwei Unterklassen für gefüllte Schokolade (beispielsweise Schokolade mit Trüffelmasse oder Marzipan gefüllt) und Schokolade mit einer weiteren Zutat (Schokolade mit Haselnüssen, Mandeln oder Chili) einführst. Zeichne das Klassendiagramm. Welche Attribute haben die Unterklassen jeweils zusätzlich?

3 Amadeus, Guiseppe und Richard
Im Nationaltheater finden zahlreiche Vorstellungen statt: Konzerte, Opern oder Ballettaufführungen. An den Vorstellungen sind die Angestellten der Oper beteiligt. Das sind zum einen die Darsteller, vom einfachen Statisten über die Sänger, Orchestermusiker, Tänzer und Schauspieler, zum anderen der Regisseur, Choreograph und die Techniker. Die Vorstellung selbst findet zu einem bestimmten Datum statt und es wird das Werk eines bestimmten Komponisten aufgeführt. Gib für das geschilderte Szenario das Klassendiagramm an. Beachte dabei, dass alle bisher besprochenen Arten von Beziehungen auftreten können.

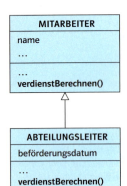

Fig. 2

4 Versicherung I

Fig. 1 zeigt einen Ausschnitt des Klassendiagramms einer großen Versicherung. Wird ein neuer Mitarbeiter eingestellt, so soll er automatisch der Oberklasse MITARBEITER zugewiesen werden, da der eigentliche Tätigkeitsbereich oftmals nicht eindeutig feststeht oder aber beispielsweise bei einem Praktikanten nicht spezifiziert wird.

a) Vergleiche das Klassendiagramm von Seite 132 mit Fig. 1. Welche Möglichkeiten gibt es, den Abteilungsleiter in Fig. 1 zu integrieren?
b) Warum kann das Klassendiagramm nicht als Organigramm interpretiert werden?
c) Programmiere die Klassen soweit möglich und ergänze noch zwei weitere passende Unterklassen.
d) Erzeuge die Mitarbeiter Michaela Turing als Abteilungsleiterin und Gerhard Hollerith als Sachbearbeiter.
e) Wie müsste man vorgehen, wenn der Mitarbeiter Berthold Zuse zum Sacharbeiter und der Sacharbeiter Pascal Neumann zum Abteilungsleiter ernannt wird?

Das Organigramm gibt die hierarchische Struktur eines Unternehmens wieder, vom geschäftsführenden Vorstand bis hin zum einfachen Laufburschen.

5 Die Klasse DATEI

a) Welche Attribute und Methoden hat die Klasse DATEI? Bilde die Unterklassen BILDDATEI, TEXTDATEI, MUSIKDATEI, VIDEODATEI und TABELLENKALKULATIONSDATEI und finde noch weitere Unterklassen. Welche Attribute und Methoden der Unterklassen werden jeweils von der Oberklasse vererbt, welche kommen neu hinzu und welche Methoden werden überschrieben? Untersuche dabei insbesondere die Methode *öffnen* und zeichne schließlich das Klassendiagramm.
Hinweis: Diese Aufgabe hat Modellcharakter. Zur Oberklasse DATEI sollen hier alle Dateien gehören, deren Typ vom Betriebssystem nicht erkannt wird. In Wirklichkeit bildet der Dateityp eine eigene Klasse.
b) Ändere das Modell durch Hinzufügen einer Klasse DATEITYP.

*Tipp:
Mithilfe des Dateimanagers des Betriebssystems lassen sich die verfügbaren Methoden einer Datei ansehen.*

6 Krankenhaus I

In einem Krankenhaus gibt es eine Vielzahl unterschiedlicher Ärzte: Es gibt Ärzte mit und ohne Promotion, die verschiedenen Fachärzte wie Chirurg, Orthopäde und Internist, den Zahnarzt usw.

a) Gib ein Klassenmodell an, das die Beziehungen zwischen den einzelnen „Arzttypen" wiedergibt.
b) Der Neurochirurg ist sowohl Facharzt für Neurologie (Nervenheilkunde) als auch Facharzt für Chirurgie. Erweitere das Klassenmodell entsprechend.
c) Ein Krankenhaus ist in verschiedene Bereiche gegliedert: die Ambulanz, den stationären Bereich mit der Intensivstation, die innere Abteilung, die Orthopädie usw. Erweitere das bisher erstellte Klassenmodell so, dass die Beziehungen zwischen den verschiedenen Abteilungen und den Ärzten dargestellt werden.

2 Generalisierung

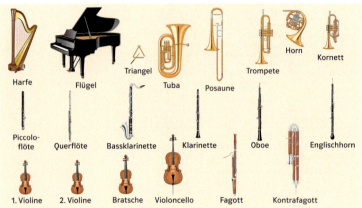

Ausschnitt der Instrumente eines Orchester

Im Orchester kommen viele Arten von Musikinstrumenten zum Einsatz (vgl. Abb. links). Die Geige z. B. ist ein Streichinstrument, das wiederum zu den Saiteninstrumenten gehört. Ordne die abgebildeten Musikinstrumente mithilfe von Oberbegriffen in eine hierarchische Beziehungsstruktur mit der Beziehung *ist_ein* und zeichne ein geeignetes Klassendiagramm. Beschreibe Gemeinsamkeiten und Unterschiede der einzelnen Klassen, insbesondere hinsichtlich der zur Verfügung stehenden Attribute und Methoden.

Generalisierung bedeutet Verallgemeinerung.

Gemeinsame Attribute und Methoden mehrerer ähnlicher Klassen lassen sich oft in einer neuen Klasse zusammenfassen. Die Bildung einer solchen neuen gemeinsamen Oberklasse nennt man **Generalisierung**.

Personen- und Lastkraftwagen sowie Busse sind Kraftfahrzeuge und können alle u. a. durch Kennzeichen, Motorleistung, Verbrauch und Kilometerstand beschrieben werden. Daneben unterscheiden sich die drei Klassen in einzelnen Attributen oder Methoden: Nur bei den PKWs soll beispielsweise die Anzahl der Türen, bei den Bussen die Ausstattung mit einer Toilette, bei den LKWs die Anzahl der Achsen gespeichert werden.
Die gemeinsamen Attribute und Methoden können in einer übergeordneten Klasse KRAFTFAHRZEUG untergebracht werden, diese wird also zur Oberklasse von PKW, BUS und LKW generalisiert (Fig. 1).

In Klassendiagrammen stellt jede Generalisierung die Umkehrung einer Spezialisierungsbeziehung dar.

Klassenhierarchien

Die Baumstruktur ergibt sich aus der Tatsache, dass jede Unterklasse zu genau einer Oberklasse gehört und Mehrfachvererbung hier nicht berücksichtigt wird.

Bei der Klassifizierung von Objekten stößt man gelegentlich auf Folgen von Ober-/Unterklassenbeziehungen über mehrere Ebenen, aus denen sich schließlich ein baumartiges Klassendiagramm mit Spezialisierungen bzw. Generalisierungen als Kanten ergibt.

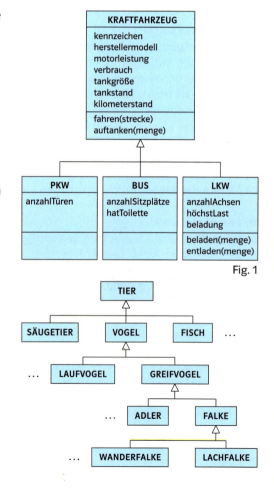

Fig. 1

136 V Generalisierung

> Werden verschiedene Klassen mit gleichen Attributen und Methoden zu einer allgemeineren Oberklasse zusammengefasst, spricht man von **Generalisierung**. Bei fortgesetzer Abstrahierung erhält man eine hierarchische Klassenstruktur.

Aufgaben

1 Presseerzeugnisse
Es gibt eine große Anzahl verschiedener Druckmedien: Zeitschriften mit unterschiedlichsten Inhalten (Computer, Jugend, Frauen, Fernsehen, Musik usw.), Boulevardblätter und Tageszeitungen, Fachmagazine und Sachbücher usw.
Stelle die zugehörigen Klassenkarten auf und bilde durch Generalisierung eine möglichst umfassende Klassenhierarchie.

2 Schachspiel III
Die sechs Figurtypen (Bauer, Dame, König, Springer, Turm, Läufer) eines Schachspiels haben gemeinsame und unterschiedliche Eigenschaften. Gib ein Klassendiagramm an, das durch Verwendung einer geeigneten Generalisierung die Unterschiede und Gemeinsamkeiten beschreibt.

3 Krankenhaus II
In Aufgabe 7 auf Seite 135 wurden die im Krankenhaus arbeitenden Ärzte klassifiziert. Neben der fachlichen Qualifikation gibt es auf den verschiedenen Abteilungen Stationsärzte, Oberärzte und Chefärzte. Neben den Ärzten hat ein Krankenhaus zahlreiche andere Mitarbeiter: Verwaltungsangestellte, den Manager des Krankenhauses, Schwestern und Pfleger, Küchenangestellte, technisches Personal oder Reinigungskräfte.
Erweitere das Modell aus Aufgabe 7 so, dass die beschriebenen Zusammenhänge modelliert werden. Führe dazu geeignete generalisierte Klassen ein. (Beachte: Neben Vererbungsbeziehungen treten auch Assoziationen und Aggregationen auf!)

4 Auto, Fahrrad, Fußgänger und Co.
Im Zusammenhang mit dem Straßenverkehr hat man mit allgemeinen Begriffen wie Verkehrsteilnehmer, Verkehrsmittel, PKW, LKW oder Zweiradfahrer zu tun, aber auch mit spezielleren wie Fahrrad, Rennrad, Radfahrer, Fahrradhelm, Motorrad, Motorradfahrer, Passant, Zweirad oder Tandem.

a) Gib ein Klassendiagramm (zunächst ohne Attribute und Methoden) an, das die aufgeführten Begriffe durch Aggregation und Vererbung zueinander in Beziehung setzt.
b) Charakterisiere die einzelnen Klassen durch spezifische Attribute und Methoden.
c) Implementiere die Klassen in *Java*.
Hinweis: Auf Methoden kann hier verzichtet werden.

3 Polymorphismus

Wenn man wissen will, wie spät es ist, muss man nur auf die Uhr schauen. Jede funktionierende Uhr muss die aktuelle Zeit anzeigen können. Dabei hängt es vom Uhrentyp ab, wie die Zeit bestimmt und angezeigt wird.
Wie setzen Sonnenuhren, Funkuhren, Quarzuhren, Pendeluhren usw. die Zeitmessung um?

Polymorphismus bedeutet Vielgestaltigkeit.

Innerhalb einer Vererbungshierarchie verstehen Objekte verschiedener Unterklassen denselben Methodenaufruf, wenn die Methode von einer gemeinsamen Oberklasse geerbt ist. Je nach Klassenzugehörigkeit wird erst zur Laufzeit darüber entschieden, wie die eventuell in den Unterklassen überschriebene Methode ausgeführt wird. Dieses Phänomen wird **Polymorphismus** genannt: Der gleiche Methodenaufruf bewirkt bei Objekten verschiedener Klassen eine unterschiedliche Ausführung.

Ein Methodenaufruf für Objekte verschiedener Klassen
Von allen Mitarbeitern einer Firma werden Name, Vorname, Geburtsdatum, Anschrift, Position, Grundverdienst und Kontonummer in einer Liste gespeichert. Der Rechenterm für den Verdienst unterscheidet sich jedoch bei Managern, Angestellten bzw. Arbeitern: Während Manager beispielsweise neben dem Grundverdienst noch einen bestimmten Prozentsatz ihres Grundverdienstes als Gewinnbeteiligung erhalten, können Angestellte ihre Überstunden abrechnen. Arbeiter hingegen werden nur nach Stunden bezahlt.

Alle Mitarbeiter der Firma sollen in einem Feld verwaltet werden. Besonders problematisch ist dabei, dass zur Programmierzeit noch nicht klar ist, zu welcher der Klassen ARBEITER, ANGESTELLTER oder MANAGER ein bestimmtes Feldelement zur Laufzeit des Programms gehören wird, weil alle Daten erst dann von einer Sekretärin eingegeben werden. Zudem kann man für alle Elemente dieses Feldes nur eine gemeinsame Klasse angeben.

Als Lösung dieser Problematik bietet sich die Generalisierung der drei Klassen zu einer Oberklasse *MITARBEITER* an, die dann als Klasse für dieses Feld verwendet wird. Dann können sowohl Manager als auch Angestellte oder Arbeiter in diesem Feld gespeichert werden, da jedes dieser Objekte nicht nur zur eigenen Klasse, sondern auch zur Klasse *MITARBEITER* gehört (Fig. 1).

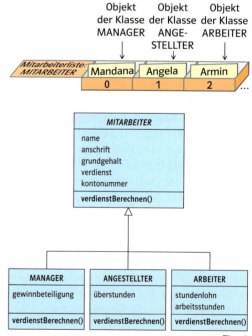

Fig. 1

Damit die Methode *verdienstBerechnen* für alle Feldelemente aufgerufen werden kann, muss sie in der gemeinsamen Oberklasse *MITARBEITER* definiert und in jeder der drei Unterklassen passend überschrieben werden:

Java

```java
public class Manager extends Mitarbeiter {
   private double gewinnbeteiligung;
   public double verdienstBerechnen() {
      return (1+gewinnbeteiligung/100)*grundgehalt;
   }
}
public class Angestellter extends Mitarbeiter {
   private double ueberstunden;
   public double verdienstBerechnen() {
      return (1+ueberstunden/160)*grundgehalt;
   }
}
public class Arbeiter extends Mitarbeiter {
   private double stundenlohn, arbeitsstunden;
   public double verdienstBerechnen() {
      return stundenlohn*arbeitsstunden;
   }
}
```

Es wird hier von einer 40-Stunden-Woche, also 160 Stunden pro Monat ausgegangen.

Zur Laufzeit des Programms wird dann je nach Klassenzugehörigkeit des i-ten Feldelementes beim Methodenaufruf `mitarbeiterliste[i].verdienstBerechnen()` entschieden, aus welcher der drei Klassen die jeweilige Methode ausgeführt wird:

Java

```java
public class Abrechnung {
   mitarbeiter[] mitarbeiterliste = new mitarbeiter[100];
   ...
   public void abrechnen() {
      for (int i = 0; i < 100; i++) {
         mitarbeiterliste[i].verdienst =
            mitarbeiterliste[i].verdienstBerechnen();
      }
   }
}
```

Das Sequenzdiagramm (Fig. 1) verdeutlicht nochmals, dass der **Aufruf** der Methode *verdienstBerechnen* unabhängig von der zugehörigen Unterklasse erfolgt. Erst die **Ausführung** der Methode hängt von der Implementierung der Methode in der Unterklasse ab.

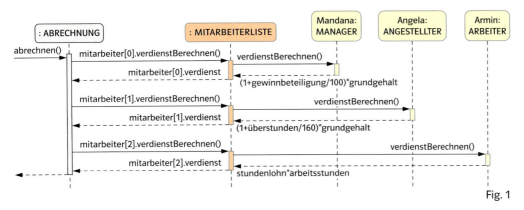

Fig. 1

V Generalisierung

Hinweis:
Die Bezeichner abstrakter Klassen werden zur Unterscheidung von konkreten Klassen kursiv geschrieben.

In Java werden Methoden ohne Implementierung als `abstract` *gekennzeichnet. Sie müssen in den Unterklassen überschrieben werden.*
Jede Klasse mit mindestens einer abstrakten Methode ist selbst abstrakt.

Abstrakte Klassen

In unserem Mitarbeiterverwaltungssystem werden von der Klasse *MITARBEITER* keine Objekte erzeugt, die nicht zu einer der drei Klassen MANAGER, ANGESTELLTER oder ARBEITER gehören. Die Methode `verdienstBerechnen` der Klasse *MITARBEITER* wird also niemals wirklich ausgeführt. Daher spielt es keine Rolle, welchen Algorithmus sie ausführt. Solche Klassen deklariert man als **abstrakt** und legt damit fest, dass keine Objekte davon angelegt werden können. Dann kann man sich in der Klasse *MITARBEITER* auf die reine Deklaration der Methode `verdienstBerechnen` beschränken, d.h., bei abstrakten Methoden wird kein Methodenrumpf angegeben:

Java
```java
public abstract class Mitarbeiter {
   protected double grundgehalt;
   protected double verdienst;
   ...
   public abstract double verdienstBerechnen();
}
```

> Man spricht von **Polymorphismus**, wenn gleichnamige Methoden unterschiedliche Definitionen bzw. Implementierungen haben. Polymorphie wird durch Überschreiben der geerbten Methoden bewirkt. Von abstrakten Klassen können keine Objekte angelegt werden.

Aufgaben

1 **Versicherung II**
Versicherungen bieten unterschiedliche Versicherungspolicen an, beispielsweise Lebens-, Hausrat-, Rechtschutz-, Haftpflicht-, Unfall-, Kfz- oder Rentenversicherungen. Die Bedingungen für die einzelnen Policen können teilweise sehr variieren.
a) Erstelle ein Klassendiagramm mit der Oberklasse *POLICE* und wenigstens drei Unterklassen. Welche Attribute und Methoden würdest du den Klassen jeweils zuweisen? Warum ist es sinnvoll, die Klasse *POLICE* als abstrakt zu definieren?
b) Alle Klassen besitzen eine Methode *auszahlen*. Überlege dir, wie sich diese Methode von Fall zu Fall anpassen muss (beispielsweise bei Einbehalt einer Selbstbeteiligung oder anteiliger Schadenbegleichung) und implementiere die Klassen.
c) Verbinde das Modell mit dem aus Aufgabe 5 von Seite 135.

2 **Krankenhaus III**
In Aufgabe 3 auf Seite 137 wurde das Modell eines Krankenhauses erstellt.
a) Bei der erwähnten Modellierung wurden durch Generalisierung Oberklassen wie beispielsweise *MITARBEITER* oder *ABTEILUNG* deklariert. Weshalb ist es sinnvoll, derartige Klassen abstrakt zu definieren? Finde weitere Kandidaten für abstrakte Klassen.
b) Im Krankenhausmodell treten die bekannten Assoziationstypen auf: Zwischen dem Arzt und der Abteilung kann beispielsweise eine m:n-Assoziation bestehen; ein Pfleger ist dagegen nur einer Abteilung zugeordnet. Erweitere das Modell derart, dass die Realisierung der Assoziationen deutlich wird.

3 Krankenhaus IV
In arbeitsteiliger Gruppenarbeit soll das Krankenhausmodell aus Aufgabe 2 implementiert werden. Bei den Methoden genügen dabei die Standardmethoden zum Setzen und Lesen der Attribute. Zusätzlich können Methoden definiert werden, um einen Mitarbeiter einzustellen und ihn einer Abteilung zuzuordnen.

4 1. Bundesliga, 2. Bundesliga und Regionalliga
Zur Verwaltung der in den höchsten drei Spielklassen (Stand: November 2007) des Deutschen Fußballbundes aktiven Vereine, Mannschaften, Spieler, Trainer, Funktionäre und Präsidenten soll ein Programm erstellt werden.
a) Gib ein Klassendiagramm an, das die Beziehungen zwischen den genannten Objekten wiedergibt. Führe dabei nach Bedarf abstrakte Klassen ein und verzichte zunächst auf Attribute und Methoden.
b) Erweitere das Modell derart, dass auch ein Spiel zwischen zwei Mannschaften erfasst werden kann.
c) Verfeinere das Modell durch Angabe von Attributen und Standardmethoden.

d) Nun soll das Modell im Klassenverband implementiert werden. Hierbei bearbeiten die einzelnen Gruppen unterschiedliche Teile des Modells. Nach Abschluss der Gruppenarbeit werden diese Teile zusammengeführt.
e) Erweitere das Modell um eine Klasse, die Methoden enthält, um folgende Datenbankabfragen durchzuführen: Gib alle Spiele der aktuellen Saison in der 2. Bundesliga aus.

5 Schachspiel IV
In Aufgabe 5 auf Seite 114 wurde das Modell eines Schachspiels mit Feldern und Figuren entwickelt. Zusätzlich wurde das Schachbrett grafisch dargestellt. In Aufgabe 2 auf Seite 137 wurden die verschiedenen Figuren als Unterklasse der Klasse *FIGUR* modelliert.
a) Füge die beiden Modelle zum Modell eines Schachspiels zusammen. Definiere dabei die Klasse *FIGUR* abstrakt.
b) Erweitere das Modell, sodass die verschiedenen Figurentypen grafisch repräsentiert werden (beispielsweise ein Bauer als schwarzer Kreis).
c) Implementiert das bisherige Modell in arbeitsteiliger Gruppenarbeit.
d) Definiere den Konstruktor der Klasse SCHACHSPIEL so, dass alle Figuren in die Ausgangstellung gebracht werden und diese Situation dabei auch grafisch dargestellt wird.
e) Erweitere das Modell um die Klasse SPIELER. Im Konstruktor der Klasse SCHACHSPIEL sollten die Spieler ihren Figuren zugeordnet werden.
f) Definiere für die Klasse SPIELER eine Methode *ziehen*. Dabei soll ein Zug nur dann durchgeführt werden, wenn er gemäß den Spielregeln erlaubt ist. Beachte, dass beim Ziehen gegebenenfalls eine Figur des Gegners geschlagen und damit diese Figur aus dem Spiel genommen werden kann.
g) Definiere eine Methode *istSpielBeendet* und integriere sie in das Modell.
h) Bisher waren für das Spiel zwei Spieler erforderlich, die ihre Züge über geeignete Methodenaufrufe eingegeben hatten. Überlege dir eine Strategie, wie der zweite Spieler durch einen virtuellen Spieler ersetzt werden könnte.

Exkursion   Entwurfs- und Architekturmuster

Fig. 1

Esszimmer nach einem Entwurf von Christopher Alexander in Austin, Texas

Entwurfs- und Architekturmuster (englisch: Design Pattern) spielen heutzutage beim Softwareentwicklungsprozess eine zentrale Rolle. Sie sind gewissermaßen die Bausteine eines Softwareproduktes. Das Konzept des Entwurfsmusters stammt ursprünglich nicht aus der Informatik, sondern aus der Architektur. Der österreichische Mathematiker und Architekt Christopher Alexander hatte in den 70er-Jahren versucht, einfache und grundlegende Formen und Beziehungen in Bauwerken zu entdecken, wobei diese Formen unabhängig von Kultur, Zeit und Ort sein sollten. So gibt es beispielsweise Kirchen in unterschiedlichster Ausprägung, jedoch haben alle Kirchen Gemeinsamkeiten, die unabhängig von der konkreten Ausprägung einer bestimmten Kirche sind. In Fig. 1 und Fig. 2 erkennt man auch an den Fenstern derartige Gemeinsamkeiten. Diese gemeinsamen Strukturen nannte Alexander Pattern oder Muster.

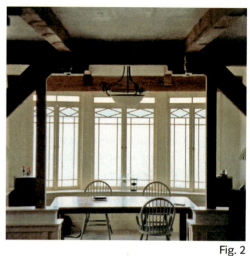

Fig. 2

Esszimmer nach einem Entwurf von Christopher Alexander in Austin, Texas

Während die Ideen von Christopher Alexander in der Architektur sehr kritisch bewertet wurden, griffen Kent Beck und Waren Cunningham 1987 dieses Konzept auf und wendeten es bei der Entwicklung grafischer Benutzeroberflächen in *Smalltalk* an. Den entscheidenden Impuls für die Anwendung von Entwurfsmustern in der Softwaretechnik lieferte jedoch Erich Gamma in seiner Dissertation. Im Jahre 1995 brachte er zusammen mit Richard Helm, Ralph Johnson und John Vlissides das Buch „Design Patterns – Elements of Reusable Object-Oriented Software" heraus, das mittlerweile Kultstatus unter den Informatikern erlangt hat.

Smalltalk ist eine der ersten objektorientierten Programmiersprachen. Diese Sprache setzt die Konzepte der Objektorientierung am konsequentesten um.

Entwurfsmuster im Detail

Die meisten Entwurfsmuster werden als Klassendiagramme repräsentiert, wobei die einzelnen Klassen je nach Entwurfsmuster spezifische Attribute und Methoden haben. Einige zentrale Entwurfsmuster werden im Folgenden vorgestellt.

Das Kompositum

Das Kompositum (engl. Composite Pattern) dient zur Beschreibung baumartiger oder rekursiver Datenstrukturen, wie beispielsweise Verzeichnisbäume oder hierarchisch aufgebaute Textstrukturen. Auch der Aufbau von Programmen lässt sich als Baumstruktur darstellen, wenn man die einzelnen Kontrollstrukturen als Objekte repräsentiert. Das Kompositum ist ein Entwurfsmuster, dessen wesentliche Eigenschaften bereits durch die Beziehungen der beteiligten Klassen deutlich werden (Fig. 3). Durch die Aggregationsbeziehung zwischen Unter- und Oberklasse entsteht eine rekursive Struktur, deren baumartige Ausprägung erst im Objektdiagamm deutlich wird. Von Bedeutung ist hierbei, dass beim Übergang vom Klassendiagramm (Fig. 3) zum Objektdia-

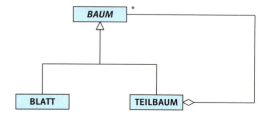

Fig. 3

Exkursion   Entwurfs- und Architekturmuster

gramm die Oberklasse nicht mehr auftritt; sie ist im Allgemeinen eine abstrakte Klasse. Die Unterklasse TEILBAUM ergibt im Objektdiagramm einen Knoten, die andere Unterklasse, wie aus der Bezeichnung hervorgeht, ein Blatt des Baumes. Bei der Modellierung eines Verzeichnisbaums (Fig. 1) müsste beispielsweise der TEILBAUM durch die Klasse ORDNER und das BLATT durch die Klasse DATEI ersetzt werden.

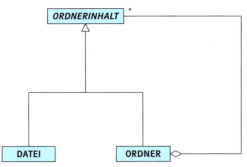

Fig. 1

Oberflächen und ihre Muster

Interaktive Anwendungssysteme werden im Allgemeinen für verschiedene Zwecke und von einer Vielzahl von Benutzern verwendet. So stellt beispielsweise ein Textverarbeitungssystem verschiedene Ansichten zur Verfügung: eine Druckansicht, eine Seitenansicht oder eine Normalansicht. Ebenso kann im Fenster zur Verwaltung von Dateien zwischen der Miniaturansicht – etwa für Bilddateien –, einer Listenansicht und der Detailansicht gewählt werden. Aber auch zwischen unterschiedlichen Benutzern muss gegebenenfalls unterschieden werden: Die Software zur Verwaltung von Bankdaten sollte einem Bankkunden andere Methoden und Daten zur Verfügung stellen als einem Sachbearbeiter der Bank.

Offenbar ist es bei der Entwicklung interaktiver Software wichtig, die Präsentation der Daten und Methoden von der Verarbeitung der Daten zu trennen. Diese Trennung von Oberflächen wird vom sogenannten **Beoachter-Muster (Observer Pattern)** und vom Architekturmuster **Model View Controller (MVC)** beschrieben.

Model View Controller (MVC)

Die ständig aktualisierte Präsentation von Wetter- oder Börsendaten ist für die Webseiten von Nachrichtensendern eine Selbstverständlichkeit. Bei derartigen Anwendungen wird offenbar die Präsentation der Daten von der Berechnung der Wettervorhersage bzw. der Börsenkurse getrennt. Man nennt den Teil der Software, der für die Präsentation verantwortlich ist den **View**. Der View läuft im genannten Beispiel auf dem Rechner des Betrachters der Webseite. Die Bearbeitung und Auswertung

der Wetter- bzw. Börsendaten erfolgt dagegen auf speziellen Servern des Nachrichtensenders; diesen Teil der Software bezeichnet man als **Model**. Damit der Benutzer ständig über die aktuelle Wetter- oder Börsensituation informiert wird bzw. damit der Benutzer seine Anzeige ändern kann, ist ein weiterer Baustein, der **Controller**, notwendig: Der Controller wird benachrichtigt, sobald der View ein Ereignis auf der Oberfläche (beispielsweise einen Mausklick) registriert oder sich der Zustand des Models (d.h. die Wetter- oder Börsensituation) verändert. Anschließend ruft der Controller die Aktualisierungsmethoden des Views und des Models auf. In Fig. 1 auf Seite 144 werden die wichtigsten Methoden der Model-View-Controller-Architektur erläutert.

Exkursion   Entwurfs- und Architekturmuster

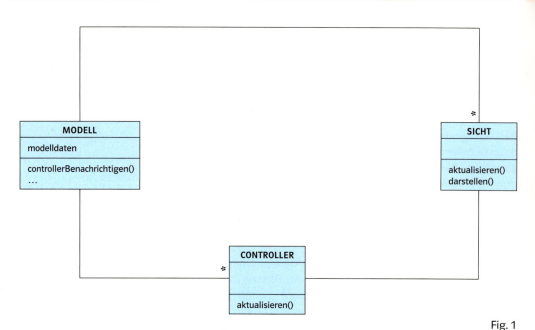

Fig. 1

Fig. 1 veranschaulicht, dass ein Model durchaus mehrere Views haben kann, jedoch ein View nur einen einzigen Controller. Beispielsweise erzeugt die erwähnte Bankverwaltungssoftware unterschiedliche Views für die verschiedenen Kunden, die gerade zu Hause oder an den Terminals der Bank ihre Bankgeschäfte erledigen. Aber jede dieser Oberflächen muss einen eigenen Controller haben, der dem Rechner der Bank die von den einzelnen Kunden durchgeführten Geschäfte mitteilt.

Beobachter-Muster (Observer Pattern)
Da jedem View genau ein Controller zugeordnet werden muss, präferieren manche Programmiersprachen, insbesondere *Java*, gegenüber dem MVC-Muster eine vereinfachte Vorgehensweise, das Beobachter-Muster (Observer Pattern). Es vereinigt den View und Controller in einer Klasse (Fig. 2). Praktisch heißt das, dass jede Oberfläche und somit auch jedes interaktive Element dieser Oberfläche (Button, Textfeld, …) ein Beobachter (ein „Lauschposten") ist, der reagiert, sobald dieses interaktive Element ein Ereignis registriert (Mausklick, Eingabe von Zeichen usw.). Der Beobachter meldet dann dem Modell diese Veränderung, wodurch dieses selbst, aber auch die anderen Beobachter, d.h. die anderen Oberflächen, entsprechend geändert werden. In *Java* heißt dieser Lauschposten *Listener*. Die technische Umsetzung dieses Konzepts wird in der Exkursion auf Seite 145 erläutert.

Fig. 2

144   V Generalisierung

Exkursion   Mehrfachvererbung

Ein Amphibienfahrzeug ist ein seltsames Gebilde: Es ist sowohl ein Fahrzeug zu Land als auch ein Schiff. Müsste man ein derartiges Fahrzeug objektorientiert modellieren, so hätte man zwei Oberklassen: eine Oberklasse LANDFAHRZEUG und eine Oberklasse SCHIFF. Problematisch ist dabei nur, dass die meisten objektorientierten Programmiersprachen, darunter auch *Java*, die Mehrfachvererbung nicht erlauben. (In *C++* dagegen ist Mehrfachvererbung möglich.) Der Grund, weshalb Mehrfachvererbung im Allgemeinen nicht erlaubt ist, liegt in der Gefahr unübersichtlicher und komplizierter Modelle. Es ist jedoch gelegentlich äußerst hilfreich, Mehrfachvererbung einzusetzen: In der vorhergehenden Exkursion wurde erläutert, dass grafische Benutzeroberflächen neben ihrer Funktionalität als Oberflächenelement auch „Beobachter" sind, die das Modell, d.h. das Fenster, über ein Ereignis, etwa einen Mausklick, benachrichtigen. Neben der Funktionalität als Oberflächenelement sollte die Oberfläche also auch die Eigenschaften der Klasse BEOBACHTER besitzen. Es ergäbe sich somit ein Modell wie in Fig. 1 gezeigt. Das Verbot von Mehrfachvererbung in *Java* lässt sich mithilfe eines **Interface** umgehen. Die deutsche Übersetzung „Schnittstelle" ist verwirrend, da Schnittstelle im Deutschen ein allgemeineres Konzept bezeichnet und sich etwa auch auf das Ein- und Ausgabeverhalten von Klassen bezieht. Ein Interface in *Java* ist nichts anderes als eine abstrakte Klasse, in der keine Methode definiert ist und nur die Methodensignaturen festgelegt sind. Entsprechend muss eine „Unterklasse" eines Interface diese Methoden implementieren! Das Interface zur Implementierung der Eigenschaften der Klasse BEOBACHTER ist in der *Java-API* bereits vordefiniert: Es handelt sich um den sogenannten ACTIONLISTENER; die Methode zur Aktualisierung des Modells, d.h. des Fensters, heißt hier `actionPerformed()`. Fig. 2 zeigt das entsprechende Klassendiagramm: Interfaces werden im Klassennamen als solche gekennzeichnet; die Darstellung dieser Ver-erbungsbeziehung unterscheidet sich durch eine gestrichelte Linie von der gewöhnlichen Vererbung. Im Programmtext wird statt des Schlüsselwortes `extends` in der Kopfzeile der implementierenden Klasse das Schlüsselwort `implements` verwendet (Fig. 3).

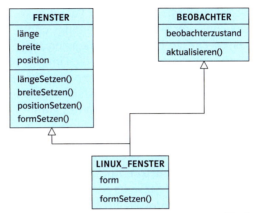

Fig. 1

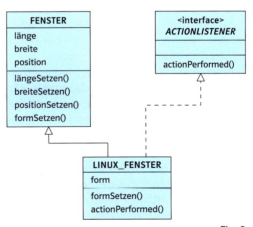

Fig. 2

Java

```java
public class LinuxFenster extends Fenster implements
        ActionListener {
  private Form form;
  ...
  public void actionPerformed (ActionEvent event) {
    if (event.getSource() == button) {
      ...
    }
  }
}
```

Fig. 3

V Generalisierung   145

Exkursion   Grafische Benutzeroberflächen (GUI)

Kaum ein Anwender kann es sich heute mehr vorstellen, nur mit Tastatur auf Kommando-zeilenebene und ohne Maus zu arbeiten, obwohl dies bis etwa Mitte der 80er-Jahre der Standard war. Während man früher im Textmodus eine Reihe von Befehlen eingeben musste, um beispielsweise eine Datei zu kopieren, wird das heute dank grafischer Benutzeroberflächen (GUI – „Graphical User Interface") mit wenigen Mausklicks erledigt. Der Mauszeiger macht die Arbeit am Bildschirm deutlich komfortabler und ist nicht mehr wegzudenken.

Ursprünglich wurde die erste grafische Benutzeroberfläche im Xerox Palo Alto Research Center entwickelt, allerdings ohne kommerziellen Erfolg (vgl. Exkursion auf Seite 100). Diesen verbuchte die Firma Apple für sich, deren Computer Lisa (Fig. 1) und der Nachfolger Macintosh über eine Maus und ein Betriebssystem mit grafischer Benutzeroberfläche verfügten.
Der Durchbruch kam allerdings nicht von heute auf morgen, da viele Anwender dem

Fig. 1

Es ist nahe liegend, dass eine GUI die Bedienung des Rechners für den Anwender einfacher und komfortabler machen soll. Interessant ist jedoch, dass die Anforderungen an eine GUI sogar im Rahmen der Mensch-Computer-Kommunikation durch eine europäische Norm (ISO 9241) festgesetzt sind.

neuen Bedienungskonzept anfangs sehr skeptisch gegenüberstanden und erst langsam die Maus zu schätzen lernten. Spätere Modelle des Macintosh konnten dagegen eine große Anzahl von Anwendern an sich binden, sodass Apple zu Beginn bis zu 50 % Marktanteil für sich verbuchen konnte. Für eine weite Verbreitung von grafischen Benutzeroberflächen sorgten in den 80er-Jahren außerdem der Atari ST und der Amiga von Commodore. Am Ende setzte sich jedoch *Microsoft Windows* gegen die Konkurrenz durch. Ursprünglich als Erweiterung zum Betriebssystem *MS-DOS* entwickelt, besitzt *Windows* heute einen eigenen Betriebssystem-Kern (Kernel).
Mittlerweile bieten alle Betriebssysteme grafische Benutzeroberflächen an. Für *Unix*-Systeme, wie das kostenlose *Linux*, entwickelte die Open-Source-Gemeinde beispielsweise *KDE* oder *GNOME*, frei verfügbare grafische Oberflächen, die sich im Bedienkomfort mit kommerziellen Produkten messen lassen können. Dennoch vermochte es Microsoft u. a. mit geschickter Vermarktungsstrategie, quasi ein Monopol zu erschaffen.

Strategie und Entwurfsmuster
Will man für Anwendungen grafische Benutzeroberflächen zur Verfügung stellen, so sollte man ein paar wichtige programmiertechnische Grundlagen bzw. Vorgaben beachten. Ähnlich wie man bei Datenbanken strikt die eigentlichen Daten von deren Verarbeitung (über Anfragen, Sichten usw.) durch das Datenbankmanagementsystem trennt, wird eine ähnliche Strategie bei der Programmierung von GUIs verfolgt. Einerseits gibt es das Modell (Model), welches die darzustellenden Daten enthält, andererseits die Präsentation (View), die ausschließlich für die Darstellung der relevanten Daten aus dem Modell zuständig ist. Letztere wird durch die GUI verwirklicht.
Die Methode *ereignisEingetreten* wird bei einem Ereignis (Event), beispielsweise beim Drücken einer Schaltfläche, aufgerufen (Fig. 2). Zur Koordination wird ein Controller benötigt, der Eingaben des Benutzers realisiert und weiterverarbeitet.

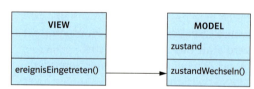

Fig. 2

Exkursion   Grafische Benutzeroberflächen (GUI)

Der Controller kümmert sich um die korrekte Interpretation des aufgetretenen Ereignisses und sorgt für den entsprechenden Methodenaufruf des Modells. Nach Ausführen dieser Methode wird das Resultat durch den View dargestellt. Diese Strategie findet bei vielen Programmen Anwendung und wird in der Softwareentwicklung oft praktiziert. Man spricht daher von einem Entwurfsmuster, konkret vom Model View Controller (MVC). Häufig verschmelzen aber auch View und Control zu einer Einheit, dem Beobachter („Observer Pattern").

Vergleiche die Exkursion auf Seite 142 ff.

Wie lässt sich eine derartige Trennung realisieren und warum ist das überhaupt sinnvoll? Prinzipiell wurde die Trennung in unseren Beispielen stets vollzogen, da – etwa für einen Automaten – ja noch gar keine grafischen Benutzeroberflächen erstellt wurden. Soll jetzt eine hinzugefügt werden, so muss am Code des Automaten (Modells) nichts mehr geändert werden, der Automat bleibt in sich abgeschlossen (Datenkapselung).

Bei Erstellung der Oberfläche werden Komponenten (z. B. Knöpfe) hinzugefügt, die vom Controller überwacht werden. Benutzereingaben von außen realisiert der Controller. Er kümmert sich um den Aufruf der zugehörigen Methoden bei Model und View.

Warum integriert man aber den entsprechenden Code nicht direkt in die beim Druck auf die Schaltfläche aufgerufene Methode der Oberfläche und lässt den Automaten mit der Oberfläche verschmelzen? Gründe gibt es hierfür einige. Einer wäre die Wiederverwendbarkeit. Da sich Oberflächen von System zu System unterscheiden können und im Laufe der Zeit eventuell auch angepasst werden müssen, lässt sich die Modell-Klasse unabhängig davon beliebig weitertransportieren und wiederverwenden. Ein weiterer Vorteil ist, dass gerade bei großen Projekten mit vielen Klassen und Programmierern die Aufgaben klar getrennt werden können, sodass die Klassen in sich abgeschlossen sind und nur untereinander über Schnittstellen kommunizieren. So muss ein Programmierer von Klasse X nichts über den inneren Aufbau der Klasse Y wissen, solange er über ihre Schnittstellen Bescheid weiß. Dies erleichtert die Teamarbeit und macht außerdem die Pflege und Wartung der Anwendungssoftware einfacher und somit auch günstiger.

Hinweis:
Bei den Aufgaben zur Projektarbeit auf Seite 154 ist eine Arbeitsteilung im Team nach den hier beschriebenen Gesichtspunkten günstig, falls eine GUI zum Modell programmiert werden soll.

GUI in *Java*

Die Urform der grafischen Oberflächen unter *Java* ist das *Abstract Window Toolkit* (*AWT*), das ursprünglich die eingebauten GUI-Systeme der jeweiligen Betriebssystem-Plattform nutzte (z. B. *UNIX*, *MS-Windows*, *MAC-OS*). Eine Komponente konnte daher nur in die Bibliothek mit aufgenommen werden, wenn sie von jeder grafischen Oberfläche unterstützt wird, was nur auf wenige zutraf. Man konnte daher im Allgemeinen auch nicht vorhersagen, wie eine *AWT*-Oberfläche genau aussehen würde, weil sich das von System zu System ändern konnte (man spricht von einer „Heavyweight-Framework", einer „schwergewichtigen Oberfläche"). Der Entwurf eines ansprechenden Designs wurde dadurch natürlich sehr erschwert. Zudem benötigte die Umsetzung der *AWT*-Konstrukte auf die Oberfläche des Systems erhebliche Ressourcen. Böse Zungen sprechen deswegen auch vom „Awful Window Toolkit" oder „Annoying Window Toolkit" …

Daher wurden ab *Java* 1.1 unter *AWT* auch grafische „Leichtgewichtskomponenten" entwickelt, die ohne Nutzung der Plattform-GUI auskamen. Daraus entstand ein zweites GUI-Konzept als Ergänzung zu *AWT*, nämlich *Swing*, das aufgrund der Unabhängigkeit von der jeweiligen Plattform portabler, mächtiger und leichter zu verstehen ist (oder zumindest sein soll). Der Nachteil ist, dass eine *Swing*-Anwendung nicht wie gewohnt, d. h. wie für das jeweilige Betriebssystem entwickelt, aussieht. Das Erscheinungsbild und die Hand-

Eigentlich sind die Swing-Elemente ein Bestandteil des Toolkits JFC (Java Foundation Classes), werden aber oft als Synonym dazu verwendet.

Exkursion   Grafische Benutzeroberflächen (GUI)

habung („Look and Feel") können jedoch angepasst werden. Seit *Java* 1.2 ist *Swing* Teil von *Java*.

Eine Besonderheit in *Java* ist das Interface *Listener* (vgl. Exkursion auf Seite 145), das praktisch den Controller im MVC-Muster repräsentiert. Es gibt mehrere solche Beobachter oder Horcher, die beim Auftreten bestimmter Ereignisse, etwa wenn der Anwender eine Schaltfläche anklickt, informiert werden wollen. Da nicht jedes Ereignis von Interesse ist, meldet sich der *Listener* nur bei den Ereignisquellen an, deren Events er empfangen möchte. Die betreffende Quelle informiert schließlich den *Listener*, wenn ein Ereignis eingetreten ist. Für jeden Ereignistyp existiert ein eigener Überwacher.

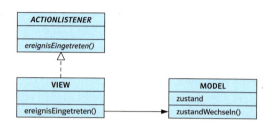

Grafische Benutzeroberfläche für einen Cola-Automaten

In Aufgabe 1 des Trainings auf Seite 105 wurde ein einfacher Cola-Automat („Geldzähler") modelliert. Die Klasse COLA_AUTOMAT selbst hat beispielsweise eine Methode `einwurf(int betrag)`, welche den übergebenen Geldbetrag zum bereits eingeworfenen dazuzählt und gegebenenfalls weitere Aktionen auslöst. Das Modell kümmert sich also nur um die korrekte Verarbeitung der Daten. Es ist ihm egal, wie der Anwender diese angezeigt bekommt. Letzteres ist die Aufgabe des View; in unserem Fall soll das eine grafische Oberfläche erledigen.

In der Lösung der Aufgabe wurde die Klasse vollständig implementiert, nur auf die Ausgabe bzw. die Darstellung des Automaten wurde verzichtet. Eine geeignete grafische Oberfläche könnte folgendermaßen aussehen: Drei Knöpfe mit der Aufschrift „0,50 €", „1 €" bzw. „2 €" sollen den entsprechenden Geldeinwurf nachahmen. Ein Textfeld simuliert die Ausgabe und zeigt den aktuell eingeworfenen Betrag an. Wird beispielsweise der Knopf „1 €" gedrückt, so soll die (öffentliche) Methode `einwurf(100)` der Klasse `Cola_Automat` aufgerufen werden, wobei hierbei der eingeworfene Geldbetrag als ganzzahliger Parameter übergeben wird. Auf der nächsten Seite ist der Quelltext aufgeführt.

Die Lösung inklusive des kompletten Quelltextes der Klasse COLA_AUTOMAT ist auf Seite 179 f. abgedruckt.

Aufgaben

1 Getränkeautomat II
In dieser Aufgabe sollen der oben vorgestellte Cola-Automat erweitert und auch die grafische Oberfläche entsprechend angepasst werden. Orientiere dich dazu an Aufgabe 11 von Seite 95 und implementiere eine geeignete GUI.

2 Schachspiel V
Entwickle eine geeignete grafische Benutzeroberfläche für ein Schachspiel.
Tipp: Für viele Systeme existieren vorgefertigte Layouts.

3 Geld und Körper
Erstelle eine grafische Benutzeroberfläche für folgende Automaten:
a) Geldautomat (Aufgabe 10 auf Seite 95 bzw. Aufgabe 4 auf Seite 129 mit zugehöriger Lösung auf Seite 182 f.)
b) Regelmäßige Prismen (Aufgabe 3 auf Seite 151 mit zugehöriger Lösung auf Seite 185 f.)

Exkursion   Grafische Benutzeroberflächen (GUI)

Java

```java
// GUI-Beispiel Oberfläche

import java.awt.*;
import javax.swing.*;
import javax.swing.border.*;
import java.awt.event.*;

public class Oberflaeche implements ActionListener {
    // Die Oberfläche hat folgende Elemente (Attribute der Klasse Oberfläche)
    JFrame window;          // das Hauptfenster
    BorderLayout border;    // Man verwendet ein vorgefertigtes Layout zum Anordnen
                            // der Elemente.
    JButton button50;       // Knopf für 0,50 Euro
    JButton button100;      // Knopf für 1 Euro
    JButton button200;      // Knopf für 2 Euro
    JLabel label1;          // Label für die Ausgabe
    Cola_Automat coke;      // Die Oberfläche verwendet den Cola-Automaten.

    // Konstruktor
    public Oberflaeche() {
        //Neues Fenster
        window = new JFrame("Cola_Automat");
        // Erzeugen und Einstellen des Layout Managers
        border = new BorderLayout();
        window.setLayout(border);
        // Erzeugen der Komponenten
        button50 = new JButton();
        button100 = new JButton();
        button200 = new JButton();
        label1 = new JLabel();
        // Konfigurieren der Komponenten
        label1.setText("0,00 €");
        button50.setText("0,50 €");
        button100.setText("1,00 €");
        button200.setText("2,00 €");
        // Einfügen der Komponenten in das Fenster
        window.add(label1, "North");
        window.add(button50, "West");
        window.add(button100, "Center");
        window.add(button200, "East");
        // Auswählen der Komponenten, die vom Controller überwacht werden sollen
        // Der Button fügt sich einen Beobachter (die Oberfläche "this") hinzu.
        button50.addActionListener(this);
        button100.addActionListener(this);
        button200.addActionListener(this);
        // Darstellen des Fensters
        window.setSize(220, 80);
        window.setVisible(true);
        // Die Oberflaeche erzeugt einen zugehörigen Automaten.
        coke = new Cola_Automat();
    }
    // Implementieren der ActionListener-Schnittstelle
    public void actionPerformed(ActionEvent event) {
        if (event.getSource() == button50) {
            coke.einwurf(50); // Methodenaufruf des Cola_Automaten
        }
        if (event.getSource() == button100) {
            coke.einwurf(100);
        }
        if (event.getSource() == button200) {
            coke.einwurf(200);
        }
        label1.setText(coke.ausgabeLiefern());
    }
}
```

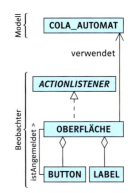

Beim Drücken eines Buttons durch den Benutzer wird zur Laufzeit ein Ereignis (ein Objekt der Klasse ActionEvent*) erzeugt. Dieses wird dann der Methode* actionPerformed() *als Parameter übergeben.*

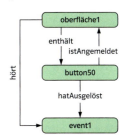

Das Objekt event *kann mit der Methode* getSource() *abfragen, von welcher Komponente es ausgelöst wurde.*

this *liefert eine Referenz auf das Objekt zurück, das den Programmcode gerade ausführt.*

V Generalisierung

Rückblick

Ober- und Unterklassen

Klassen mit gemeinsamen Merkmalen können (als Unterklassen) zu einer allgemeineren, d.h. abstrakteren Klasse (Oberklasse) generalisiert werden. Die Unterklassen stellen dabei Spezialisierungen der Oberklasse dar.
Die Unterklassen erben alle in der Oberklasse deklarierten Attribute und Methoden. Soll eine Methode einer Oberklasse in einer Unterklasse anders implementiert werden, muss sie dort neu definiert, also überschrieben werden.
Durch fortgeführte Generalisierung bzw. Spezialisierung kann die Klassenbeziehung zu einer baumartigen Klassenhierarchie ausgebaut werden.

Nachfolgend ist KLASSE_A Oberklasse von KLASSE_B. Die Objekte von KLASSE_B erben alle Attribute und Methoden von KLASSE_A. methode_A2() wird dann jedoch in KLASSE_B überschrieben.

Kreisbögen und Strecken gehören zu den Linienfiguren. Gemeinsame Attribute sind Liniendicke und Linienfarbe. Die Methode länge ist in beiden Unterklassen überschrieben.

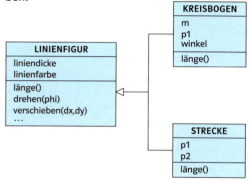

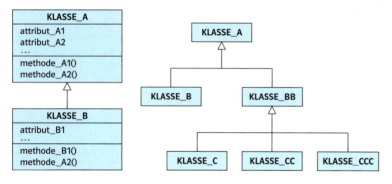

Rechtecke und Ellipsen sind Flächenfiguren. Diese gehören neben Linienfiguren und Punkten allgemein zur Klasse FIGUR.

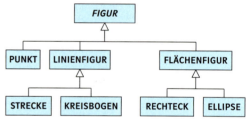

Polymorphe Methoden

Wenn eine Methode einer Oberklasse in ihren verschiedenen Unterklassen unterschiedlich überschrieben wird, sieht der Aufruf dieser Methoden zwar identisch aus, die Ausführung ist jedoch jeweils verschieden. Unten ist dies bei der Methode *methode_A2()* der Fall, die in KLASSE_B bzw. KLASSE_BB jeweils (eventuell unterschiedlich) überschrieben wird. Beim Aufruf über *objB.methode_A2()* bzw. *objBB.methode_A2()* wird dann die jeweilige Implementierung in KLASSE_B bzw. KLASSE_BB gestartet, was eventuell auch zu unterschiedlichen Ergebnissen führen kann.

Der Flächeninhalt einer aus verschiedenen Flächenfiguren zusammengesetzten Figurengruppe lässt sich beispielsweise über einen gemeinsamen Methodenaufruf `flaeche()` *und der anschließenden Summenbildung berechnen.*

Java

```
public class Klasse_B extends Klasse_A {
   public void methode_A2() {...} // Überschreibung
}
public class Klasse_BB extends Klasse_A {
   public void methode_A2() {...} // Überschreibung
}
public class Test {
   objB = new Klasse_B; objBB = new Klasse_BB;
   public void testMethode() {
      objB.methode_A2(); objBB.methode_A2();
   }
}
```

Java

```
public class Figurengruppe {
   Figur[] Fig = new Figur[10];
   // ...
   public Figurengruppe() {
      Fig[0] = new Rechteck();
      Fig[1] = new Ellipse();
      // ...
   public double gesamtflaeche() {
      double erg = 0;
      for (int i = 0; i < 10; i++) {
         erg = erg + Fig[i].flaeche();
      }
      return erg;
   }
}
```

Training

1 Dreiecke

a) Ein Dreieck wird durch drei Punkte definiert. Ein rechtwinkliges Dreieck ist ein spezielles Dreieck. Gib ein Klassendiagramm an, das die Beziehungen zwischen den Klassen PUNKT, DREIECK und RECHTWINKLIGES_DREIECK wiedergibt. Führe geeignete Attribute ein.

b) Implementiere die Klasse DREIECK und definiere eine Methode, um die Punkte des allgemeinen Dreiecks zu setzen.

c) Überschreibe die Methode zum Setzen der Punkte in der Klasse RECHTWINKLIGES-DREIECK so, dass ein rechtwinkliges Dreieck entsteht. Beschränke dich dabei auf einen möglichen Spezialfall.

d) Füge an geeigneter Stelle Methoden zur Berechnung der Seitenlängen und des Umfangs hinzu.

e) Von Heron wurde eine Formel zur Berechnung des Flächeninhalts eines Dreiecks angeben: $A = \sqrt{s \cdot (s-a) \cdot (s-b) \cdot (s-c)}$; hierbei bezeichnet s den halben Umfang und a, b, c die Seitenlängen des Dreiecks.
Implementiere eine Methode zur Berechnung der Fläche in der Klasse DREIECK.

f) Definiere in der Klasse RECHTWINKLIGES_DREIECK Methoden zur Berechnung der Längen der Katheten und der Hypotenuse.

g) Vereinfache die Methode zur Berechnung des Flächeninhalts in der Klasse RECHTWINKLIGES_DREIECK.

2 Ein durstiges Durcheinander

Wein, Traubensaft, Apfelsaft, Mineralwasser, Bier, Apfelschorle, „Äppelwoi", Weißwein, Rotwein, Riesling, Johannisbeersaft, Kaffee und Tee: ein wildes Durcheinander!

a) Ordne die Getränke, indem du geeignete Generalisierungen einführst (auf Attribute kann zunächst verzichtet werden).

b) Verbessere das Klassenmodell durch Verwendung abstrakter Klassen und gib für die einzelnen Klassen charakterisierende Attribute an.

3 Regelmäßige Prismen

Gerade Prismen sind geometrische Körper, die durch senkrechte Parallelverschiebung einer ebenen Fläche im Raum entstehen. Fig. 1 zeigt ein gerades regelmäßiges Dreiecksprisma und einen Quader.

Ein Würfel ist bereits durch die Angabe seiner Höhe eindeutig bestimmt. Prismen über gleichseitigen Vielecken (das regelmäßige Dreiecksprisma oder das regelmäßige Sechseckprisma) sind durch die Angabe ihrer Höhe und der Seitenlänge ihrer jeweiligen Grundfläche bestimmt, ein Quader durch die Angabe seiner Höhe sowie der Länge und Breite seiner Grundfläche.

a) Eine Klasse *PRISMA* soll Methoden für die Berechnung von Umfang und Flächeninhalt der Grundfläche, die Berechnung des Inhalts der Mantelfläche, des Oberflächeninhalts und des Volumens des Prismas zur Verfügung stellen. Gib eine Klassenhierarchie zur Modellierung aller oben genannten regelmäßigen Prismen sowie des Quaders an. Dabei sollen jeweils gleichartige Attribute in einer geeigneten (eventuell abstrakten) Oberklasse zusammengefasst werden. Die oberste abstrakte Klasse *PRISMA* soll alle genannten Operationen enthalten.

b) An welcher Stelle ihrer Klassenhierarchie müssen die in Teilaufgabe a) spezifizierten Operationen implementiert werden, damit möglichst viele der Implementierungen in Unterklassen wiederverwendet werden können?

c) Implementiere das Klassenmodell.

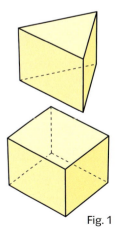

Fig. 1

Projektarbeit: Softwareprojekte

Auf der Webseite einer großen Ferienregion soll ein spezieller Fahrradroutenplaner zur Verfügung gestellt werden. Neben der Ausgabe fahrradfreundlicher Verbindungen zwischen verschiedenen Orten können ebenso attraktive Tourvorschläge von einem beliebigen Ort aus geplant werden. Dabei sollen auch Kombinationen mit öffentlichen Verkehrsmitteln einbezogen werden. Bestimmte Optionen wie „Wege im Grünen", „geringe Steigungen" oder „Sehenswürdigkeiten" können eingestellt und die Ausgabe nach dieser Kategorie sortiert werden.

Bei der Konzeption und Erstellung größerer Softwaresysteme ist wie bei allen industriellen Projekten Arbeitsteilung unumgänglich. Die Arbeit muss auf einzelne Gruppen aufgeteilt werden, deren Vorgehen sorgfältig geplant und koordiniert werden muss.

Industrielles Projektmanagement
Industrielle Softwareprojekte führen in der Regel nur dann zu einem qualitativ akzeptablen Produkt, wenn sie sorgfältig vorbereitet und kontrolliert durchgeführt werden.

Wichtige Begriffe dabei sind:
Ressource: Materielles oder immaterielles Element, das nicht in beliebigem Umfang zur Verfügung steht und daher sorgfältig verplant werden muss (z. B. Personal, Geräte, Geld, Zeit).
Meilenstein: Zeitpunkt im Projektverlauf, zu dem auf der Basis des bis dahin erreichten Projektstands wichtige Entscheidungen über den weiteren Verlauf getroffen werden müssen.
Produkt: Erzeugnis oder Ergebnis des Projektes. Dabei kann es sich um ein materielles Produkt wie ein Gerät, eine Ware, einen Artikel oder auch um ein immaterielles Produkt wie Software oder eine Dienstleistung handeln.

Im Projektmanagement unterscheidet man die folgenden vier Phasen.
1. Projektdefinition
Vor dem eigentlichen Beginn eines Projektes muss präzise geklärt werden,
– welche Kenngrößen das Projekt aufweist: Name, Leiter, Kurzbeschreibung, Auftraggeber, Zeitrahmen;
– welche Ziele man mit dem Projekt verfolgt: Anforderungsbeschreibung (Pflichtenheft), Leistungskatalog, Produktspezifikation;
– wie sich die Wirtschaftlichkeit darstellt: Umsatz, Kosten, Nutzen, Ergebnis, Rendite, Gewährleistung;
– wie das Projekt organisiert werden soll: beteiligte Personen bzw. Gruppen, Organisationsform, Gremien, Befugnisse;
– wie das Projekt ablaufen soll: Abschnitte, Phasen, Schritte, Meilensteine, Ergebnisse.

Projektarbeit: Softwareprojekte

2. Projektplanung
In die Planung eines Projektes müssen alle wesentlichen Aspekte des Projektablaufs einbezogen werden. Zuerst werden die Projekt-, Produkt- und Kostenstrukturen geklärt. Daran schließt sich oft die Aufwandsschätzung an. Besondere Bedeutung hat die Arbeitsplanung, in der Aufgaben, Termine und Ressourcen eingeteilt werden. Kostenplanung und Risikomanagement schließen die Planungsphase ab.

3. Projektkontrolle
Während der Arbeiten am Projekt wird ständig der Fortschritt des Projektes mit seiner Definition und Planung abgeglichen. Temine, Aufwand und Kosten sowie Produktionsfortschritt werden beobachtet. Qualitätssicherung und Projektdokumentation begleiten den Prozess.

4. Projektabschluss
Am Ende des Projektes erfolgt die Produktabnahme durch den Auftraggeber. Danach wird das Projekt rückwirkend analysiert. Die Sicherung der Erfahrung aus dem Projekt mit Methoden des Wissensmanagements spielt dabei eine wichtige Rolle. Schließlich endet das Projekt mit seiner Auflösung.

Softwareprojekte im Unterricht
Bei schulischen Softwareprojekten sollten wenigstens die wichtigsten Elemente des industriellen Projektmanagements berücksichtigt werden.

1. Projektdefinition
Auch hier muss man die wichtigsten Kenngrößen exakt festlegen: Projektleiter, -dauer und -name. Die Ziele müssen möglichst bald so genau wie möglich festgelegt werden. Zur Organisation müssen die Gruppen eingeteilt, Gruppensprecher bestimmt, Ressourcen (Hard- und Software) definiert und zugeteilt sowie Entscheidungsstrukturen klargestellt werden. Der Projektablauf sollte zumindest bezüglich der Phasen und ihrer Ergebnisse geplant werden.

2. Projektplanung
Hinsichtlich der Projektstruktur ist vor allem die Planung der Kooperation der Gruppen betroffen. Die Produktstruktur dreht sich vor allem um ein angemessenes Klassenmodell. Zustandsmodelle beschreiben die dynamischen Aspekte einzelner Klassen oder Systemkomponenten. Die Erstellung dieser Modelle steht am Anfang der eigentlichen Arbeit am Produkt, seine laufende Aktualisierung ist einer der wesentlichen Aspekte der Projektkontrolle. In der Entwurfsphase werden den Analysemodellen Details hinzugefügt, z. B. im Entwurf von Struktogramm-Beschreibungen des Programmiersprachencodes.

3. Projektkontrolle
Besonders wichtig ist die Dokumentation des Projektfortschrittes in den Modellen mit genauer Darstellung von Abweichungen bzw. Änderungen hinsichtlich der ursprünglichen Zielsetzung bzw. Planung. Formulierte Fragen wie „Lassen sich mit unserem Modell auch die geforderten Abläufe realisieren?" können die Kontrolle unterstützen. Hilfreich dabei sind z. B. Sequenzdiagramme.

4. Projektabschluss
Die Abnahme wird von der ganzen Klassen durchgeführt. Dabei sollten nochmals alle ursprünglichen Ziele besprochen und kontrolliert werden.

Projektarbeit: Softwareprojekte

Vorschläge für Softwareprojekte

A Zeichentrickfilm
Mithilfe eines Programmpaketes für Grafiken soll ein Zeichentrickfilm entwickelt werden. Eventuell können alternative Handlungsabläufe über Eingaben durch den Benutzer gesteuert werden.

B Supermarkt
Es soll ein Programm entwickelt werden, das die Vorgänge in einem Supermarkt simuliert: An jeder Kasse kann eine begrenzte Anzahl von Kunden in einer Warteschlange stehen. Jeder neue Kunde, der bezahlen möchte, reiht sich in eine möglichst kurze Warteschlange ein. Übersteigt die Anzahl der wartenden Kunden ein bestimmtes Maß, wird eine weitere Kasse geöffnet. Wird eine Kasse gesperrt, können sich keine weiteren Kunden dort anstellen.

C Börsenspiel
Für den Kauf und Verkauf von Aktien soll ein Softwaresystem entwickelt werden, das folgenden Anforderungen genügt: Nach dem Einloggen kann sich jeder Anleger die auf dem Aktienmarkt verfügbaren Aktien mit den aktuellen Kursen anzeigen lassen. Einzelne Aktienpakete können gekauft und in das eigene Aktiendepot übertragen werden. Die Bezahlung erfolgt vom eigenen Girokonto aus, dessen aktueller Kontostand angezeigt wird. Aus dem Depot können ebenso Aktien mit gewünschter Stückzahl wieder verkauft werden; der entsprechende Geldbetrag wird dann dem Girokonto gutgeschrieben.

D DVD-Verleih
In einem DVD-Verleih soll online bestellt werden können: Der Kunde führt die Anmeldung durch und das System überprüft die Anmeldedaten. Danach wählt der Kunde die gewünschten DVDs aus einer Liste aus. Gegebenenfalls kann er eine Suchfunktion für die Auswahl nach Titel und Kategorie nutzen. Nach seiner Auswahl schickt er die Bestellung ab. Die Bestelldaten werden von einem Angestellten des DVD-Verleihs abgerufen, anschließend wird die Ware versandt.

E Tic-Tac-Toe
Es soll ein Softwareprodukt entwickelt werden, bei dem gegen den Computer oder gegen einen Mitspieler Tic-Tac-Toe gespielt wird. Das Spielbrett besteht aus neun Spielfeldern, welche von den beiden Spielern abwechselnd mit unterschiedlichen Spielsteinen belegt werden. Derjenige gewinnt, der erstmals eine Dreierreihe (horizontal, vertikal oder diagonal) mit seinen Spielsteinen belegen kann.

F Kniffel
Bei Kniffel wird mit fünf Würfeln gleichzeitig geworfen. Pro Runde darf jeder Spieler 3-mal würfeln. Nach jedem Wurf kann er entscheiden, welche Würfel er liegen lässt und mit welchen er weiterwürfelt. Nach dem dritten Wurf muss er den Wurfzustand in ein passendes Feld eintragen, das dann die entsprechende Punktzahl berechnet. Gegebenenfalls gibt es noch Sonderpunkte, wenn im oberen Feld die Punkte einen bestimmten Wert übersteigen. Wenn alle Felder ausgefüllt sind, werden die Punkte zusammengezählt. Informiert euch genauer über die Regeln beim Kniffel. Entwickelt ein (eventuell vereinfachtes) Modell eines Kniffelspiels und implementiert es anschließend.

Java-Überblick

1 Datentypen

In *Java* gibt es zwei Arten von Typen: primitive Datentypen und Referenz- bzw. Objekttypen.

Primitive Datentypen

Typname	Beschreibung	Länge in Byte	Wertebereich
`boolean`	Boole'scher Wert (wahr oder falsch, 1 Bit)	1	`true, false`
`char`	einzelnes Zeichen (16 Bit)	2	alle Unicode-Zeichen, z. B. `'a', ..., 'z', 'A', ..., 'Z', '3', '%'` ... (Zeichen werden in einfache Hochkommata gesetzt)
`byte`	ganze Zahl (8 Bit)	1	$-2^7, ..., 2^7 - 1$ ($-128, ..., 127$)
`short`	ganze Zahl (16 Bit)	2	$-2^{15}, ..., 2^{15} - 1$ ($-32\,768, ..., 32\,767$)
`int`	ganze Zahl (32 Bit)	4	$-2^{31}, ..., 2^{31} - 1$ ($-2\,147\,483\,648, ..., 2\,147\,483\,647$)
`long`	ganze Zahl (64 Bit)	8	$-2^{63}, ..., 2^{63} - 1$ ($-9\,223\,372\,036\,854\,775\,808, ..., 9\,223\,372\,036\,854\,775\,807$)
`float`	Fließkommazahl (32 Bit)	4	$-3{,}4028 \cdot 10^{38}, ..., 3{,}4028 \cdot 10^{38}$; $-45 <$ Exponent ≤ 38
`double`	Fließkommazahl (64 Bit)	8	$-1{,}7977 \cdot 10^{308}, ..., 1{,}7977 \cdot 10^{308}$; $-324 <$ Exponent ≤ 308

Alle primitiven Datentypen haben entsprechend dem Speicherplatzbedarf eine feste Länge.

1 Bit ist eine Informationseinheit (wahr oder falsch, 0 oder 1). 8 Bit ergeben 1 Byte. Wird eine Variable beispielsweise als `byte` deklariert, so wird für diese 1 Byte Speicher zur Verfügung gestellt. Folglich kann man hier nur Zahlen verwenden, für die im Dualsystem maximal sieben Stellen benötigt werden, das achte Bit wird für das Vorzeichen benötigt.

Die möglichen Operatoren sind auf Seite 157 aufgelistet.

Referenztypen (Objekttypen)
Zu den Referenztypen gehören Objekte, Strings und Arrays.

Typname	Beschreibung	Beispiel
`String`	Zeichenkette (Text)	`"Hallo!"`
Array (z.B. `int[]`)	Feld (hier ganzzahlig)	`{1, 2, 3, 4, 5}`

Strings und Arrays sind streng genommen auch Objekte, können aber ohne Aufruf des `new`-Operators erzeugt werden.

Java-Überblick

Variablendeklaration
(1) Bei primitiven Datentypen
Syntax:
`(<Zugriffsmodifikator>) <Datentyp> <Bezeichner> ( = <Wert>)`

`<Zugriffsmodifikator>`	`private` oder `public` (oder `protected`) Innerhalb der Klassendefinition (als globale Variable) prinzipiell `private`, innerhalb einer Methode als lokale Variable wird der Zugriffsmodifikator meist weggelassen.
`<Datentyp>`	vgl. Liste auf Seite 155, z. B. `int`, `boolean` oder `char`
`<Bezeichner>`	Beliebiger Name, sollte aber den Inhalt der Variablen charakterisieren. So sagt etwa *jahre* als Bezeichner mehr aus als *x*.
`<Wert>`	Der Variablen kann gleich ein Wert zugewiesen werden, die Zuweisung ist jedoch nicht zwingend notwendig.

Beispiel	Erläuterung
`private int summe;`	Es wird eine ganzzahlige Variable mit dem Bezeichner *summe* deklariert.
`private int jahre = 13;`	Es wird eine ganzzahlige Variable mit dem Bezeichner *jahre* deklariert und ihr der Wert *13* zugewiesen.
`private boolean weiblich;`	Es wird eine Boole'sche Variable mit dem Bezeichner *weiblich* deklariert.
`private boolean neu = true;`	Es wird eine Boole'sche Variable mit dem Bezeichner *neu* deklariert, die den Wert `true` erhält.
`char b = 'x';`	Eine Variable vom Typ *Zeichen* wird deklariert und mit dem Wert *x* belegt.
`double pi = 3.14159;`	Eine reellwertige Variable namens *pi* wird deklariert und erhält den Wert *3,14159*.

(2) Bei Referenztypen
Zur Erzeugung eines Objektes wird im Allgemeinen der `new`-Operator verwendet.
Zeichenketten (Strings) können oft wie primitive Datentypen behandelt werden, manchmal aber auch nicht (z. B. hinsichtlich des Vergleichs mit `==`).

Beispiel	Erläuterung
`String vorname;`	Es wird eine String-Variable mit dem Bezeichner *vorname* deklariert.
`String nachname = "Müller";`	Eine Variable vom Typ *Zeichenkette* wird deklariert und mit dem Wert *Müller* belegt.
`int[] primz = {2, 3, 5, 7, 11, 13};`	Es wird ein ganzzahliges Feld der Länge 6 mit dem Bezeichner *primz* erzeugt und das Feld mit den ersten sechs Primzahlen aufgefüllt.
`int[] noten = new int[10];`	Es wird ein leeres Feld mit dem Bezeichner *noten* erzeugt, welches insgesamt zehn ganzzahlige Werte aufnehmen kann.
`double[] messwerte;`	Es wird ein Feld mit dem Namen *messwerte* deklariert. Bevor es jedoch Werte aufnehmen kann, muss es mit dem `new`-Operator erzeugt werden.
`int[][] = new int[2][3]`	Es wird ein zweidimensionales Feld der Größe 2·3, d. h. eine Matrix mit zwei Zeilen und drei Spalten erzeugt, welche ganzzahlige Werte aufnehmen kann.
`Kreis kreis1;`	Es wird eine Variable mit dem Bezeichner *kreis1* vom Typ *Kreis* deklariert. Mit `kreis1 = new Kreis()` wird der Konstruktor aufgerufen, das Objekt erzeugt und dem Bezeichner *kreis1* zugewiesen.

Java-Überblick

2 Operatoren und Typumwandlung

Operatoren

Operator	Erläuterung	Bemerkung/Beispiel
+	positives Vorzeichen	`+i` ist gleichbedeutend mit `i`.
-	negatives Vorzeichen	`-i` dreht das Vorzeichen von `i` um.
+	Addition	`x + y` ergibt die Summe von x und y.
-	Subtraktion	`x - y` ergibt die Differenz von x und y.
*	Multiplikation	`x * y` ergibt das Produkt von x und y.
/	Division	`x / y` ergibt den Quotienten von x und y. Achtung: Sind x und y beide ganzzahlig, so ist auch x / y ganzzahlig, d.h., `x / y` liefert die ganzzahlige Division ohne Rest (Beispiel: `7 / 3` liefert 2). Ist x oder y jedoch ein Fließkommawert, so ist auch x / y ein Fließkommawert (Beispiel: `7.0 / 3` liefert 2.33333333333333333).
%	modulo	`x % y` ergibt den ganzzahligen Rest bei Division von x durch y. (`7 % 3` liefert 1.)
++	Inkrement	`i++` entspricht `i = i + 1` und erhöht den Wert von i um 1.
--	Dekrement	`i--` entspricht `i = i - 1` und erniedrigt den Wert von i um 1.
=	Zuweisung	`x = y` weist x den Wert von y zu.
==	Vergleich	`x == y` ergibt wahr, wenn x gleich y ist bzw. wenn bei Referenztypen beide Werte auf dasselbe Objekt zeigen.
<	kleiner	`x < y` ergibt wahr, wenn x kleiner ist als y.
<=	kleiner gleich	`x <= y` ergibt wahr, wenn x kleiner oder gleich y ist.
>	größer	`x > y` ergibt wahr, wenn x größer ist als y.
>=	größer gleich	`x >= y` ergibt wahr, wenn x größer oder gleich y ist.
!= <>	ungleich	`x != y` (oder `x<>y`) ergibt wahr, wenn x ungleich y ist bzw. wenn bei Referenztypen beide Werte auf verschiedene Objekte zeigen.
!	logisches NICHT	`!x` ergibt wahr, wenn x falsch ist und umgekehrt.
&&	logisches UND	`x && y` ergibt wahr, wenn sowohl x als auch y wahr sind.
||	logisches ODER	`x || y` ergibt wahr, wenn mindestens einer der beiden Ausdrücke x oder y wahr ist.
^	exklusives ODER	`x^y` ergibt wahr, wenn x wahr ist und zugleich y falsch oder umgekehrt.
new	`new`-Operator	zur Erzeugung von Objekten
instanceof	`instanceof`-Operator	`x instanceof y` liefert wahr, wenn x eine Instanz der Klasse y oder einer ihrer Unterklassen ist. So lässt sich herausfinden, zu welcher Klasse ein bestimmtes Objekt gehört.

Java-Überblick

Typumwandlung (Casting)
Automatische (implizite) Typumwandlung erfolgt beispielsweise, wenn eine `short`-Variable und eine `int`-Variable gemeinsam in einem Additionsausdruck verwendet werden. Der kleinere Datentyp (`short`) wird dabei dem größeren (`int`) angepasst. Diese Konvertierung erfolgt automatisch durch den Compiler.

Explizite Typumwandlung erfolgt meist durch Verlust von Informationen und wird nicht vom Compiler selbstständig vorgenommen. Man verwendet dazu den **Type-Cast-Operator**.

Beispiel	Erläuterung

`double x = 7.0;`
`double y = 3.0;`
`int z;`
`z = (int)(x + y);`
	Zwei Fließkommazahlen x und y sowie eine ganze Zahl z werden deklariert.
	Die Zuweisung `z = x + y` würde ohne Typumwandlung Probleme bereiten, daher wird der Type-Cast-Operator (`int`) verwendet, der das Ergebnis von x + y in eine ganze Zahl konvertiert.

`(int)(7.0/3.0);`	Dieser Term wird zu 2 ausgewertet.
`int b = 65;` `System.out.println((char)(b + 1));`	b + 1 ergibt 66. Anschließend wird wegen des Operators (`char`) das Zeichen mit der Nummer 66 auf dem Bildschirm ausgegeben, nämlich das Zeichen B.

3 Methodendefinition

Syntax:
`(<Zugriffsmodifikator>) <Rückgabetyp> <Bezeichner> (<Parameter>) {...}`

Beispiel	Erläuterung

`public void hello(String name) {`
`  System.out.print("Hallo " + name);`
`}`
	Die öffentliche Methode *hello* gibt auf dem Bildschirm „Hallo XYZ" aus, wenn ihr „XYZ" beim Aufruf übergeben wurde.

`public double mittelwert(double x,`
`  double y) {return (x + y)/2;`
`}`
	Die Methode *mittelwert* gibt den Mittelwert zweier reeller Zahlen x und y zurück.

`public void neuzeichnen() {`
`  loeschen();`
`  zeichnen();`
`}`
	Die Methode *neuzeichnen* hat keinen Rückgabewert, keine Parameter und ruft nacheinander die Methoden *löschen* und *zeichnen* auf.

Eine besondere *Java*-Methode ist die `main`-Methode. Wird in einer Klasse eine `main`-Methode definiert, dann wird diese Methode beim Aufruf des *Java*-Interpreters mit dem zugehörigen Klassennamen als erstes ausgeführt, d. h. die Klasse bzw. das Programm „gestartet". Soll ein direkt ausführbares und lauffähiges Programm erzeugt werden, so muss eine solche Hauptklasse mit `main`-Methode existieren.

Syntax:
```
public static void main(String args[]) {
  // Hier beginnt unser Programm

}
```

`static` bedeutet hierbei, dass zum Aufruf der Methode kein Objekt dieser Klasse existieren muss.

4 Klassendefinition

Normale Klassendefinition
Syntax:
```
(<Zugriffsmodifikator>) class <Bezeichner> {
  // Attribute
  // Methoden
}
```

Beispiel	Erläuterung
`public class Kugel {`	Kopf

`//Attribute`
`private int radius;`
`private double xPos;`
`private double yPos;`
	Deklaration der Attribute:
	Es werden ein ganzzahliges Attribut für den Radius sowie jeweils eine reellwertige Variable für die x- bzw. y-Position der Kugel deklariert.

`//Methoden`
`Kugel(int kugelradius) {`
`  radius = kugelradius ;`
`  xPos = 0.0;`
`  yPos = 0.0;`
`}`
	Methodendefinition
	Der Konstruktor zur Erzeugung des Objektes hat den gleichen Namen wie die Klasse selbst.

`public double rauminhalt() {`
`  return 4*radius*radius*radius*Math.PI/3;`
`}`
	Methode, die als Rückgabewert den Rauminhalt der Kugel berechnet

`} //Ende Kugel`	Ende der Klassendefinition

Definition einer Unterklasse bei Vererbung:
Syntax:
```
(<Zugriffsmodifikator>) class <Unterklasse> extends <Oberklasse> {
  // Attribute
  // Methoden
}
```

Java-Überblick

Beispiel
```
class Ball extends Kugel {
  //Attribute
  private String farbe;
  private String material;

  //Methoden
  Ball(int rad, String far, String mat) {
    super(rad);
    farbe = far;
    material = mat;
  }
  public void farbeSetzen(String f_neu) {
    farbe = f_neu;
  }
} //Ende Ball
```

Erläuterung
Die neue Klasse BALL wird von KUGEL (Seite 159) abgeleitet.
Deklaration der Attribute:
Die Klasse BALL hat dieselben Attribute wie die Klasse KUGEL und zusätzlich noch ein Attribut für die Farbe und das Material.
Methodendefinition
Konstruktor
`super` ruft den Konstruktor der Oberklasse mit den angegebenen Parameterwerten auf, hier also `Kugel(rad)`. Den von der Oberklasse geerbten Attributen werden also folgende Werte zugewiesen: radius = rad; xPos = 0.0; yPos = 0.0.
Methode, die die Farbe des Balles ändert

Ende der Klassendefinition

Abstrakte Klassen
Abstrakte Klassen werden durch das Schlüsselwort `abstract` definiert. Von derartigen Klassen können keine Instanzen erzeugt werden.

Syntax:
```
(<Zugriffsmodifikator>) abstract class <Unterklasse> {
  // Attribute
  // Methoden
}
```

Abstrakte Klassen können abstrakte Methoden besitzen, die ebenso mit dem Schlüsselwort `abstract` gekennzeichnet und in der abstrakten Klasse selbst nicht implementiert werden:

Beispiel
```
public abstract class Mitarbeiter {
  //Attribute
  protected double grundgehalt;
  protected double verdienst;

  //Methoden
  public abstract double verdienstBerechnen();
} //Ende Mitarbeiter
```

Erläuterung
Kopf
Deklaration der Attribute:
Die Attribute *grundgehalt* und *verdienst* sind geschützte Attribute (`protected`), auf die (nur) von allen Unterklassen aus zugegriffen werden kann.
Methodendefinition
abstrakte Methode, die in den Unterklassen implementiert wird
Ende der Klassendefinition

* Interfaces
Interfaces sind Klassen, die neben Konstantendefinitionen ausschließlich Methodensignaturen enthalten. Sie legen ein allgemeines Verhalten fest, d.h. welche Methoden vorhanden sein sollen und was sie bewirken, ohne diese jedoch inhaltlich genau zu definieren. Man muss nur ihre Signatur kennen, um sie aufrufen zu können. Wie die Methode im Einzelnen abgearbeitet wird, ist für den Aufrufer irrelevant.

Java-Überblick

Syntax:
```
(<Zugriffsmodifikator>) interface <Bezeichner> {
  // abstrakte Methoden
}
```
Klassen erben von Interfaces mithilfe des Schlüsselwortes `implements` (statt `extends`):

Syntax:
```
(<Zugriffsmodifikator>) class <Unterklasse> implements <Interface> {
  // Attribute
  // Methoden
}
```

Beispiel	Erläuterung
`public interface Koerper {`	Kopf
`  //Attribute gibt es nicht`	
`  //Methoden`	Methodendefinition
`  public double oberflaeche();`	Es werden die Signatur für *oberfläche* und *volumen* festgelegt. Der Rumpf der Methoden wird weggelassen.
`  public double volumen();`	
`} //Ende Koerper`	Ende der Interface-Definition
`public class Kugel implements Koerper {`	Kopf (Alternative zur Klasse KUGEL von Seite 159)
`  //Attribute`	
`  private double radius ;`	
`  //Methoden`	Methodendefinition
`  public double oberflaeche() {`	Hier werden die im Interface deklarierten Methoden *oberfläche* und *volumen* überschrieben.
`  return 4*Math.PI*radius*radius;`	
`  }`	
`  public double volumen() {`	
`  return 4*Math.PI*radius*radius*radius/3;`	
`  }`	
`} //Ende Kugel`	Ende der Klassendefinition
`public class Koerperrechner {`	Die Klasse KÖRPERRECHNER verfügt über Methoden, um die Oberfläche und das Volumen beliebiger Körper zu berechnen.
`  //Attribute`	
`  //Methoden`	
`  public double oberflBer(Koerper k) {`	Es wird lediglich die Methode der Schnittstelle *Körper* aufgerufen, die dann durch das konkrete Objekt *k* abgearbeitet wird. Erst zur Laufzeit des Programms ist bekannt, ob es sich bei dem als Parameter übergebenem Körper *k* z. B. um einen Quader, eine Kugel oder einen Zylinder handelt.
`  return k.oberflaeche();`	
`  }`	
`  public double volumenBer(Koerper k) {`	
`  return k.volumen();`	
`  }`	
`} //Ende Koerperrechner`	Ende der Klassendefinition

Java-Überblick

5 Kontrollstrukturen

Sequenz
Jede Anweisung wird mit einem Semikolon abgeschlossen.
Mehrere Anweisungen nacheinander ergeben eine Sequenz.

Beispiel
```
kreis1.farbeSetzen("rot");
kreis2.farbeSetzen("schwarz");
ampel1.zustandSetzen("Rotlicht");
```

Struktogramm

| Farbe setzen von kreis1 auf rot |
| Farbe setzen von kreis2 auf schwarz |
| Zustand setzen von ampel1 auf rotlicht |

Bedingte Anweisung (Fallunterscheidung)
Syntax:
Die bedingte Anweisung gibt es in zwei Formen: mit oder ohne Alternative.

(1) Mit Alternative
Syntax:
```
if (<Bedingung>) {
    <Anweisungen>
}
else {
    <Anweisungen>
}
```

Beispiel
```
if (divisor == 0) {
    System.out.println("Fehler!
    Division durch null!");
}
else {
    ergebnis = dividend / divisor;
}
```

Struktogramm

Ist divisor = 0?
- ja: Bildschirmausgabe "Fehler! Division durch null!"
- nein: Zuweisung: ergebnis = dividend / divisor

(2) Ohne Alternative
Hier wird der `else`-Teil einfach weggelassen.
Syntax:
```
if (<Bedingung>) {
<Anweisungen>
}
```

Beispiel
```
if (divisor != 0) {
    ergebnis = dividend / divisor;
}
```

Struktogramm

Ist divisor ≠ 0?
- ja: Zuweisung: ergebnis = dividend / divisor
- nein: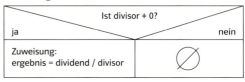

Java-Überblick

Mehrfachauswahl

Die `switch`-Anweisung kann beliebig viele Fälle untersuchen.
Die zu überprüfende Variable muss vom Typ `byte`, `short`, `int` oder `char` sein.

Syntax:

```
switch (<Variable>) {
  case <Wert1>:
     <Anweisungen1>;
     break;
  case <Wert2>:
     <Anweisungen2>;
     break;
  ...
  default:
     <Anweisungen3>;
     break;
}
```

```
switch (<Variable>) {
  case <Wert1>:
  case <Wert2>:
     <Anweisungen1>;
     break;
  case <Wert3>:
  case <Wert4>:
  case <Wert5>:
     <Anweisungen2>;
     break;
  ...
  default:
     <Anweisungen3>;
     break;
}
```

Beispiel

```
switch (wochentag) {
  case 6:
     wochenende = true;
     break;
  case 7:
     wochenende = true;
     break;
  default:
     wochenende = false;
     break;
}

switch (note) {
  case 1:
     wortlaut = "sehr gut";
     break;
  case 2:
     wortlaut = "gut";
     break;
  case 3:
     wortlaut = "befriedigend";
     break;
  case 4:
     wortlaut = "ausreichend";
     break;
```

Struktogramm und Erläuterung

wochentag = ?		
6	7	default
wochenende = wahr	wochenende = wahr	wochenende = falsch

Falls die ganzzahlige Variable *wochentag* den Wert *6* oder *7* annimmt (für „Samstag" oder „Sonntag"), wird der Boole'schen Variablen *wochenende* der Wert *wahr*, ansonsten der Wert *falsch* zugewiesen.

note = ?					
1	2	3	4	5	6
wortlaut = "sehr gut"	wortlaut = "gut"	wortlaut = "befriedigend"	wortlaut = "ausreichend"	wortlaut = "mangelhaft"	wortlaut = "ungenügend"

Die ganzzahlige Variable *note* wird untersucht und entsprechend ihrem Wert wird der String-Variablen *wortlaut* die Übersetzung der Note zugewiesen.

Java-Überblick

```
    case 5:
      wortlaut = "mangelhaft";
      break;
    case 6:
      wortlaut = "ungenügend";
      break;
}

switch (buchstabe) {
    case 'a':
    case 'e':
    case 'i':
    case 'o':
    case 'u':
      art = "Vokal";
      break;
    case 'ä':
    case 'ö':
    case 'ü':
      art = "Umlaut";
      break;
    default:
      art = "Konsonant";
      break;
}
```

buchstabe = ?		
'a' – 'e' – 'i' – 'o' – 'u'	'ä' – 'ö' – 'ü'	default
Vokal	Umlaut	Konsonant

Bemerkungen

Die `default`-Klausel deckt alle nicht explizit aufgeführten Fälle ab und kann gegebenenfalls auch weggelassen werden. Eventuell wird dann gar kein Fall ausgeführt.

Die `break`-Anweisung nach einem Fall sorgt dafür, dass weitere Fälle nicht mehr durchlaufen werden. Nach der `default`-Anweisung ist ein `break` nicht notwendig, wird jedoch üblicherweise als guter Programmierstil betrachtet.

Java-Überblick

Wiederholung mit fester Anzahl
Syntax:
```
for (<Initialisierung>; <Bedingung>; <Update>) {
    <Anweisungen>
}
```

`<Initialisierung>`	Deklaration einer ganzzahligen Lauf- oder Zählvariablen und Zuweisung ihres Anfangswertes (oft `int i = 0`)
`<Bedingung>`	Solange die Bedingung (abhängig von der Zählvariablen) erfüllt ist, werden nachfolgende Anweisungen ausgeführt. Die Bedingung wird jeweils vor dem Durchlauf getestet, daher auch „Abbruchbedingung" genannt (z. B. `i < 10`)
`<Update>`	Das Update erfolgt nach jedem Durchlauf und ändert die Laufvariable entsprechend der angegebenen Zuweisung (oft `i++`).

Beispiel
```
int summe = 0;

for (int i = 0; i <= 100; i++) {
    summe = summe + i;
}
```

Struktogramm und Erläuterung

| Es ist summe gleich 0. |
| Wiederhole von i = 0 bis i = 100 |
| (wobei i jedes Mal um 1 erhöht wird). |
| Addiere i zum aktuellen Wert von summe. |

Berechnet die Summe aller ganzen Zahlen von 0 bis 100. Als Laufvariable wird die ganze Zahl *i* deklariert, ihr Anfangswert ist 0. Die Anweisung soll so lange wiederholt werden, bis *i* den Wert 100 erreicht (einschließlich), wobei *i* bei jedem Durchlauf um 1 erhöht wird. Der aktuelle Wert von *i* wird dabei dem Wert der Variablen *summe* hinzugezählt (die Anfangsbelegung von *summe* sollte 0 sein).

```
int[] potvzwei = new int[20];
potvzwei[0] = 1;

for (int i = 1; i < 20; i = i+1) {
    potvzwei[i] = potvzwei[i-1]*2;
    System.out.println(potvonzwei[i]);
}
```

| Definiere und erzeuge ganzzahliges Feld ("potvzwei") der Länge 20. |
| Weise dem ersten Feldelement den Wert 1 zu. |
| Wiederhole von i = 0 bis 1 = 19 (erhöhe i jedes Mal um 1). |
| potvzwei[i] = potvzwei[i−1]*2 |
| Bildschirmausgabe von potvzwei[i] |

Es wird ein ganzzahliges Feld namens *potvzwei* (Potenzen von 2) der Länge 20 erzeugt, das erste Feldelement (mit Index 0) erhält den Wert *1* (2^0).

Beim Durchlauf der `for`-Wiederholung wird jedem der verbleibenden 19 Feldelemente die dem Index entsprechende Potenz von 2 zugewiesen und auf dem Bildschirm ausgegeben.

Java-Überblick

Wiederholung mit Anfangsbedingung
Syntax:
```
while (<Bedingung>) {
      <Anweisungen>
}
```

Die Bedingung wird vor der Ausführung der Anweisungen getestet, sodass nachfolgende Anweisungen möglicherweise gar nicht ausgeführt werden.

Beispiel
```
int a = eingabe();
while (a != 710) {
      System.out.println("Die Zahl
            war falsch. Versuchen Sie
            es noch einmal.");
      a = eingabe();
}
```

Struktogramm und Erläuterung

Eingabe einer ganzen Zahl a.
Solange a ungleich 710
<ul><li>Bildschirmausgabe „Die Zahl war falsch. Versuchen Sie es noch einmal."</li><li>erneute Eingabe von a</li></ul>

Zuerst wird eine Variable a vom Typ *Integer* deklariert. Die Zuweisung erfolgt über eine Methode *eingabe()*, welche ermöglicht, eine ganze Zahl über die Tastatur einzugeben und diese als Rückgabewert liefert.

Solange a nicht den Wert *710* hat, wird der angegebene Satz auf dem Bildschirm ausgegeben und zur erneuten Eingabe einer Zahl aufgefordert.

Wiederholung mit Endbedingung
Syntax:
```
do {
      <Anweisungen>
} while (<Bedingung>);
```

Die Bedingung wird nach der ersten Ausführung der Anweisungen getestet, sodass die Wiederholung wenigstens einmal durchlaufen wird.

Beispiel
```
do {
      System.out.println("Bitte Passwort
            eingeben.");
      passwort = stringeingabe();
} while (passwort != "Sesam, öffne dich");
```

Struktogramm

Bildschirmausgabe „Bitte Passwort eingeben."
Eingabe des Passwortes
Wiederhole solange Passwort nicht korrekt („Sesam, öffne dich")

Java-Überblick

6 *Java*-Packages und Importe

Java verfügt über unzählige vorgefertigte Klassen und Schnittstellen. Thematisch zusammengehörende Klassen und Schnittstellen werden zu einem Paket (*package*) zusammengefasst. Die so entstehende *Java*-Bibliothek ist riesig und enthält tausende verschiedene Klassen mit unterschiedlichsten Methoden. Um sich einer dieser Klassen bedienen zu können, muss man sie in das gewünschte Projekt importieren. In *Java* funktioniert das mit dem Schlüsselwort `import`.

Syntax:

`import <paketname>.<klassenname>;`	importiert nur die gewünschte Klasse des angesprochenen Paketes
`import <paketname>.*;`	importiert sämtliche Klassen des angesprochenen Paketes

Beispiel	**Erläuterung**
`import java.util.Random;`	importiert die Klasse `Random` des Paketes `java.util`
`import java.util.*;`	importiert das vollständige Paket `java.util`

Es ist unmöglich, über die vollständige Bibliothek Bescheid zu wissen. Die *Java*-Bibliothek ist jedoch gut dokumentiert, daher gilt die *API*-Dokumentation (*Application Programming Interface*) des *Java*-Entwicklers Sun als wichtige Informationsquelle für jeden *Java*-Programmierer (http://java.sun.com/docs/).

Einige Pakete mit ausgewählten Klassen sind hier beispielhaft aufgelistet:

package	Erläuterung	
`java.awt`	Das Paket enthält Klassen zur Erstellung von grafischen Benutzeroberflächen und Bildern. Es stellt beispielsweise folgende Klassen zur Verfügung:	
	`Button`	erstellt einen beschrifteten Knopf
	`Canvas`	Mit der Klasse LEINWAND kann ein leerer rechteckiger Bereich auf dem Bildschirm erzeugt werden, auf dem gezeichnet werden kann.
`javax.swing`	Weiterentwicklung von `java.awt`. Beispielsweise enthält das Paket folgende Klassen:	
	`JButton`	erstellt einen beschrifteten Knopf
	`JFrame`	ein Fenster, welches weitere Komponenten aufnehmen kann
	`JLabel`	ein Bereich für einen kurzen Text, ein Bild oder beides
`java.lang`	enthält besonders wichtige Klassen, z.B.	
	`Math`	enthält Methoden für grundlegende mathematische Operationen, beispielsweise die Quadradwurzel (`sqrt`), trigonometrische Funktionen oder die Potenz (`pow`)
`java.net`	stellt Klassen für Netzwerk- und Internetapplikationen zur Verfügung	
`java.util`	stellt verschiedene nützliche Klassen zur Verfügung, beispielsweise	
	`ArrayList`	ein Feld mit variabler Länge (eine Liste)
	`Currency`	repräsentiert eine Währung
	`Random`	Mit einer Instanz dieser Klasse lassen sich Zufallszahlen erzeugen.

UML-Überblick

Theorie

Assoziation

Aggregation

Vererbung

Objektkarte und Klassenkarte

– privates Element (private)
+ öffentliches Element (public)

Beispiele

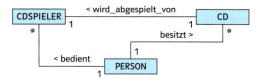

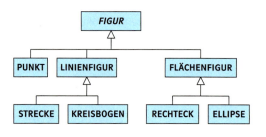

UML-Überblick

Theorie

Zustandsdiagramme

Beispiele

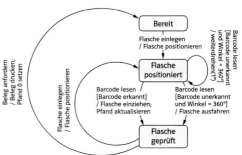

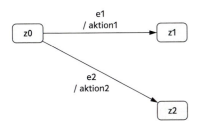

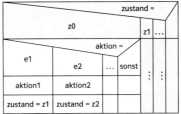

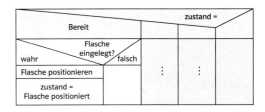

Sequenzdiagramme

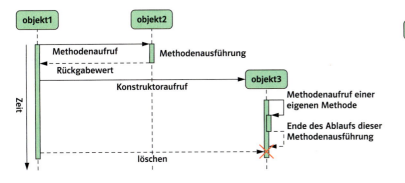

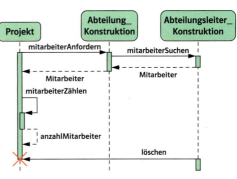

Grundwissen

Inhalte von Zellen
Die Zellen von Rechenblättern können konstante Werte (Daten) oder Formeln enthalten. Werte können mithilfe von Zellbezügen als Eingabe für Formeln verwendet werden. Eine Formel berechnet zu jedem Satz von Eingabewerten jeweils genau einen Ausgabewert.

Anpassung von Zellbezügen
Beim Kopieren einer Formel in eine andere Zelle des Rechenblattes werden Zellbezüge in der Regel automatisch an die neue Lage angepasst. Will man dies verhindern, so verwendet man absolute Zellbezüge (gekennzeichnet durch $). Beim Ausschneiden und anschließenden Einfügen einer Formel in eine andere Zelle werden die Zellbezüge dagegen nicht geändert.

Datentypen
Als konstante Werte werden in den Zellen eines Rechenblattes genau genommen nur Texte oder Zahlen gespeichert. Über die Formatierung einer Zelle kann man ihren Zahlenwert in einer Vielzahl verschiedener Datenformate darstellen, z. B. als Datum, Uhrzeit, Bruch oder Wahrheitswert.

Grundwissen

Zuordnungen und Funktionen
Zuordnungen werden durch Zuordnungsvorschriften (Tabellen, Diagramme, Aussageformen) beschrieben. Eine Zuordnung heißt Funktion, wenn jedem Element der Ausgangsmenge höchstens ein Element der Zielmenge zugeordnet wird.

Tabellenkalkulationssysteme enthalten viele fertig eingebaute Funktionen.

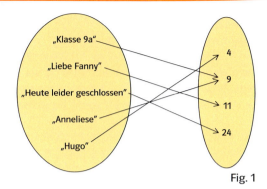

Fig. 1

Funktionen eines Tabellenkalkulationssystems:
LÄNGE (Fig. 1); RÖMISCH

Mehrstellige Funktionen
In der Informatik trifft man oft auf Funktionen mit zwei oder noch mehr Argumenten.
Manche Funktionen kommen sogar mit einer beliebigen Anzahl von Argumenten zurecht.
Bei zweistelligen Funktionen unterscheidet man zwischen Präfix- und Infixschreibweise.

mehrstellige Funktionen:
RUNDEN(1,3342;2); FINDEN(„Peter";A2;0)

Funktionen mit einer beliebigen Anzahl von Argumenten:
MITTELWERT; SUMME

Präfixschreibweise: SUMME(3;4)
Infixschreibweise: 3 + 4

Verkettung von Funktionen
Bei der Verkettung zweier Funktionen übernimmt eine Funktion den Wert einer anderen Funktion als Argument.
Verkettete Funktionen kann man sehr übersichtlich in Datenflussdiagrammen darstellen. Will man hierbei ein Zwischenergebnis mehrfach verwenden, kann man dies durch Einbau eines Datenverteilers erreichen.

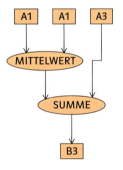

Fig. 2

SUMME(MITTELWERT(A1;A2);A3)

WENN-Funktion
In Termen, die je nach Wert einer bestimmten Bedingung unterschiedliche Berechnungsverfahren erfordern, verwendet man die WENN-Funktion.

WENN(A1>A1;A1−A2;A2−A1)

Datenflussmodellierung
In allgemeinen Datenflussdiagrammen können auch Prozesse vorkommen, die nicht durch eine Funktion beschrieben werden können (z. B. solche mit mehreren Ausgängen, die zu unterschiedlichen Zeiten Daten liefern). Die Symbolik von Datenflussdiagrammen kann auch für Verarbeitungs- und Transportvorgänge von materiellen Dingen (wie Autoersatzteilen) eingesetzt werden.

Funktionen

Grundwissen

Tabellen

Daten werden in Tabellen gespeichert.
Die Spalten der Tabelle stehen für die Attribute der zugrunde liegenden Klasse und bilden das Schema der Tabelle.
Jede Zeile der Tabelle steht für ein einzelnes Objekt, enthält dessen Attributwerte und steht somit für einen Datensatz.

Der Primärschlüssel der Tabelle besteht aus einem Attribut oder mehreren Attributen (Spalten), durch deren Werte jeder Datensatz eindeutig identifiziert werden kann. In der Praxis werden ausschließlich künstliche Schlüssel verwendet.

MEINE_SCHULFREUNDE				
Nr	Name	Vorname	GebDat	Strasse
1	Aurich	Frank	10.08.1993	Kranichweg 8
2	Bergmann	Sylvia	20.10.1993	Zusestr. 11b
3	Gütnitz	Bernd	01.01.1994	Moorweg 3
4	Jacobi	Beate	30.11.1993	Zuseweg 20
5	Keller-Fink	Franziska	03.06.1994	Hollerithstr. 121
6	Keller-Fink	Manuel	03.06.1994	Hollerithstr. 121
7	Feldmeier	Petra	02.04.1994	Borkenstr.40
...	...	...	...	...

Das Schema der Tabelle lautet:
MEINE_SCHULFREUNDE[Nr; Name; Vorname; GebDat; Strasse]
Primärschlüssel: Nr

*Die Tabelle MEINE_SCHULFREUNDE hat die Attribute Nr, Name, Vorname, GebDat und Strasse.
Jeder Datensatz steht für ein Objekt dieser Klasse, also einen Schulfreund.*

Abfragen

Mithilfe von Abfragen lassen sich Informationen aus Tabellen filtern.
Eine Abfrage ist eine Funktion mit den Eingabeparametern *Tabelle, Bedingung, Spaltenliste*.
Abfrage(Tabelle; Bedingung; Spaltenliste) liefert die gewünschten Spalten derjenigen Datensätze der angesprochenen Tabelle, die die übergebene Bedingung erfüllen.

Jede Abfrage ist eine Kombination einer Selektion, welche Datensätze einer Tabelle mittels einer Bedingung auswählt, mit einer Projektion, die nur gewünschte Spalten einer Tabelle wiedergibt.

In der Sprache SQL lautet der entsprechende Befehl
```
SELECT Spalten
FROM TABELLE
WHERE Bedingung
```

Abfrage(MEINE_SCHULFREUNDE; Name='Keller-Fink'; [Vorname, Strasse]) liefert

Vorname	Strasse
Franziska	Hollerithstraße 121
Manuel	Hollerithstraße 121

In SQL lautet diese Abfrage
```
SELECT Vorname, Strasse
FROM MEINE_SCHULFREUNDE
WHERE Name = 'Keller-Fink'
```

*Die Abfrage ist eine Verkettung von der Selektion derjenigen Datensätze, deren Name 'Keller-Fink' lautet, und der Projektion auf die Spalten Vorname und Strasse.
Projektion(Selektion(MEINE_SCHULFREUNDE; Name='Keller-Fink'); [Vorname, Name])*

Redundanz und Konsistenz

In manchen Tabellen wird die gleiche Information mehrfach gespeichert, man spricht hier von redundanten Daten. Diese Redundanz von Daten kann bei Änderungen zu Mehrdeutigkeiten und Fehlern (Anomalien) in der Datenbank führen, sie ist in sich nicht mehr stimmig (inkonsistent).

SCHUELER			
Name	Vorname	Klasse	Raum
Aurich	Frank	9a	121
Bergmann	Sylvia	9c	133
Gütnitz	Bernd	9c	133
Jacobi	Beate	9a	121
Keller-Fink	Franziska	9c	133
Keller-Fink	Manuel	9b	243
Feldmeier	Petra	9b	243
...	...	...	...

Die Nummern der Klassenzimmer sind mehrfach (redundant) gespeichert. Muss eine Klasse beispielsweise wegen Umbauarbeiten umziehen, müssen alle Datensätze passend geändert werden, ansonsten ist die Datenbank inkonsistent.

Tabellen in Datenbanken

Grundwissen

Datenmodellierung
Beim Modellieren betrachtet man nur einen kleinen Ausschnitt aus der realen Welt, die sogenannte „Miniwelt". Welche Informationen beim Datenmodell wichtig sind, muss vorher geklärt werden.

Man verwendet das „Klassen-Beziehungs-Modell", welches alle benötigten Klassen mit ihren Attributen und eventuell zugehörigen Datentypen umfasst. Beziehungen zwischen den betrachteten Klassen vervollständigen zusammen mit den zugehörigen Kardinalitäten das Klassendiagramm.

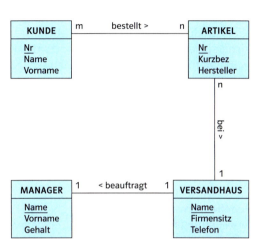

Relationales Datenbankmodell
Das Klassendiagramm kann systematisch in ein relationales Datenbankmodell umgewandelt werden. Dieses besteht aus mehreren Tabellen, die folgendermaßen aus dem Klassen-Beziehungs-Modell hervorgehen:
Jede Klasse im Klassen-Beziehungs-Modell wird in eine eigene Tabelle umgesetzt und gegebenenfalls um einen Primärschlüssel ergänzt.
Jede n:m-Beziehung wird zu einer Tabelle, welche die Primärschlüssel beider Tabellen als Fremdschlüssel enthält und deren Kombination als eigenen Primärschlüssel festlegt.
Jede n:1-Beziehung wird aufgelöst, indem die Tabelle derjenigen Klasse auf der Seite mit Kardinalität n um den Primärschlüssel des Beziehungspartners erweitert wird.
Jede 1:1-Beziehung wird analog der n:1-Beziehung umgewandelt, wobei es hier keine Rolle spielt, welche der beiden zugehörigen Klassen um den Primärschlüssel der anderen erweitert wird.

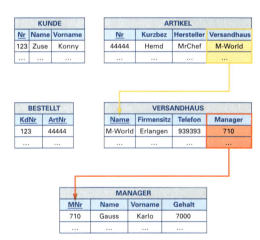

Integritätsbedingungen
Sobald eine Tabelle um ein neues Attribut erweitert wurde, welches auf den Primärschlüssel einer anderen Tabelle verweist, spricht man von einem Fremdschlüssel. Hierbei muss die referentielle Integrität gewährleistet sein: Jeder Fremdschlüsselwert muss als Primärschlüsselwert in der referenzierten Tabelle vorkommen.
Eine weitere strukturelle Integritätsregel fordert die Existenz und Eindeutigkeit eines Primärschlüssels.
Außerdem gibt es noch anwendungsspezifische Integritätsbedingungen, beispielsweise durch Vorgaben in der „Miniwelt" oder Einschränkung des Wertebereichs auf bestimmte Attributwerte.

Versandhaus *ist Fremdschlüssel in ARTIKEL und verweist auf den Primärschlüssel von VERSANDHAUS.*
Manager *ist Fremdschlüssel in VERSANDHAUS und verweist auf den Primärschlüssel von MANAGER. Hier könnte auch als neues Attribut „von" der Primärschlüssel von VERSANDHAUS als Fremdschlüssel in MANAGER ergänzt werden.*

Normalformen
Ein sinnvoll modelliertes relationales Datenbankmodell enthält keine Redundanzen. Andernfalls muss es normalisiert werden. Ist eine Tabelle in 3. Normalform, so sind sämtliche Attributwerte atomar, jedes nicht zum Primärschlüssel gehörende Attribut ist von diesem voll funktional abhängig und es existieren keine transitiven Abhängigkeiten.

Datenbankentwurf

Grundwissen

Join aus mehreren Tabellen
Daten aus zwei oder mehreren Tabellen, die über Fremdschlüssel miteinander in Beziehung stehen, können durch einen Join gewonnen werden.

Die Funktion Join kann man als Hintereinanderausführung von Kreuzprodukt und Selektion verstehen. Die Bedingung muss sicherstellen, dass nur die Datensätze des Kreuzprodukts ausgewählt werden, bei denen Fremdschlüsselwert und zugehöriger Primärschlüsselwert übereinstimmen.

In SQL lautet die Abfrage:
```
SELECT *
FROM TABELLE1, TABELLE2
WHERE TABELLE2.Fremdschlüssel=TABELLE1.Primärschlüssel
```

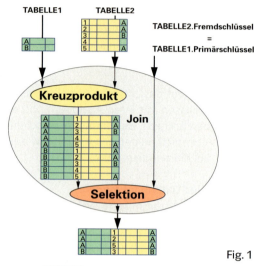
Fig. 1

Tabellen erweitern
Die Funktion *Erweiterung(TABELLE1; Spaltenname; Rechenterm)* gibt eine Tabelle mit zusätzlicher Spalte mit einem neuen Spaltennamen aus. Sie enthält die aus dem Rechenterm berechneten Ergebniswerte.

Aggregatfunktionen auf gruppierten Daten
Die Funktion *Gruppierung(TABELLE1; Spalte3)* fasst alle Datensätze der Tabelle TABELLE1 zusammen, die in *Spalte3* denselben Wert haben. Aggregatfunktionen verarbeiten gruppierte Werte einer Spalte, wie den Mittelwert (AVG), die Anzahl (COUNT), den größten Wert (MAX) oder den kleinsten Wert (MIN) der Eingabeargumente.

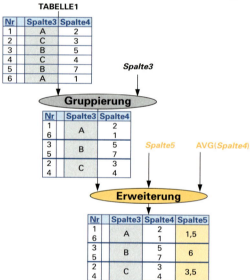
Fig. 2

Die Abfrage in SQL zur Ausgabe der Durchschnittswerte (Fig. 2) lautet beispielsweise:
```
SELECT AVG(Spalte4) AS Spalte5
FROM TABELLE1
GROUP BY Spalte3
```

Sollen in TABELLE1 (Fig. 2) die Werte in Spalte4 *verdoppelt werden, die in* Spalte3 *den Buchstaben C eingetragen haben, kann dies durch die SQL-Anweisung*
```
UPDATE TABELLE1
SET Spalte4=2*Spalte4
WHERE Spalte3='C'
```
erreicht werden.

Datenmanipulation und Datenschutz
Die Sprache SQL kann zum automatischen Einfügen (INSERT), Löschen (DELETE) bzw. Ändern (UPDATE) von Datensätzen eingesetzt werden.
Zur Vermeidung unerwünschter Manipulationen werden in Datenbanksystemen Zugriffsrechte für Benutzer festgelegt. Es können z. B. Schreib- und Leserechte für Ausschnitte des Datenmodells (Views) vergeben werden.
Der Schutz vor Datenmissbrauch wird durch den Datenschutz gesetzlich geregelt.

Lösungen

Kapitel I, Training, Seite 37

1 Schere, Stein, Papier im Zustandsdiagramm

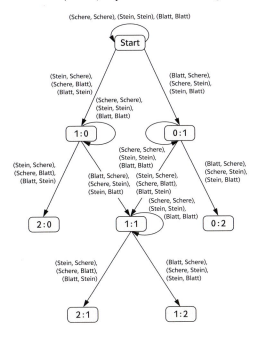

2 Stanzmaschine

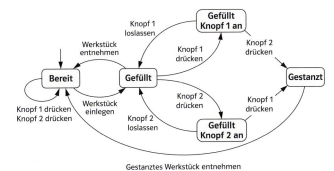

3 Syntaxprüfung

a)

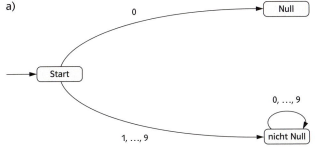

b)

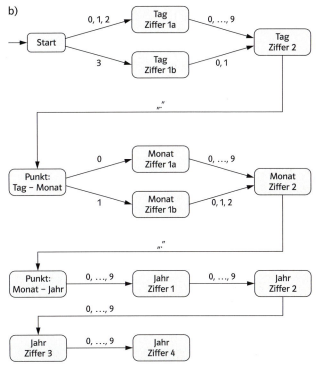

Hinweis: Ein Automat, der je nach Monatszahl nur Tageszahlen zwischen 0 und 28 (bzw. 29), 30 oder 31 akzeptiert, kann mit den Zustandsdiagrammen, wie sie bisher definiert wurden, nicht modelliert werden. Dies ist erst mit den in Kapitel III definierten Zustandsdiagrammen möglich. Ebenso wurde aus Gründen der Übersichtlichkeit darauf verzichtet, gewisse Sonderfälle, wie etwa das Datum 00.00.0001, zu verhindern. Prinzipiell ist das einfach durch weitere Verzweigungen möglich. So könnte man etwa beim Startzustand für jede Eingabe (insbesondere für die Eingabe 0) einen eigenen Pfad definieren und derartige Sonderfälle abfangen.

Lösungen

4 Beziehungen in HTML-Dateien

a) individuelle Lösung
b)

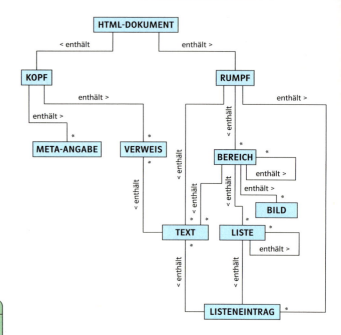

Das hier angegebene Objektdiagramm hat nur exemplarische Funktion. Die Diagrammstruktur ist natürlicherweise stark von der betrachteten Webseite abhängig.
c) Das folgende Klassendiagramm von HTML-Strukturen beschreibt nicht nur das Objektdiagramm aus Teilaufgabe b), sondern darüber hinaus weitere gängige Beziehungen zwischen den einzelnen Klassen eines HTML-Dokumentes. Es erhebt natürlich nicht den Anspruch auf Vollständigkeit.

d) Tabellen, Listen und Bereiche können in HTML baumartige und damit rekursive Objektstrukturen aufbauen. Für derartige Klassen lassen sich Klassendiagramme, wie sie für Ordnerstrukturen bekannt sind, angeben.

5 Einwählen beim Handy
Der gesuchte Pseudocode könnte folgendermaßen aussehen:
Lese PIN ein
solange PIN falsch und Zähler < 3, wiederhole
    lese PIN ein
    erhöhe Zähler
Ende wiederhole
wenn PIN nicht falsch, dann
    setze Zähler auf null
    wähle das Handy ein
sonst
    lese Super-PIN ein
Ende wenn
wenn Super-PIN korrekt, dann setze Zähler auf null Ende wenn

Kapitel II, Training, Seite 79

1 Quadratische Funktionen II
a), b), c) und d)
```
public class Quadratfunktion {
    private double a;
    private double b;
    private double c;
    private double scheitelX;
    private double scheitelY;
    private int anzahlNullstellen;
    private double[] nullstellen;
```

Lösungen

```java
public Quadratfunktion(double a, double b, double c) {
   koeffSetzen(a, b, c);
}

public double funktionswertBerechnen(double x) {
   return a*x*x + b*x + c;
}

public void koeffSetzen(double aNeu,
         double bNeu, double cNeu) {
   a = aNeu;
   b = bNeu;
   c = cNeu;
   scheitelBestimmen();
   nullstellenBerechnen();
}

public void anzahlNullstellenBestimmen() {
   double diskriminante = b*b - 4*a*c;
   if (diskriminante > 0) {
      anzahlNullstellen = 2;
   }
   else if (diskriminante == 0) {
      anzahlNullstellen = 1;
   }
   else {
      anzahlNullstellen = 0;
   }
}

public void scheitelBestimmen() {
   scheitelX = -b/(2*a);
   scheitelY = c - b*b/(4*a);
}

private void nullstellenBerechnen() {
   anzahlNullstellenBestimmen();
   nullstellen = new double[anzahlNullstellen];
   if (anzahlNullstellen == 2) {
      nullstellen[0] = (-b + Math.sqrt(b*b-4*a*c))/
            (2*a);
      nullstellen[1] = (-b - Math.sqrt(b*b-4*a*c))/
            (2*a);
   }
   else {
      nullstellen[0] = -b/(2*a);
   }
}
}
```

2 Allgemeine Wurzelberechnung durch Intervallschachtelung

a) Der gesuchte Pseudocode könnte folgendermaßen aussehen:
Gib die Zahlen a und n ein
wähle u derart, dass $u^n < a$
wähle o derart, dass $o^n > a$
berechne den Mittelwert m von o und u
solange o − u > 0,0001 ist, wiederhole
wenn $m^n \leq a$, dann ersetze u durch m
ansonsten ersetze o durch m
berechne den neuen Mittelwert
Ende wiederhole
gibt den Mittelwert als Ergebnis zurück

b) Die Implementierung in *Java* könnte lauten:

```java
public class Mathematik {
   public double wurzel(double a, int n, double epsilon) {
      double u = 0;
      double o = a;
      double m = (u + o)/2;
      while (o - u > epsilon) {
         if (Math.pow(m, n) < a) {
            u = m;
         }
         else {
            o = m;
         }
         m = (u + o)/2;
      }
      return m;
   }
}
```

Bemerkung zum Programm: Das angegebene Programm liefert nur für a ≧ 1 korrekte Werte. Für 0 < a < 1 muss die n-te Wurzel von $\frac{1}{a}$ berechnet werden und von dem Ergebnis wiederum der Kehrwert genommen werden. Für a < 0 ergibt die n-te Wurzel keinen Sinn.

c) Die Funktion `wurzel` aus Teilaufgabe b) enthält bereits das Argument `epsilon` zur Steuerung der Genauigkeit.

3 Notenverwaltung

Das gesuchte Programm könnte nach dem Lösen der Teilaufgaben a) bis f) folgendermaßen aussehen:

```java
public class Noten {
   private int[] note;
   private int anzahl;

   public Noten() {
      note = new int[10];
      anzahl = 0;
   }

   public String noteEingeben(int n) {
      String result;
      if (anzahl >= note.length) {
         result = "Liste ist voll";
      }
      else if (n < 1 || n > 6) {
         result = "Note nicht sinnvoll";
      }
      else {
         note[anzahl] = n;
         anzahl = anzahl + 1;
         result = "Eingabe akzeptiert";
      }
      return result;
```

Lösungen

```
    }

    public double durchschnittBerechnen() {
        int summe = 0;
        if (anzahl > 0) {
            for (int i = 0; i < anzahl; i++) {
                summe = summe + note[i];
            }
            return summe/anzahl;
        }
        else {
            return 0;
        }
    }

    public int noteAusgeben(int pos) {
        int result = -1;
        if (pos >= 0 && pos <anzahl) {
            result = note[pos];
        }
        return result;
    }

    public void noteAendern(int pos, int n) {
        if (pos >= 0 && pos <anzahl) {
            if (n > 0 && n < 7) {
                note[pos] = n;
            }
        }
    }
}
```

Kapitel III, Training, Seite 105

1 Geldzähler

a), b)

auslösende Aktion Zustand	200 ct	100 ct	50 ct
0	Cola 0	keine aus- gelösteAktion 100	keine aus- gelösteAktion 50
50	Cola, 50 ct Rückgabe 0	keine aus- gelösteAktion 150	keine aus- gelösteAktion 100
100	Cola, 100 ct Rückgabe 0	Cola 0	keine aus- gelösteAktion 150
150	Cola, 150 ct Rückgabe 0	Cola, 50 ct Rückgabe 0	Cola 0

c)
```
public class Cola_Automat {
    // Attribute
    private int zustand;
    private String ausgabe;

    // Konstruktor
    public Cola_Automat() {
        // Deklaration der Attribute
        zustand = 0;
        ausgabe = "0 €";
    }

    public void einwurf(int betrag) {
        switch (zustand) {
            case 0:
                switch (betrag) {
                    case 50: {
                        zustand = 50;
                        ausgabe = "0,50 €";
                    } break;
                    case 100: {
                        zustand = 100;
                        ausgabe = "1,00 €";
                    } break;
                    case 200: {
                        zustand = 0;
                        ausgabe = "0,00 € - Bitte Cola entnehmen.";
                    } break;
                } break;

            case 50:
                switch (betrag) {
                    case 50: {
                        zustand = 100;
                        ausgabe = "1,00 €";
                    } break;
                    case 100: {
                        zustand = 150;
                        ausgabe = "1,50 €";
                    } break;
                    case 200: {
                        zustand = 0;
                        ausgabe = "Wechselgeld 0,50 € - Bitte
                            Cola entnehmen.";
                    } break;
                } break;

            case 100:
                switch (betrag) {
                    case 50: {
                        zustand = 150;
                        ausgabe = "1,50 €";
                    } break;
                    case 100: {
                        zustand = 0;
                        ausgabe = "0,00 € - Bitte Cola entnehmen.";
```

```
            } break;
            case 200: {
                zustand = 0;
                ausgabe = "Wechselgeld 1,00 € - Bitte
                    Cola entnehmen.";
            } break;
        } break;

        case 150:
            switch (betrag) {
                case 50: {
                    zustand = 0;
                    ausgabe = "0,00 € - Bitte Cola entnehmen.";
                }; break;
                case 100: {
                    zustand = 0;
                    ausgabe = "Wechselgeld 0,50 € - Bitte
                        Cola entnehmen.";
                } break;
                case 200: {
                    zustand = 0;
                    ausgabe = "Wechselgeld 1,50 € - Bitte
                        Cola entnehmen.";
                } break;
            } break;
        }
    }

    public String ausgabeLiefern() {
        return ausgabe;
    }
}
```

2 Mobilfunk

a) Das Einschalten des Mobiltelefons lässt sich folgendermaßen modellieren:

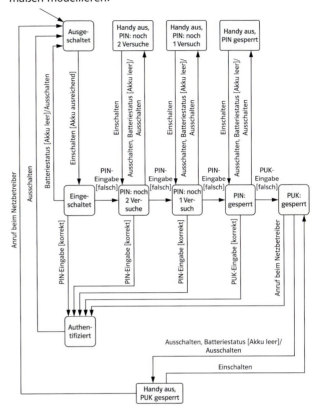

b) In den Teilaufgaben b) bis e) wird jeweils nur noch derjenige Teil des Diagramms angegeben, der neu hinzukommt.

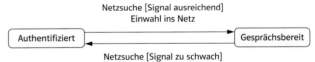

c) Einwahl im Ausland:

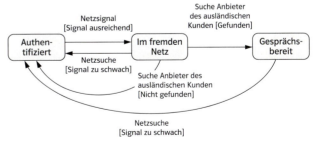

Lösungen

d) Gesprächsannahme:

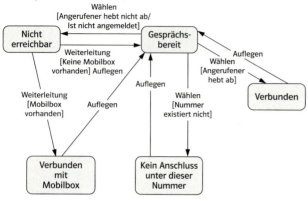

e) Anzeigen eventueller Nachrichten:

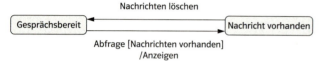

Kapitel IV, Training, Seite 129

1 Unternehmen
Klassendiagramm des Unternehmens

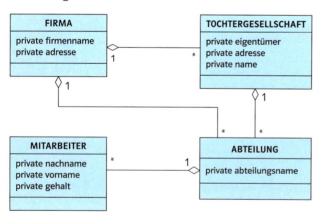

Implementierung:
```
public class Firma {
    private String firmenname;
    private Abteilung[] abteilungen;
    private Tochtergesellschaft[] tochtergesell-
            schaften;
    private String stadt;
    private String land;
}

public class Abteilung {
    private String abteilungsname;
    private Mitarbeiter[] mitarbeiter;
}

public class Tochtergesellschaft {
    private Firma eigentuemer;
    private Abteilung[] abteilungen;
}

public class Mitarbeiter {
    private String vorname;
    private String nachname;
    private int gehalt;
}
```

2 Freundschaften

a)

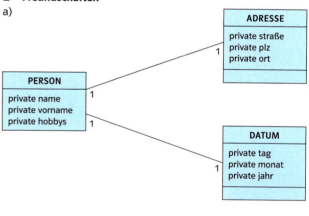

b)

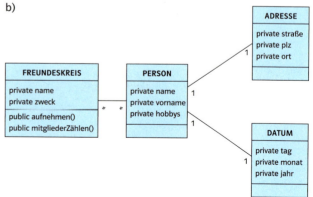

c) Die Klasse PERSON:

```java
public class Person {
    private String vorname;
    private String name;
    private Adresse adresse;
    private Datum geburtsdatum;
    private String[] hobbys;

    public Person(String nn, String vn, int tag,
        int monat, int jahr, String strasse, int plz,
            String ort) {
        vorname = vn;
        name = nn;
        adresse = new Adresse(strasse, plz, ort);
        geburtsdatum = new Datum(tag, monat, jahr);
        hobbys = new String[20]; // maximale Anzahl der
                                 // Hobbys willkürlich
                                 // auf 20 gesetzt
    }

    // Die Methoden für den Zugriff auf die Attribute
    // wurden der Übersichtlichkeit halber weggelassen.
}
```

Die Klassen DATUM und ADRESSE:

```java
public class Adresse {
    private String strasse;
    private int plz;
    private String ort;

    public Adresse(String s, int p, String o) {
        strasse = s;
        plz = p;
        ort = o;
    }
}

public class Datum {
    private int tag;
    private int monat;
    private int jahr;

    public Datum(int t, int m, int j) {
        tag = t;
        monat = m;
        jahr = j;
    }
}
```

d) und e) Bei der Implementierung der m:n-Assoziation zwischen FREUNDESKREIS und PERSON benötigt man neben der Klasse FREUNDESKREIS noch die Klasse FREUNDESKREIS_MITGLIED:

```java
public class Freundeskreis {
    private String name;
    private String zweck;

    public Freundeskreis(String n, String z) {
        name = n;
        zweck = z;
    }
}

public class FreundeskreisMitglied {
    private Freundeskreis kreis;
    private Person person;
    public FreundeskreisMitglied(Freundeskreis k,
            Person p) {
        kreis = k;
        person = p;
    }

    public Freundeskreis freundeskreisAusgeben() {
        return kreis;
    }
}
```

Die eigentliche Implementierung der Assoziation erfolgt in der Assoziationsklasse:

```java
public class IstMitgliedInFreundeskreis {
    private int listenLaenge = 10;
    private FreundeskreisMitglied[] liste =
            new FreundeskreisMitglied[listenLaenge];
    private int einfuegeposition;
    public IstMitgliedInFreundeskreis() {
        einfuegeposition = 0;
    }

    public void aufnehmen(Freundeskreis f, Person p) {
        if ((einfuegeposition < listenLaenge)) {
            liste[einfuegeposition] = new Freundeskreis-
                Mitglied(f, p);
            einfuegeposition++;
        }
    }

    public int mitgliederZaehlen(Freundeskreis f) {
        int ergebnis = 0;
        for (int i = 0; i < einfuegeposition; i++) {
            if (f == liste[i].freundeskreisAusgeben()) {
                ergebnis++; }
        }
        return ergebnis;
    }
}
```

Diese Klasse enthält auch bereits die Methoden, die in den Teilaufgaben d) und e) zu implementieren sind. Der Einfachheit halber wurde die Größe des Freundeskreises bereits bei der Attributdeklaration willkürlich festgelegt.

Lösungen

3 Arktische Reisen

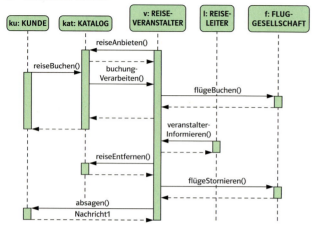

4 Geldgeschäfte

a) In natürlicher Sprache könnte der Ablauf folgendermaßen beschrieben werden:
Karte einlesen
Bank abfragen
Konto abfragen
PIN eingeben
wenn PIN nicht korrekt, dann Karte einziehen und Vorgang beenden
wenn die PIN korrekt ist, dann Betrag einlesen
   wenn das Konto nicht ausreichend gedeckt ist, dann wiederhole das Einlesen des Betrages so lange, bis der Betrag gedeckt ist
Betrag vom Konto abbuchen und auszahlen, anschließend die Karte ausgeben
Vorgang beendet

b) Das gesuchte Sequenzdiagramm hat folgende Form:

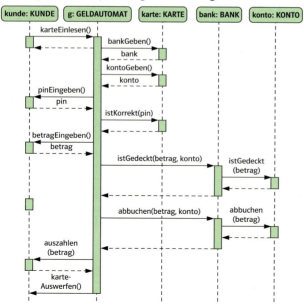

c) Die Klassen KONTO, BANK und KARTE könnten folgendermaßen implementiert werden:

```
public class Konto {
    int kontostand;

    int kontostandGeben() {
        return kontostand;
    }

    void abbuchen(int betrag) {
        kontostand = kontostand - betrag;
    }
}

public class Bank {
    public void abbuchen(int betrag, Konto konto) {
        konto.abbuchen(betrag);
    }

    public boolean istGedeckt(int betrag, Konto konto) {
        return konto.kontostandGeben() >= betrag;
    }
}

public class Karte {
    String besitzer;
    Bank bank;
    Konto konto;
    String pin;

    public boolean istKorrekt(String eingabe) {
        return (pin == eingabe);
    }

    public Konto kontoGeben() {
        return konto;
    }

    public Bank bankGeben() {
        return bank;
    }
}
```

d) Die erweiterte Methode zum Abheben von Geld könnte lauten:

```
public class Geldautomat {

    public void abheben() {
        Karte karte = karteEinlesen();
        Bank bank = karte.bankEinlesen();
        Konto konto = karte.kontoEinlesen();
        // Pineingabe
        String pin = pinEingeben();
        int fehler = 0;
        while(!karte.istKorrekt(pin) && fehler < 2) {
            fehler = fehler+1;
            pin = pinEingeben();
        }
```

```
    if(fehler < 2) {
       int betrag = betragEinlesen();
       while(!bank.istGedeckt(betrag, konto)) {
          betrag = betragEinlesen();
       }
       bank.abbuchen(betrag, konto);
       auszahlen(betrag);
       karteAuswerfen();
    }
    else {
       karteEinziehen();
    }
  }
}
```
Bei der angegebenen Implementierung fehlen die Methoden, die Aktionen des Kunden erfordern. Das sind die Methoden *auszahlen*, *karteAuswerfen*, *karteEinziehen*, *karteEinlesen*, *pinEingeben* und *betragEingeben*.

Kapitel V, Training, Seite 151

1 Dreiecke
a) Das Klassendiagramm hat folgende Form:

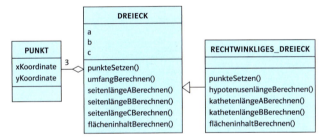

b) Die Klasse DREIECK:
```
public class Dreieck {
  protected Punkt a;
  protected Punkt b;
  protected Punkt c;

  public void punkteSetzen(double ax, double ay,
          double bx, double by, double cx, double cy) {
    a = new Punkt(ax, ay);
    b = new Punkt(bx, by);
    c = new Punkt(cx, cy);
  }
}
```

c) Die Klasse RECHTWINKLIGES_DREIECK:
```
public class Rechtwinkliges_Dreieck
          extends Dreieck {
  // Bei der Methode punkteSetzen geht man vom
  // Spezialfall aus, dass durch die beiden
  // Punkte C und A die Kathete b definiert wird.
  // Diese Kathete liegt der Einfachheit
  // halber parallel zur x-Achse.
  // Durch A und C wird die x-Koordinate
  // des Punktes B festgelegt.
  public void punkteSetzen(int ax, int ay,
          int by, int cx) {
    a = new Punkt(ax, ay);
    b = new Punkt(cx, by);
    c = new Punkt(cx, ay);
  }
}
```

d) Die Methoden zur Berechnung der Seitenlängen und des Umfangs werden in der Klasse DREIECK wie folgt eingefügt:
```
public double seitenlaengeCBerechnen() {
  return Math.sqrt(Math.pow((a.xAusgeben()-
        b.xAusgeben()), 2) + Math.pow((a.yAus-
        geben()-b.yAusgeben()), 2));
}

public double seitenlaengeABerechnen() {
  return Math.sqrt(Math.pow((c.xAusgeben()-
        b.xAusgeben()), 2) + Math.pow((c.yAus-
        geben()-b.yAusgeben()), 2));
}

public double seitenlaengeBBerechnen() {
  return Math.sqrt(Math.pow((a.xAusgeben()-
        c.xAusgeben()), 2) + Math.pow((a.yAus-
        geben()-c.yAusgeben()), 2));
}

public double umfangBerechnen() {
  return seitenlaengeABerechnen() +
        seitenlaengeBBerechnen() +
        seitenlaengeCBerechnen();
}
```

e) Die Methode zur Berechnung des Flächeninhalts:
```
public double flaecheninhaltBerechnen() {
  double s = umfangBerechnen()/2;
  double a = seitenlaengeABerechnen();
  double b = seitenlaengeBBerechnen();
  double c = seitenlaengeCBerechnen();
  return Math.sqrt(s*(s-a)*(s-b)*(s-c));
}
```

Lösungen

f) und g) Die vereinfachten Methoden in der Klasse RECHT-WINKLIGES_DREIECK:
```
public double hypotenusenlaengeBerechnen() {
    return seitenlaengeCBerechnen();
}

public double kathetenlaengeABerechnen() {
    return seitenlaengeABerechnen();
}

public double kathetenlaengeBBerechnen() {
    return seitenlaengeBBerechnen();
}

public double flaecheninhaltBerechnen() {
    double a = seitenlaengeABerechnen();
    double b = seitenlaengeBBerechnen();
    return 0.5*a*b;
}
```

Die Hilfsklasse PUNKT:
```
public class Punkt {
    private double x;
    private double y;

    public Punkt(double xneu, double yneu) {
        x = xneu;
        y = yneu;
    }

    public double xAusgeben() {
        return x;
    }

    public void xSetzen(double xneu) {
        x = xneu;
    }

    public double yAusgeben() {
        return y;
    }

    public void ySetzen(double yneu) {
        y = yneu;
    }
}
```

2 Ein durstiges Durcheinander
a) und b)

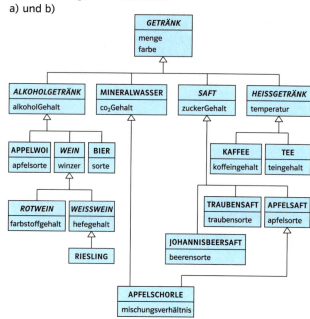

3 Regelmäßige Prismen
a)

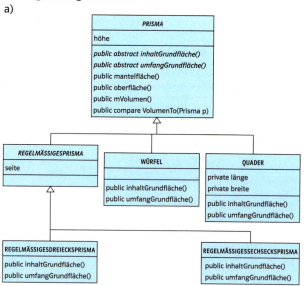

b) Die Methoden `inhaltGrundflaeche()` und `umfangGrundflaeche()` sind von der Grundfläche des konkreten Prismas abhängig und können erst dort implementiert werden. Alle anderen Methoden können bereits in der abstrakten Klasse *PRISMA* implementiert werden und diese Implementierung an alle Unterklassen zur Wiederverwendung vererben. Dabei stützen sie sich teilweise auf die beiden Methoden `inhaltGrundflaeche()` und `umfangGrundflaeche()` ab.

c) Die abstrakte Klasse *PRISMA* für beliebige gerade Prismen:
```
abstract public class Prisma {
  // Gemeinsames Attribut aller Prismen ist die Höhe:
  protected double hoehe;
  // Die Methoden umfangGrundflaeche() und
  // inhaltGrundflaeche() sind abhängig von der Form
  // des konkreten Prismas und können hier nur
  // abstrakt definiert werden:
  abstract public double umfangGrundflaeche();
  abstract public double inhaltGrundflaeche();
  // Die anderen Methoden können bereits in dieser
  // Klasse implementiert werden:
  public double mantelflaeche() {
     return umfangGrundflaeche() * hoehe;
  }
  public double oberflaeche() {
     return mantelflaeche() + 2 * inhalt-
        Grundflaeche();
  }
  public double volumen() {
     return inhaltGrundflaeche() * hoehe;
  }
}
```

Die konkrete Klasse *QUADER* als Unterklasse von *PRISMA*
```
public class Quader extends Prisma {
  // Zusätzlich sind die Attribute laenge und breite
  // der Grundfläche nötig:
  private double laenge;
  private double breite;
  // Konstruktor:
  public Quader(double h, double l, double b) {
     hoehe = h;
     laenge = l;
     breite = b;
  }
  // Implementierung der Methoden
  // umfangGrundflaeche() und inhaltGrundflaeche():
  public double umfangGrundflaeche() {
     return 2 * (laenge + breite);
  }
  public double inhaltGrundflaeche() {
     return laenge * breite;
  }
}
```

Die abstrakte Klasse *REGELMAESSIGESPRISMA* als Unterklasse von *PRISMA* und Oberklasse für alle konkreten regelmäßigen Prismen:
```
abstract public class RegelmaessigesPrisma
        extends Prisma {
  // Alle Grundflächen regelmäßiger Pris-
  // men sind gleichseitige Vielecke. Als
  // zusätzliches Attribut genügt die
  // Seitenlänge:
  protected double seitenlaenge;
}
```

Die konkrete Klasse *REGELMAESSIGESDREIECKSPRISMA* als Unterklasse von *REGELMAESSIGESPRISMA*:
```
public class RegelmaessigesDreiecksprisma
        extends RegelmaessigesPrisma {
  // Konstruktor:
  public RegelmaessigesDreiecksprisma(double h,
        double s) {
     seitenlaenge = s;
     hoehe = h;
  }
  // Implementierung der Methoden
  // umfangGrundflaeche() und inhaltGrundflaeche():
  public double umfangGrundflaeche() {
     return 3 * seitenlaenge;
  }
  public double inhaltGrundflaeche() {
     return seitenlaenge * seitenlaenge *
        Math.sqrt(3) / 4;
  }
}
```

Die konkrete Klasse *QUADRATISCHERQUADER* als Unterklasse von *REGELMAESSIGESPRISMA*:
```
public class QuadratischerQuader extends
        RegelmaessigesPrisma {
  // Konstruktor:
  public QuadratischerQuader(double h, double s) {
     seitenlaenge = s;
     hoehe = h;
  }
  // Implementierung der Methoden
  // umfangGrundflaeche() und inhaltGrundflaeche():
  public double umfangGrundflaeche() {
     return 4 * seitenlaenge;
  }
  public double inhaltGrundflaeche() {
     return seitenlaenge * seitenlaenge;
  }
}
```

Lösungen

Die konkrete Klasse REGELMAESSIGESSECHSECKSPRISMA als Unterklasse von *REGELMAESSIGESPRISMA*:

```java
public class RegelmaessigesSechsecksprisma extends
            RegelmaessigesPrisma {
  // Konstruktor:
  public RegelmaessigesSechsecksprisma(double h,
            double s) {
    seitenlaenge = s;
    hoehe = h;
  }
  // Implementierung der Methoden
  // umfangGrundflaeche() und inhaltGrundflaeche():
  public double umfangGrundflaeche() {
    return 6 * seitenlaenge;
  }
  public double inhaltGrundflaeche() {
    return 3 * seitenlaenge * seitenlaenge *
            Math.sqrt(3) / 2;
  }
}
```

Register

− 157
−− 157
! 157
!= 157
% 157
&& 157
* 157
/ 157
^ 157
|| 157
+ 157
++ 157
< 157
<= 157
<> 157
= 157
== 157
> 157
>= 157
1:1-Assoziation 116
1:n-Assoziation 116

A

Abfragen 172
Ablauf 97
Ablauf einer Methode 18
Abstract Window Toolkit 147
abstrakte Klasse 140, 160
Actionlistener 145
Ada 71
Aggregatfunktion 174
Aggregation 29, 108
Akteur 127
Aktion, ausgelöste 82
Al-Chwarizmi, Muhammed 17
Alexander, Christopher 142
Algol 33, 99
Algorithmen, Ein- und Ausgabe von 23
Algorithmen, grafische Darstellung von 21
Algorithmen implementieren 59
Algorithmus 17
Algorithmus, euklidischer 17
Alternative 22, 60
Analytical Engine 18, 71
Anlegen von Objekten 55
Anomalie 172
Anweisung, bedingte 60, 162
Anwendungsfalldiagramm 126
Architekturmuster 142

Argument 13
Array 155
Assoziation 115
Assoziation, bidirektionale 116
Assoziation, unidirektionale 116
Assoziationen implementieren 116
Assoziationsklasse 116
Attribut 12, 41
Attributdeklaration 41
Attributwert 12, 108
Aufruf einer Methode 13, 18, 40, 50, 139
Ausgabe von Werten 50
ausgelöste Aktion 82
Automat, endlicher 82
Automaten, Implementieren von endlichen 83
automatische Typanpassung 158
AWT 147

B

Babbage, Charles 18, 71
Backus, John 33, 73
Backus-Naur-Form 33
Bauer, Friedrich Ludwig 99
bedingte Anweisung 60, 162
bedingte Verarbeitungsschritte 21
bedingter Übergang 90
Bedingung 21, 90
Benutzeroberfläche, grafische 146
Beobachter-Muster 143, 144
Bezeichner 12
Beziehung 29
Beziehung, rekursive 30
bidirektionale Assoziation 116
Binärsystem 77
BNF 33
Booch, Grady 126
`boolean` 155
Bubblesort 17, 19, 69
Bug 76
`byte` 155
Bytecode 97

C

C 100
C++ 100
Čapek, Josef 34
Čapek, Karel 34
Cast 65, 158
`char` 155

Chomsky, Noam 33
Cobol 73, 76, 99
Compilerprinzip 96
Composite Pattern 142
Controller 143, 146

D

Datenbankmodell, relationales 173
Datenflussdiagramm 171
Datenflussmodellierung 171
Datenkapselung 112, 147
Datenmodellierung 173
Datensatz 172
Datentypen 155
Datentypen, primitive 155
Datenverteiler 171
Definition 41
Deklaration 41
Design Pattern 142
Destruktormethode 56
Difference Engine 71
`double` 155
Dualsystem 77

E

Ein- und Ausgabe von Algorithmen 23
Eingabe von Werten 50
endlicher Automat 82
Enthält-Beziehung 29, 108
Entwurfsmuster 142, 147
Eratosthenes 69
euklidischer Algorithmus 17

F

Fallunterscheidung 83, 162
Fallunterscheidung, mehrfache 87
Feld 67
Feld, zweidimensionales 70
`float` 155
FORTRAN 33, 73, 99
Funktion 171
Funktionen, mehrstellige 171
Funktionen, Verkettung von 171

G

Garbage Collection 56
Generalisierung 136
gleichartig 111
Gleichheitssymbol 47

Register **187**

global 51, 52
grafische Benutzeroberfläche 146
grafische Darstellung von
    Algorithmen 21
GUI 146

H

Heron 49
Hoare, Sir Charles Antony Richard 101
höhere Programmiersprache 96
Hopper, Murray Grace 73, 76

I

identisch 111
Implementieren 49, 59
Implementieren der Spezialisierung 133
Implementieren von Algorithmen 49, 59
Implementieren von Assoziationen 116
Implementieren von endlichen Automaten 83
implizite Typanpassung 158
Index 67
Infixschreibweise 171
Initialisierung 56
`instanceof` 157
Instanziierung 53
`int` 155
Integrität, referentielle 173
Integritätsbedingungen 173
Interaktionsdiagramm 121
Interface 145, 160
Interpreterprinzip 96

J

Jacobson, Ivar 126
Java Foundation Classes 147
Java Virtual Machine 97
Java-API 48, 54, 167
Java-Packages 167
JFC 147
Join 175
JVM 97

K

Kapselung 41, 46
Kay, Alan 100
Klasse, abstrakte 140, 160
Klasse, Definition einer 40
Klassen-Beziehungs-Modell 173
Klassendefinition 40, 159
Klassendiagramm 30
Klassenhierarchie 136
Klassenkarte 13
Kommunikation zwischen Objekten 115
Kompositum 142
Konsistenz 172
Konstruktionsplan 12
Konstruktor 42
Konstruktormethode 55
Kontrollstruktur 162
künstlicher Schlüssel 172

L

Laufzeit 96
Lee, Tim Berners 16
Lilith 99
Listener 144, 148
lokal 52
`long` 155
Löschen von Objekten 56
Lovelace, Ada 18, 71

M

m:n-Assoziation 116
`main` 61, 158
mehrfache Fallunterscheidung 87
mehrfache Referenzierung 111
Mehrfachvererbung 145
mehrstellige Funktion 171
Methode 12, 41
Methode, Ablauf einer 18
Methode, Aufruf einer 13, 18, 40, 50
Methoden, Überschreiben von 132
Methodendefinition 42, 158
Model 143, 146
Model View Controller 143, 147
Modellzustand 90
Modula-2 99
Multiplizität 30, 116
MVC 143, 147

N

Naur, Peter 33, 99
`new` 157
Nonterminale 33
Normalform 173

O

Oberfläche 143
Oberklasse 132
Oberon 99
Objekt 12
Objekt, reales 26
Objektdiagramm 29
Objektes, Zustand eines 25
Objekten, Anlegen von 55
Objekten, Kommunikation zwischen 115
Objekten, Löschen von 56
Objektkarte 13
objektorientierte Programmiersprache 40
Objekttypen 155
Observer Pattern 143, 144, 147
öffentlich 41
Operation 12
Operatoren 157

P

Paket 167
Parameter 13, 50
Pascal 70, 99
Pascal, Blaise 70, 99
Pixelgrafik 12
Plankalkül 72
Polymorphismus 138
Präfixschreibweise 171
Primärschlüssel 172
primitive Datentypen 155
privat 41
`private` 41
Programm 18
Programmiersprache 18, 40
Programmiersprache, höhere 96
Programmiersprache, objektorientierte 40
Programmobjekt 26
Projektion 172
`public` 41

R

Rastergrafik   12
reales Objekt   26
Redundanz   172
referentielle Integrität   173
Referenz   56, 109, 111
Referenzierung   115
Referenzierung, mehrfache   111
Referenztypen   155
rekursive Beziehung   30
relationales Datenbankmodell   173
Rumbaugh, James   126

S

Schema einer Tabelle   172
Schlüssel, künstlicher   172
Schnittstelle einer Klasse   42
Seiteneffekt   51
Selektion   172
Sequenz   21, 59, 162
Sequenzdiagramm   121
Setzen-Methode   46
`short`   155
Signatur einer Methode   42
Simula   100
Simulation   26
Smalltalk   100
Spezialisierung   132
Spezialisierung, Implementieren der   133
Standardmethode   13
`String`   155
Struktogramm   21
Strukturelement   21, 59
`super`   133, 160
Swing   147

T

Tabelle   172
Tabelle, Schema einer   172
Terminale   33
Transition   26
Trojaner   102
Type-Cast-Operator   158
Typumwandlung, automatische   158
Typumwandlung, explizite   158
Typumwandlung, implizite   158
Typumwandlung   48, 65, 157

U

Übergang   26
Übergang, bedingter   90
Überschreiben von Methoden   132
UML   126, 169
unidirektionale Assoziation   116
Unterklasse   132

V

Variablendeklaration   156
Variablenzustand   90
Vaucanson, Jacques de   34
Verarbeitungsschritte, bedingte   21
Vererbung   132
Verkettung von Funktionen   171
Verweist-auf-Beziehung   29
View   143, 146
Virus   102
vollständige Zustandsmodellierung   90
vollständiges Zustandsdiagramm   91

W

Werten, Ausgabe von   50
Werten, Eingabe von   50
Wertzuweisung   45
Wiederholung   22, 60, 165
Wirth, Niklaus   99
Wurm   102

Z

Zählvariable   60
Zellbezug   170
Zelle   170
Zugriffsmodifikator   41
Zuordnung   171
Zuordnungsvorschrift   171
Zuse, Konrad   72
Zustand   25
Zustände von Computerprogrammen   96
Zustände von Objekten   25
Zustandsautomat   26
Zustandsdiagramm   26, 82
Zustandsdiagramm, vollständiges   91
Zustandsmodellierung, vollständige   90
Zustandsübergang   25
Zustandsübergangstabelle   83
Zuweisung im Konstruktor   46
zweidimensionales Feld   70
Zweiersystem   77

Bildquellen

U1: Fotofinder (Jan Braun/VISUM), Berlin – **S. 4.1:** Picture-Alliance, Frankfurt – **S. 4.2 – 4.3:** shutterstock (Andrea Danti/Christophe Namur), New York, NY – **S. 5.1:** JupiterImages (photos.com), Tuscon, AZ – **S. 5.2:** shutterstock (Holger Mette), New York, NY – **S. 5.3:** MEV, Augsburg – **S. 10.1:** shutterstock (ZTS), New York, NY – **S. 10.2:** Schwaneberger Verlag GmbH, Unterschleißheim – **S. 11.1:** Getty Images (Time Life Pictures), München – **S. 11.2:** Bildarchiv Kleinert (Mathias Dietze), München – **S. 14.1:** ullstein bild (Granger Collection), Berlin – **S. 14.2:** Dream Maker Software (RF), Colorado – **S. 15.1:** Picture-Alliance (Felix Heyder), Frankfurt – **S. 15.2:** Interfoto, München – **S. 16:** laif (NewYorkTimes/Redux), Köln – **S. 20.1:** Pabst Blue Ribbon Philadelphia Rock Paper Scissors City League Champions – **S. 20.2:** Picture-Alliance, Frankfurt – **S. 21:** shutterstock (Martin Fischer), New York, NY – **S. 24:** Action Press (Spill, Aloys), Hamburg – **S. 29:** laif (The NewYorkTimes/Redux), Köln – **S. 31.1:** Interfoto (DanielD), München – **S. 31.2:** Keystone (Jochen Zick), Hamburg – **S. 32:** Deutsche Börse AG, Frankfurt/Main – **S. 33:** Picture-Alliance (epa Okten), Frankfurt – **S. 34.1:** Mysana, Offenbach – **S. 34.2:** Interfoto, München – **S. 34.3:** Time & Life Pictures – **S. 34.4:** Interfoto, München – **S. 34.5:** Dummy Cumulus (Ford, Köln), Stuttgart – **S. 35.1:** Maurtitius (Igor Gavrilov), Mittenwald – **S. 35.2:** Industrial Design Institut, Magdeburg – **S. 35.3:** MEV, Augsburg – **S. 35.4:** Action Press (Hollywood Pix), Hamburg – **S. 35.5:** Universität Hannover, Hannover – **S. 37:** Getty Images RF (PhotoDisc), München – **S. 38.1:** Picture-Alliance, Frankfurt – **S. 38.2 – 39.1:** Cinetext (20th Century Fox), Frankfurt – **S. 39.2:** Getty Images (Malte Christians), München – **S. 40:** Bildagentur Waldhäusl, Waidhofen/Ybbs – **S. 43.1:** shutterstock (Andrea Danti), New York, NY – **S. 43.2:** Flughafen Stuttgart, Stuttgart – **S. 45:** shutterstock (Samantha Grandy), New York, NY – **S. 48:** YALE BABYLONIAN COLLECTION (West Semitic Research Project), New Haven, CT 06520-8240 – **S. 49:** Wikimedia Foundation Inc., St. Petersburg, FL – **S. 50.1:** Avenue Images GmbH (Banana Stock), Hamburg – **S. 50.2:** iStockphoto (Sean Locke), Calgary, Alberta – **S. 54** Mauritius (Nakamura), Mittenwald – **S. 55:** Corbis (Philip James Corwin), Düsseldorf – **S. 58:** MEV, Augsburg – **S. 59:** Alfred Kärcher Vertriebs-GmbH, Winnenden – **S. 63:** iStockphoto (Mark Weiss), Calgary, Alberta – **S. 65:** Wilfried Gebhard, Maulbronn – **S. 69.1:** Imago Stock & People (Baptista), Berlin – **S. 69.2:** Conrad Electronic SE, Hirschau – **S. 69.3:** Interfoto, München – **S. 70:** Deutsches Museum, München – **S. 71.1:** aus: Programming Languages History and Fundamentals – **S. 71.2:** AKG, Berlin – **S. 72:** Horst Zuse, Berlin – **S. 73.1:** Deutsches Klimarechenzentrum GmbH, Hamburg – **S. 73.2:** Focus (SPL), Hamburg – **S. 73.3:** Corbis (Bettmann), Düsseldorf – **S. 74.1:** ullstein bild (ddp Nachrichtenagentur), Berlin – **S. 74.2 – 75.1:** Corbis (Alain Nogues), Düsseldorf – **S. 75.2:** Picture-Alliance (epa/Justin Lane), Frankfurt – **S. 76.1:** Getty Images (Cynthia Johnson), München – **S. 76.2:** Wikimedia Foundation Inc. (PD), St. Petersburg, FL – **S. 79:** Corbis (Gianni Dagli Orti), Düsseldorf – **S. 80.1:** Keystone (Jochen Zick), Hamburg – **S. 80.2:** AKG (Erich Lessing), Berlin – **S. 81.1:** Fotex (Rex Interstock), Hamburg – **S. 81.2:** NASA Goddard Space Flight Center, Greenbelt, Maryland – **S. 82:** ddp Deutscher Depechendienst GmbH, Berlin – **S. 84:** iStockphoto (Andrew Gentry), Calgary, Alberta – **S. 85:** Avenue Images GmbH (Stock Disc), Hamburg – **S. 86.1:** Klett-Archiv (Stefan Kruse), Stuttgart – **S. 86.2:** Samsung Electronics GmbH, Schwalbach/TS. – **S. 87:** PhotoDisc – **S. 89:** iStockphoto (Ilya Genkin), Calgary, Alberta – **S. 90:** Deutsche Bahn (Lautenschläger), Berlin– **S. 92:** Logo (Java), Stuttgart – **S. 93:** shutterstock (Christophe Namur), New York, NY – **S. 94:** Alamy Images RF (RF/Banana Stock), Abingdon, Oxon – **S. 98:** ullstein bild (AP), Berlin – **S. 99.1:** Friedrich L. Bauer, Kottgeisering – **S. 99.2:** Duo Duo Zhang, Fredensborg – **S. 99.3:** Wikimedia Foundation Inc., St. Petersburg, FL – **S. 100:** Action Press (Kyodo News), Hamburg – **S. 101.2:** Yahoo! Deutschland GmbH (Flickr/orcmid), München – **S. 105:** ullstein bild (Joker/Lohmeyer), Berlin – **S. 106:** Bilderberg (Gaetan Bally/Keystone), Hamburg – **S. 107.1:** Photocase – Kai Schneider (Fotodieb), Berlin – **S. 107.2 – 113.1:** iStockphoto (Ian Poole/Dr. Heinz Linke/Lisa Kyle Young), Calgary, Alberta – **S. 113.2:** Avenue Images GmbH (Corbis), Hamburg – **S. 114:** Mauritius (Hubatka), Mittenwald – **S. 119.1 – 125:** iStockphoto (Pierre-Yves Dalle Nogare/Malcolm Romain/Daniel St. Pierre), Calgary, Alberta – **S. 129:** JupiterImages (photos.com), Tuscon, AZ – **S. 130:** Sabine Hagemann, Heidelberg– **S. 131:** iStockphoto (RF), Calgary, Alberta – **S. 132.1:** Corbis (Bettmann), Düsseldorf – **S. 132.2:** Wikimedia Foundation Inc. (PD), St. Petersburg, FL – **S. 134:** iStockphoto (Pali Rao), Calgary, Alberta – **S. 135:** MEV, Augsburg – **S. 137.1:** Getty Images (B. C. Moller), München – **S. 137.2:** Corbis (Macduff Everton), Düsseldorf – **S. 138:** shutterstock (Holger Mette), New York, NY – **S. 141:** Picture-Alliance (Werek Natascha Haupt), Frankfurt – **S. 143:** Picture-Alliance, Frankfurt – **S. 146:** Corbis (Roger Ressmeyer), Düsseldorf – **S. 152:** MEV, Augsburg – **S. 154:** Keystone (Jochen Zick), Hamburg

Nicht in allen Fällen war es uns möglich, den Rechteinhaber ausfindig zu machen. Berechtigte Ansprüche werden selbstverständlich im Rahmen der üblichen Vereinbarungen abgegolten.